为读者提供有价值的阅读

典·藏·版

历史的盛宴

吕思勉 等著
高敬 编

新世界出版社
NEW WORLD PRESS

图书在版编目（CIP）数据

历史的盛宴 : 典藏版 / 吕思勉等著 ; 高敬编 . --
北京 : 新世界出版社 , 2020.7
ISBN 978-7-5104-7035-6

Ⅰ . ①历… Ⅱ . ①吕… ②高… Ⅲ . ①中国历史－通
俗读物 Ⅳ . ① K209

中国版本图书馆 CIP 数据核字 (2020) 第 014650 号

历史的盛宴（典藏版）

作　　者：吕思勉等
编　　者：高　敬
责任编辑：丁　鼎
责任校对：宣　慧
责任印制：王宝根　苏爱玲
出版发行：新世界出版社
社　　址：北京西城区百万庄大街 24 号(100037)
发 行 部：(010) 6899 5968 (010) 6899 8705 (传真)
总 编 室：(010) 6899 5424 (010) 6832 6679 (传真)
http://www.nwp.cn
http://www.nwp.com.cn
版 权 部：+8610 6899 6306
版权部电子信箱：nwpcd@sina.com
印　　刷：北京亚通印刷有限责任公司
经　　销：新华书店
开　　本：880mm × 1230mm　1/32
字　　数：340 千字　　印　　张：15.25
版　　次：2020 年 7 月第 1 版　2020 年 7 月第 1 次印刷
书　　号：ISBN 978-7-5104-7035-6
定　　价：59.00 元

目 录

与夏曾佑论史书

严　复

穗公足下：

自得大著《历史教科书》两编，反复观览，将及半月，辄叹此为旷世之作，为各国群籍之所无踵。然世间浅人于史学、政学蒙蒙然，犹未视之鼠狗，必不知重也。独走于此事颇经留心。读足下之书，见提挈立例处，往往见极因怪（如云“中国之教得孔子而立，政得秦皇而行，境得汉武而定”，又云“使匈奴盛于周时，中国必亡”诸语），此法惟近世西人以天演服藏探内籀（归纳推理之意）之术，以治前史者而复能之，乃大著不期而与之合，此滋足贵者也。

今欲与左右痛论此事。使鄙见而无当，愿有以教我；使万一有合，将粪壤涓丝有以为岱岳江河之助。

窃冀足下踵武全史。不朽盛业，不徒有裨读史之后学，使据往事以推来者，即于政界方今烧点问题，所谓变法立宪者亦有无穷之补助。兹事体大，非足下盖莫去归也。所居共衡，不面谈而以书者，口语过而不留，不如托之楮墨，可为他日复证也。

窃惟古人之史，将以究天人之际，遍取一切，稍有关系，莫不著录。至于近世不然，盖诸学皆有专门，其间各有历史。天官、河渠，固无论已；乃至食货，则统于计学，刑法则系于律学，二者造国大经，而后此之史，犹且略之。然则史之所守者何事乎？曰：唯有关于为政、治人之事实。是故历史、政制，相为根实，史学者，所以为立宪张本者也。

国群者，有机之生物也，其天演之所历，与动植同。使其天演之程度稍高，则有不可离之现象，政府是已。政府之成，有成于内因者，有范于外缘者。内因，宗教为之纲；外缘，邻敌为之器。今观大著，于宗教、外族特详，得其理矣。

或曰：政制者，人功也，非天设也，故不可纯以天演论。是不然，盖世事往往虽为人功，而不得不归诸天运者，民智之开，必有所触，而一王之法度，出于因应者为多。饮食男女万事根源方皆以此为田所设施者，出于不自知久矣，此其所以必为天演之一物也。

夫使汽理犹闷，而舟车之制一如元明以前，则中国外交必不如是之亟，而变法立宪之议更千百年不起于人心可耳。

顾复窃有疑者，西国政学家之言曰：国民所享自由之多寡，政府之干涉与放任，亦非其民之所能为也，视其国所邻为何等与其形势之何如。故英以海岛易守，美以阻隔新洲，其治独多放任；而法、德、俄、意诸朝，所以至今犹多干涉其民不任自由者，即以难守多敌国之故。此其言似真，乃观吾国，自乾、嘉以还，四外征服略尽，东南禁海封疆无警者数百千年，顾其治尚为专制，何也？而日本岛国如英，三十年前治号惨酷，岂所谓自由者别有所在，不在政府之专制与共和耶？不知高明将何说以处此！

爱国者，民族主义之名辞也。泰西哲家谓非道德理想之至者。故世间国土并立，必其有侵小攻弱之家，夫而后其主义有所用也。真民主出现，必在民质相若之时；若此不能，则必以贤治不肖为目的。中国前此政治，亦有跂及此境者乎？

又尚武之政，与民权反对者也。中国方求尚武，而又讲民权，是无乃并得而冲突者乎？方今人才消萎，实比古日为深，求如王临川、洪南安诸人，已高邈不可得，而所遭世变之亟又百倍于古，甚为可危！中间所谓时贤者，徒为急功近名，于中外异同又不深悉，一切破坏，悍然推求，其穷弊必不远矣。窃意此局非四五十年不定。

执事此书，但取中国，故所得者为推其所以然，又据当前之内因外缘为逆指其谋极，此其造福，诚为无量，愿执事勉成之而已。

此事问题本大，故使大处不差，即小小不合，无妨古来大著作大理想。人莫不如此，不必以之趑趄矣。此叩

撰祉！

严复顿首

（选自《〈严复集〉补编》）

中国文明的历史发展

辜鸿铭

以前，我们只知道我们东方的文明，但现在，一种新的文明来到了我们面前，这就是欧洲文明。

要想理解欧洲文明，首先必须充分了解摆在我们面前的各种文明，必须对其进行深刻的探究。在对各种文明的研究上面，我曾花了很长的时间。我在研究了中国固有的文明和西方文明之后，得出了一个结论，即这两种文明在发展形式上是一样的。我所说的欧洲文明不是现在我们所见到的欧洲文明，不是这种不健康的文明，而是真正的欧罗巴文明。常有人说，东方文明比欧洲文明古老得多，东洋文明在产生时间上也比西方文明要早。但是，我认为欧洲文明同东方文明同样经历了漫长的岁月。东洋文明在周朝时代走向成熟，而欧洲文明的高峰是在伯里克利时代。周朝同伯里克利时代差不多在同一时间。在相当于古希腊苏格拉底的孔子去世之后，不过一年的时间，苏格拉底也离开了人世。但是，东西方文明也有一点区别，那就是东洋文明有连续性，而西洋文明则常因为外在文明的入侵而出现波折。

若想知道中国文明的进化，就必须了解中国历史。因此，下面我想谈一谈中国文化和中国历史。中国文明真正的起点是在夏代，以后经历了商代、周代。在西方，与中国夏文明对应的是古埃及文明；与中国商朝相对应的是犹太文明。在中国周朝的文化达到最高潮的时候，欧洲也相应盛开了古希腊文明之花。中国文明开始于夏代，发展于商代，全盛于周代。据我的研究，中国的夏代，像西方的古埃及一样，是物质文明发展的时期。在夏代，正如我们大家都知道的，出了一个名叫禹的皇帝，他在兴修水利上获得成功，由此可以看出，当时有着相当发达的物质文明。在这时的埃及，则修建了金字塔和运河。再看看那个时代的绘画，就可以更加明了那个时代物质文明发达的程度。那以后，在商代，中国文明在道德以及心的方面，在形而上学的方面得到了相当的发展。周朝主要发展智的方面。与此相同的是，在西方，犹太文明也在道德上得到发展，耶稣的《圣经》就是这个时代的产物。这本经典主要谈道德问题而很少论及智的问题，待到古希腊文明时代，智的文化得到相当的发展。巧合的是，在中国此时的周朝，智的方面的发展也完成了第一阶段。为了搞清周代的文明同古希腊灿烂的文明是一致的，我下面引用孔子的一段话："周监于二代，郁郁乎文哉，吾从周。"这表明，周文化同古希腊文明是对应的。我以前曾说，现代欧洲文明所以庸俗丑陋，是因为荒废了古希腊文化的修养。

按这样的顺序，中国文明在进化的第一阶段——周代便走向了完备，但这时的文明就像花朵那样，开蕾之后，就逐渐枯萎了。周代文明凋落的征兆就在于特别重视智的方面。通俗的说法就是重脑而不重心，就是人们只注重知事而忽视行事。如果拿现代中国和日本相比较的话，中国人只是口头饶舌，而懒得去做，日本人是口头上不怎么说，但却认真地付诸行动。因此诸君不仅要知，而且还要去行动。日本人不仅口头上讲武士道，在实际行动上，也行武士道。

中国文明之花的凋落就从过于重视智的时候开始。以后，中国文明就朝着两个方向发展，一方面是老、庄学说的兴起，另一方面是礼仪的进步。即便现在的中国也是这样，学者称不上真正的学者，而是读诗文的艺人，一个劲地吵嚷不休。所谓"礼"就是艺术，它不仅仅限于西方人通常所理解的艺术只包括绘画、雕刻一类，还包括行为的艺术、活动的艺术。在这里，我想对日本的财主进一言，希望他们在去中国的时候，不要把钱花在购买什么骨制古董，周代遗留下来的破败不堪的桌椅、雕刻之类。与其这样，还不如把这些钱花在真正继承了日本古代艺术的妇人身上。用在日本妇女身上，才真正体现了日本传统的美德。

孔子就刚才述说的两个流弊曾告诫他的弟子："攻乎异端，其害也已。"所谓异端，指的就是像老庄哲学这类的学说。对像卡恩多·海因格尔、塔戈尔·拉茨萨尔等异端邪说不加攻击，对保全完整的人格，是有害的。像这些异端邪说，诸如老庄之类，把其作为药剂来使用还是可以的，但如果当饭来吃就有弊无利。像拉茨萨尔这样的思想对欧洲社会是必要的，因为欧洲社会是个不健康的社会，它需要这样的药剂，他的这种思想对于一个健康的社会、人格健全的国度是没有什么必要的。我们东洋人，无论是中国还是日本都未患什么病，所以，也就不需要这种思想。孔子批评只注重礼乐形式的流弊时说："礼云礼云，玉帛云乎哉？"很对不起，听说日本政府打算在上海建一座博物馆，我认为其中拟议陈列的骨制古董不是真正的艺术品，在我看来，与其把钱花费到建筑博物馆之上，不如给贫穷的日本妇女一些帮助更好。

为了校正中国文明过于向知和礼仪方面发展的偏向，为了挽救中国文明，孔子想了不少办法，但都没有成功。就如同住了不知多少代的破旧的、即将倾覆的房子一样，无论怎样修补也无济于事。处在这种场合的时候，诸位打算怎么办呢？若在西洋，会赶紧给这房屋设立保险，但遗憾的是，孔子的时代，保险公司还不知道在哪儿呢！因而，孔子只留下了一幅建设一个文明大厦的蓝图，那就是"六经"。因为有这

“六经”，我们就可以按原来的式样，重建文明的家园。但是，目前在这方面，我们有负于孔子的重托。我不仅希望中日两国人民不要丢弃这幅宝贵的蓝图，而且我对专门研究按这设计图重建文明的方法为目的的大东文化协会十分欣赏，我希望在座诸位能给予一些帮助。

由于人们注意的重点转到智的方面，因而就出现了很多学者，由于这些人没有什么教养，所以可以称之为“乱道之儒”。经这些乱道之儒、政治贩子、说客等辈的捣乱，最终毁灭了中国文明。最先认识到这些人是国家大害的人是秦始皇。秦始皇在看到他们的危害之后，就断然实行“焚书坑儒”。不过，我如果生活在那个时代，或许也是被坑的一个。秦始皇认为，当时的社会既不需要文化，也不需要学者，它需要的是法律。因此，他重用法家，但依靠法律维持的文明并没有持续多久。因为秦始皇以官吏取代学者，就使他的事业归于失败，因此秦朝的统治不过二世就垮台了。有意思的是，秦始皇使分崩离析的中国合而为一，而恰好此时，欧洲兴起的马其顿帝国将分裂混乱的希腊统一起来，但这个马其顿帝国也只经历了腓力二世和亚历山大一世，不过两代人就灭亡了。

继秦而起的是汉朝，汉朝的第一个皇帝是中国历史上最初的平民君主，也就是“布衣天子”。在汉朝以前的封建制时代，居统治地位的人们是以自己的身份地位来让民众服从的，但随着秦朝的灭亡，封建制瓦解，到汉朝以后，贵族再也不能依靠身份进入统治者的行列了，统治者若不依靠强权就不能服众。汉朝的皇帝是依靠“汗马功劳”才得到皇位的。前文曾说过，袁世凯当皇帝不是依靠“汗马功劳”而是依靠电台、报纸等宣传力量，因此我们不服从他。

真对不起，我说的尽是中国的事，我在中国被人称作“神经有毛病”的辜鸿铭。由于上述原因，在现代中国，我是个不受重用的人，然而日本人却颇能理解我的心境。我至今仍留着发辫也是基于上述原因。

汉高祖以武力征服了天下，尔后又想用武力来治理天下，但是，当时的一位大学者谏议他说，治理这样一个大帝国，必须借助道德的力量，也就是文化。皇帝听从并实施了这位学者的建议，从而使一度在中国大地上消失的文明又重新回到中国，苟延残喘到汉初的学者又把孔子留下的蓝图重新进行整理。由此，我认为汉代的中国可以同欧洲罗马时代相提并论，与欧洲罗马帝国分为东西罗马的同时，中国的汉代也分为西汉、东汉两个时代。在西汉时代，虽然开始了对孔子留下的蓝图的研究，但当时还仅仅停留在研究阶段，因而对孔子的学说尚未有充分的理解。实质上，政府还是在以武力去治理天下。这个时代最为兴盛的学问是“黄老学派”，同西方此时的斯多噶学派相对应。这派思想有一个缺陷，那就是它是教人们“无为”的，而不是教人们应该怎样做事。所以如此，主要还是由于时人未能真正理解孔子思想的缘故。

于是就导致了儒者和侠士的大量出现。这种情况在司马迁的《史记》里得到了反映。后世把这些儒者称为“乱道之儒”。以后，又兴起了一支叫“新学”的流派，这“新学”导致了人们思想的迷惘。再后来，就出现了恰同现代袁世凯的王莽。可以说“新学”一出现，所谓“大义名分”就走向消亡了。中国每在混乱的时刻都有这样的正邪之争，我现在就在为捍卫大义名分而奋斗。中国现在就是混乱的时代。王莽被贼众灭亡之后，建立东汉王朝的是光武帝，他虽不是什么伟大学者，但他具备伟人的优秀品质，他能够区分什么是真正的学问，什么是假的丑恶的思想，由于他的努力，真正的中国文明又回复过来，以孔子的学说作为国教的就是此人。如果说在西汉，孔子的教义还只是一种哲学的话，到东汉则完全变成了国教。而且，光武帝还在孔子庙里建了一所学校，这所学校有些像法国苏伦坡大学那样，是供伟人演讲的场所。我希望日本的大东文化协会成为日本的苏伦坡大学。那时，皇帝偶尔也会出现在这种场合，聆听学者的讲论。

如上所述，中国文明之花盛开于周代，灭亡于秦始皇之世。到东汉时代又出现了中国文明的复兴，孔子的思想成为中国的国教。因此，最完美的人格象征是在东汉出现的，这个时代还产生了两本优秀著作 :《孝经》《女诫》。但东汉王朝并未存在多久，因为它有一个缺陷，即只注重“心”的方面。在周代，人们对“知”的方面倾注了过分的热心，但到东汉时代，一切都反过来了，人们对“知”的东西是不闻不问，却在“心”的方面下了很多工夫。为了弥补这个缺陷，便有了佛教哲学的兴起，因为佛教恰恰就在此时传入了中国。佛教所带来的“知”的东西，同孔子思想中“仁”的方面相结合，形成了一种新的思想，它使得中国进入了一个浪漫的时代，即三国时代。

五胡统治结束后，随之而来的是六朝，之后又是唐朝，这个时代的情景类似西欧文艺复兴时代，中国出现了文化的繁荣。由此，我认为，现代中国在五大国的统治结束后，我们的文艺复兴时代将会再度到来。唐代的文化是相当美丽、纤巧的。但也由于它太美丽、稚弱，所以它容易染上虫子，而这些虫子就开始了毁灭它的过程。那虫子就是“文弱之病”。它导致了社会的堕落，尤其在男女关系方面非常混乱，甚至宫廷内出现了很多丑闻。以美人而闻名的杨贵妃就是这个时代的产物。因为这个杨贵妃，中国历史就进入了暂时的分裂时期。

为挽救流于文弱的中国文明，出现了推崇真正的孔子学说的学派，即“宋代儒学”。同欧洲相比，汉代儒学相当于古罗马的旧教，而宋代儒学则类似新教。众所周知，在欧洲出现了马丁·路德，经他的手创立了新教派。在中国起路德作用的是韩愈，由他发起了“新儒学”运动。韩愈虽然生在唐代，但从他的行为思想来考察，他应是宋代人。宋代的学者弥补了唐代文化的缺陷，努力地使中国文化趋于完美。为此，他们吸收了不少佛教的东西。大家都知道，佛教是个有严密体系、有深刻内涵的宗教，它像药引一样可以治疗唐代社会的疾病。因此当中国社会出现不正常时，人们就皈依佛教，因而，到宋代时，由于佛教势力的扩张，中国文化就显得过于狭隘了。现代中国文明也同这时一样，同样地陷入了困境。那个时候，中国文明停滞主要由于佛教思想加入了中国的思想领域。因此，前不久，泰戈尔先生打算将印度的哲学传给中国时，我是表示反对的。

宋代若同欧洲比较，是一个清教派兴起的时代。中国出现了朱子学派，朱子是个伟大的学者，可以说是韩愈以后的大儒。

朱子试图改变宋代儒学眼光狭窄的现状，使其能宽容万物，精深博大。后来，明代的王阳明也有这个想法，不过，朱子主张必须完全地按孔子所说的办，有些近于盲目地教人服从孔子的学说。王阳明不然，他主张依“良知”即常识去确定自己的行动，尔后去遵从孔子的教义。听说日本学者不像中国学者那样固执，我觉得很了不起。朱子的学说是“学而不思”，而王阳明的则是“思而不学”。日本的年轻人最好是先学而后思，既不要遵从王阳明的思想，也不要听信朱子的学说。中国现在面临的问题是怎样从儒学的束缚中走出来，我认为可以依靠同西方文明的交流来解决这个问题。这倒是东西方文明互相接触所带来的一大好处。仅仅靠学讲外国话、住帝国旅馆、跳跳舞是无法领会西方文明的。诸君不要只学其表面的东西，而要领会它的本质，想真正地登入文化的殿堂是相当不易的，而且不存在捷径。我个人或许知识浅陋，没有资格这样说，但我还是衷心希望诸君能继续我的事业，加深拓宽自己的学问，为世界文明的发展作出贡献。

（选自《辜鸿铭文集》下册，姚传德、宋军译）

中国古典的精髓

辜鸿铭

我曾经在我的论文《中国问题》中，就这样一个问题作了论述，即中国文化的目的、中国教育的精神就在于创造新的社会。

欧美的许多无识之辈动辄断言，中国的学说里缺少“进步”的概念。然而，我的看法恰恰相反，我深信，表现在中国古典学说中的中国文化的精髓正是“秩序和进步”。《四书》里的《中庸》一篇，若我将其英译就是“Universal Order”（普遍的秩序），《中庸》有这样一句：

“致中和，天地位焉，万物育焉。”

因此，依照孔子的教义，即便将此句解释为“文化的目的，不仅在于人类，而且在于使所有被创造的事物都能得到充分的成长和发展”，也并不算过分。在这里，难道看不出真正的发展、进步的精神吗？只有先确立秩序——道德秩序，然后，社会的发展就会自然地发生，在无秩序——无道德秩序的地方，真正的或实际的进步是不可能有的。

欧洲人以前犯过，至今仍在犯的错误就在于他们抛开道德秩序去追求进步。就像建造巴比伦塔的古代人一样，他们一心将他们摩天大楼式的文明往高处一个劲地筑，而无视自然法则的存在，结果正如我们现在所看到的，他们的那种摩天楼式的文明正在走向崩溃了。

在中国古代经典中，“进步”这个明确而贴切的概念是俨然存在着的，如果看看《大学》，就能得到证明。

“大学之道，在明明德。”

所谓大学，并不像理雅各博士所译成的那样是“伟大的学问”，而实际上指的是高等的教育。无独有偶，法国的孟德斯鸠也讲了这样一段相同意义的话：“我们学习知识的主要目的在于增进我们本性的美好，并使我们变得更加理智。”

纽约《国民报》的记者，艾曼·艾奇·赫斯奇黑恩先生在批评美国教育界的现状时说：“我有一朋友，他在大学里当教授。他曾告诉我这样一件事，他有一次问学生，为什么对哲学，尤其是对美国土生土长的哲学——实用主义不太关心？学生回答说，哲学与人生的主要追求，即同对金钱的追求没有太大的关系，由此我们可以知道，他们认为有价值的研究在于产业和工艺的东西那一面。”在这里我们可以看出古代中国和近代欧洲在“进步”这个概念上所表现出来的不同。

近代欧洲的进步重点放在产业和机械工业的发达，而古代中国则侧重于人的进步，人的灵魂的、理智的进步，《大学》中尤其强调创造一个新的更美好的社会是高级教育的最终目的。若引用公元前一千七百六十年前后皇帝成汤的《盘铭》中的“苟日新，日日新，又日新”，就可以加深对《大学》的理解。

并且，这段铭文以文王说的“作新民”来结束全文。

如此一来，就不会再有人讲在中国的经典中缺少进步这一概念的话语了吧。有关欧美各大学高等教育的目的，我少时不太清楚，以至于一个欧洲人问我，将来最好成为一个什么样的人时，我当即不假思索地回答为当绅士。实际上，欧美各大学教育的目的在于使人能够生存，而不在于让人们如何去创造一个新的更好的社会，它所给予人们的教育是让人们怎样在社会上谋取一个职位。

伊顿公学校长奥斯卡·布拉乌尼格先生在其著述《教育论》上，有如下的文字：“受过完好教育的人在充满物质欲的财界是找不到自己位置的。”想想看，受过完好教育的人居然在财界找不到自己的位置，那么，这是一个怎样的世界呢？由此，我们就能容易地看出欧洲文明的致命的缺陷在什么地方。

在古代中国，受过完好教育的人必能在社会上得到相应的地位。因为我们明白，高等教育的目的无论如何也不单是为了能够使人们得到怎样生存的知识，不像爱默生所说的那样仅仅

“为了糊口”，而是为了创造一个新的更美好的社会。

在这篇文章的结尾，我要再重复说一下我的看法，在中国古代经典里，“文明”的真正含义在于“秩序与发展”，教育不在于知识的积蓄，而在于知性的发达。有知性就有了秩序，有秩序——道德秩序，就有了社会的进步，中国语言中“文明”虽没有明确的定义，但从其文字构成来看，它由“美好和智慧”组合而成，即美好和智慧的东西就是文明。

只有心胸狭窄、目光短浅的人才会认为中国古代经典思想中缺乏进步的概念，而认为西方摩天大楼式的文明才是唯一的最高级的文明。他们并没有透彻地理解“进步与发达”的真正含义。不把教育的目的放在社会的改造与进步的欧美教育，同汽车驾驶员训练学校没有什么差别，它虽然培养出了驾驶员，但却没有培养出一个人格完善的人，没有培养出使社会得到真正的进步与发展的人。一个不能使人们得到完美教育的文明，在本质上是不能和中国文明同日而语的。

（选自《辜鸿铭文集》下册，黄兴涛等译）

民族学上之进化观

蔡元培

这个民族学上的进化问题是我平日最感兴趣的，记得上次国立中央大学罗校长约我讲演，曾提出来说了一说。兹再从详叙述之。

我向来是研究哲学的，后来到德国留学，觉得哲学的范围太广，想把研究的范围缩小一点，乃专攻实验心理学。当时有一位德国教授，他于研究实验心理学之外，同时更研究实验的美学，我看看那些德国人所著的美学书，也非常喜欢，因此我就研究美学。但是美学的理论，人各一说，尚无定论，欲于美学得一彻底的了解，还须从美术史的研究下手。要研究美术史，须从未开化的民族的美术考察起。适值美洲原始民族学会在荷兰、瑞典开会，教育部命我去参加，从此我对于民族学更发生兴趣，最近几年，常在这方面从事研究。

民族学，英美人即以属于人类学 Anthropology 之中，与体质的人类学 Physical Anthropology 对待，而称为文化的人类学 Cultural Anthropology。所以人类学是半属理科，半属文科。我向来说文、理分科的不便，这也是一证。

在民族学上我觉得人类进化的公例，有由近及远的一条，即人类的目光与手段，都是自近处而逐渐及于远处的。

（一）**就美术言**　人类爱美的装饰，先表示于自己身上，然后及于所用的器物，再及于建筑，最后则进化为都市设计。例如未开化的民族，最初都有文身的习惯，有人说文身是一种图腾的标记，有人说文身是纯为装饰。然即使前说可信，亦必兼合装饰的动机。文身之法，或在身体各部涂上颜色，或先用针刺然后用色。此外，或将耳朵或下唇凿孔，放入木块，使积渐张大。后来中国的裹足，欧洲的束腰，亦是此类。稍后，在身体上加上一件东西，如耳环是，其大小颇不一致。现在海南岛的黎人，耳环系以许多很大的圈子做成，多至八九个，平时把它攒在顶上，盛装时把它放下，也不顾什么痛苦。中国旧有穿耳戴环，亦是此意。汉唐时之去眉而重画，及涂脂抹粉，再如理发装髻以至于现代的烫发，皆属于此阶段。再进一步，则有戒指、手镯、冠巾、衣服之类。再进一步所用的器具也装饰起来了。如旧石器时代所用的石斧是很粗的，至新石器时代已将它磨光，且有时刻上花纹，又如装柄者，柄上也或刻花纹，或涂颜色。后来开化的民族于日用器物上，求种种美观，也属于此阶段。再进一步，乃注意于建筑，最初人类的居住，上者为巢，下者营窟，当然简单之至。后来由水上代屋之制而进为楼阁，由游牧帐幕之式而进为圆穹。于是崇闳之宫殿，清雅之别墅，优美之园亭，亦为人类必需之品；而应用之建筑，如学校、剧场、图书馆、博物院之类，无不求其美观，建筑遂为美术学校之一科。至于雕刻、图画，本建筑上之装饰品，而其后始成为独立之美术也。最后的阶段为都市美观的设计，如衢路之布置，广场之规划，公园之整理，花木喷泉之点缀，公共建筑之伟大，市民住宅之新式，无不通盘计划，成一系统，较之专就身体较量美丑者，其广狭之相去何如?

（二）**就交通言**　人类最初代步之器具如轿与独轮车，以人力推动之，进一步乃用畜类，如北方使鹿使犬等部，及马车、骡车、牛车，再后乃用火车、汽车，则利用无机物矣。最初之船，亦用人力，最近乃用汽力或电力。

（三）**就饮食言**　初民最初谋食的方法全持渔猎。渔猎的对象都是动物。也许最古时代曾有过人吃人的事实，后来才改吃其他动物。据说新加坡附近现仍有吃人的民族。改吃动物时，最初是生食的，其后才知熟食。再进一步，才就野草中选出稻、麦、菽等为食料。于是人类一方面利用动物，使其繁殖，即畜牧；一方面实行耕稼、栽种植物，即农耕。考图案最早是几何形，即用线来表现最容易记忆之物，或圆，或方，或三角形，随所见之物而不同。后来才采用动物，或绘或刻。及至采用植物，已是很文明的时代了。例如中国古时钟鼎上都刻饕餮等动物，直至汉朝始于镜背上刻葡萄等植物。为什么先用动物而后用植物呢？此固由于动物是动的，在人的眼光中容易与背景脱离，植物是不移的，不容易与背景分别；但动物与人比较相近，植物较远，也是原因之一。即如衣服，先用动物的毛皮，而后知纺织麻、棉等，这也由于动植物与人有比较远近之别。

（四）就算术言 最初人类计数，多用手指。多数初民只知五数，所以五的读法多与手同。又有种民族五用一手表示，十用两手，十五为两手加一足，二十则为两手两足，即以人名之，至于四十、八十，则即用二人、四人目之。后来渐有用石子或木枝者。海南岛的黎人现仍用石子计数，他们常有几个筐篮，筐篮中有许多石子，即为记牲畜之数。石子之进步为珠算，木枝之进步为筹算。降至近代，始有笔算、机算等。

（五）就币制言 人类最早用实物，如刀、布、帛等。进一步知用公共媒介品，乃用贝壳，是利用动物；再进一步，改用金属的钱币，如铜铁金银之类，乃利用矿物；其后更利用钞票。

（六）就语言文字言 最早人类本无所谓语言，以面容或手势作种种姿态表示意思，如言大小长短即用手势作若干大若干长的式样。其后知利用声音，则以声音为主，以手容为辅，如来往等语，一面口说，一方面又可以手招之或挥之；及语言进步，有一定的意义与句法，则独立的可以了解，所以电话与留声机均可传达也。语言得文字之助，万里以外，千载而后，均可传达，较之利用面容手势者岂可同日语耶？中国的文字都说始于结绳，《易经》所谓“上古结绳而治，后世圣人，易之以书契”是也。亚洲之琉球，美洲之秘鲁，都曾有结绳法。现今则海南岛黎人、广西的瑶民、台湾的番人尚用之。至于书契，则我闻山东大学刘咸教授所说，亦于黎人中见之。有长短二种，短者以人指之长为标准，长者以人肘为准，与中国古书中所谓布指知寸、布肘知尺相近，可见最初的度量也是以人身为标准矣。

（七）就音乐言 最初之音乐利用人声，即唱歌是已。其后借助于物，如管弦之类。弦乐中之胡琴，始于弓，用两弓之弦相磨，而使成声；口啮一端，即以奏者之头为扩音具。其后以所杀之人头代之，最后始代以竹筒；正犹古时殉葬用人，后来以木人代之，最后以陶人代之，是亦由生物而改为矿物也。

（八）就宗教感情言 幼稚的宗教，多有以人为牺牲者，如《春秋左氏传》屡有用人于社之记载；而墨西哥旧民族之祭司，亦有杀人祀神之仪式。进化的宗教，如基督教，即有博爱人类之义；如佛教则又提倡戒杀，爱及众生。爱之由近而远，亦显而易见。

从以上八事观察，人类的眼光与手段，由近及远，逐渐推广的，无可疑义。但尚有不可忘记的一点，即此种进化的结果，并非以新物全代旧物，易言之，即旧物并不因新物产生而全归消灭。例如生物的进化过程，系先由无脊椎动物而进化为鱼，而水陆两栖动物，而鸟，而兽，而猴，而类人猿，而人；

但当人类进化至鸟时，并非鱼即全灭。直到现在，最下等的动物，仍然存在，在民族上亦然。如美术，虽进至都市美化，而最幼稚之文身，尚可在中国、日本及欧洲人中见之；数学虽已成独立之科学，而以指计数之习惯，尚时见之。汽船、电车，流行已久，而独轮车、独木船尚未被淘汰。且文明民族，已进至机器制造时代，未开化之民族，在亚、非、美、澳诸洲均尚有保持其旧习惯者。世界之复杂，诚不可思议也。唯此种公例，我尚在研究中，现今不过略举所想到者，拉杂言之罢了。

（选自《蔡元培全集》第六卷）

历史的价值

章太炎

我讲学素不主张绝对的，因为他与社会不相应。今天湖南教育会请我讲演。所谓教育者，不仅学校，学校以外，凡是教育人才的，皆是教育。湖南人才很多，清有曾、左、胡等，明有夏元吉、刘大夏、李东阳。他们学问从哪里得来的呢？明人所读的书不可考。清朝曾国藩得力于《文献通考》，胡林翼得力于《资治通鉴》，左宗棠得力于《方舆纪要》。三书看来不甚高深，何以他们读之效力如是其大呢？我以为读书另有注重的地方，无论教育学术，要与本身有关系，才可作用。科学只能为个人用，旧学也只能为个人用，经学徒有其名，只有考古，与今世无干。纯粹哲学，无论中外都是空的，比较上只有王阳明的稍切用，因为他是一边讲学，一边做事，但此非根本之法。根本之法只有讲历史，其余都用不着。各种科学是世界公共的，独历史各国有各国的。引起爱国心，非历史不可。辛亥革命排满，就是由历史来的，不是由学理来的。人不读历史，则无爱国心，且历史记载得失成败如棋谱一样。现今各督军，以至袁世凯，俱不懂历史，故做事失败。唐继尧之于川事，陆荣廷之于粤事，强拂民心，故均失败。其不知顺人心，即是不懂历史。然则历史是人心之结晶体。违反人情就是违反历史，道理是一样的。人情看不出，历史可以看出来。袁世凯称帝，就是不懂历史。自古做皇帝的有两种：一种是使人畏威，如秦始皇、汉高祖、明太祖等；一种是使人感恩，如宋太祖等。使人畏威者，可以唤做好汉；使人感恩者，可以唤做恩人。有此两件，然后可以称帝。袁对外则低头，对内则乱杀，而要称帝，岂不是不懂历史吗？（中略）湖南明朝的人则不可知，清朝的人则学问都是由历史得来的。用功学各科不过是成一学者，于世界无大益处。历史则不然。有人反对历史，说是过去的历史，帝制的历史。但历史不是要人亦步亦趋，都学古人。学棋谱者下棋不能呆照棋谱，必须临机应变。历史也是一样。历史可以两语括之曰“天之所助者顺，人之所助者信”。不顺不信，未有不败。曾、左打洪、杨，助满人打汉人，不能算顺。但为保全桑梓，可说是信。有五分顺十分信，就可成功，况顺信十全者么？今日社会扰乱之源，就是因人做事不顺不信。今日社会有所谓优胜劣败，懂历史者为优，不懂历史者为劣。湖南历史的程度很高，以后求学仍应从历史人手，其他科学经学都可从缓。诸子书不过造就个人而已，如王阳明的哲学有主观而无客观。历史则主观客观都有。教育应有方针，方针应从历史着手。

（选自《湖南新文化运动史料（一）》，宸主记）

论读史之利益

章太炎

治国论政，不能无所根据。汉人言通经致用，当时经史未分，史即《春秋》家言也。至汉末而史籍始渐多矣。西汉时，士皆从师受经，而史籍则罕有讲授者。盖经籍公开，史籍不公开也。《汉书》东平思王宇上疏求《太史公书》，王凤言《太史公书》有战国纵横权谲之谋，汉兴之初谋臣奇策、天官、灾异、地形、阨塞，皆不宜在诸侯王，不可予。至东汉则史籍渐不秘密，故孙权勉吕蒙涉猎往事，自谓少时历《诗》《书》《礼记》《左传》《国语》，惟不读《易》。至统事以来，省三史诸家兵书，因劝蒙急读《孙子》《六韬》《左传》《国语》及三史。所谓三史者，《史记》《汉书》《东观汉记》也。蒙本不读书，自闻权言，笃志不倦，其所览见，旧儒不胜。后鲁肃过蒙，言议常欲受屈，因拊蒙背，称其非复吴下阿蒙。于此可见东汉以来，渐多读史者矣。刘备从卢植受《礼记》，终身不忘。而遗诏则以《汉书》《礼记》并举，旁及诸子、《六韬》《商君书》。然刘本经生，未遑研精史籍。若诸葛亮则是法家，蜀人好史籍者，固不若吴人之众也。

经者古史，史即新经。远古之事，或不尽适用于今。事愈近者，愈切实用，荀子所谓法后王也。自汉以后，秉国政者，无不参用经史，以致治平。至王安石乃自以为湛深经学，不好读史，且复劫持人以不必读史，目《春秋》为断烂朝报，其流弊卒至京惇之误国。然当时理学家亦以为王者致治不须读史，如谢良佐初造程明道，对明道举史事不遗一字，明道谓之玩物丧志。谢面赤汗流，自是不复言史。司马光薨于位，适郊天庆成之后明堂降赦臣僚称贺讫，两省官欲往奠之，程伊川不可，曰："子于是日哭则不歌。"坐客难之曰："孔子言哭则不歌，不言歌则不哭也。"苏子瞻曰："此乃枉死市叔孙通所制礼也。"众皆大笑。伊川于史学本疏，故有人诮伊川须入山读《通典》十年，方可议礼。明人读史不精，而办事较有能力，凡为其能注意于史事故也。至清人之读史者，不过为琐碎之考据而已。惟曾、左、胡三人，颇知运用之术，曾读《文献通考》，胡读《资治通鉴》，左读《读史方舆纪要》。三人所好不同，而其经世致用则同。今观其奏疏书札，恒喜称引三书，可知也。张之洞虽不及彼三人，亦熟读《资治通鉴》。盖张曾随胡林翼至贵州衡文，受胡之熏染甚深也。《资治通鉴》二百九十四卷，《文献通考》三百四十八卷，《读史方舆纪要》一百三十卷。专心读之，一年可毕。至于运用之妙，本不在读书之多，故通经即可致用。今亦可言通史致用，史即经也。然今人之病根，即在不读史。民国初建，自日本归来之民党，略读法政诸书，罕留意于本国史籍，以求因革之宜，锐意步趋他国，不恤削趾适履。即当时所称第一流政治家宋教仁，亦刻意仿效日本，见日本以政党政治，即欲移植于中国，不知是犹逾淮之橘也。日本天皇自肯垂拱无为，祭则寡人而已。中国由数千年来君主专制一变而为民主共和，选任大总统，自必为有声望有才具者所得，即此一端，已非日本天皇可比。是故不顾国性、民情而但为蜾蠃之祝，其不蹈王安石之覆辙者鲜矣。

读史致用之道有二，上焉者察见社会之变迁，以得其运用之妙，次则牢记事实，如读家中旧契，产业多寡，了如指掌。能得运用之妙者，首推道家，《汉志》言道家者流，出于史官。老子为周守藏史，根据社会之变迁，以著成道家之议论，故能妙徼浑然，语无执著。庄子称孔子以“六经”说老聃，老聃云“六经”先王之陈迹也，岂其所以迹哉？夫迹履之所出，而迹岂履哉？盖道家之意，读古人书，须超以象外，得其环中，不可泥于陈迹而屑屑为之。此不独老子为然，伊尹、太公无不如此。是以伊尹、太公之书，《汉志》均在道家。汉初张良受兵法于黄石公，及郦生说汉王立六国后，张良藉箸破之，乃谓用客之谋，大事去矣。何则陈涉之起，势孤力薄，故张耳、陈余说以树党益敌，以分秦力。至楚汉相争，势已不同，楚强汉弱，力不相侔，再立六国，将必尽为楚灭耳。时之相去不过四五年，利害之不同已如此。自非道家，谁能观于时变而应用其术？张良之可入道家者殆以此也。厥后惟李泌为能继武耳。至以史籍视同人家之契券者，老子有言，有德司契，契正不可不读者也。若一家之主，束置契券，不加观览，不自知其资产之多寡，其昏聩将如何？然执政者之于国史，亦犹家主之于契券矣。

昔在东京时，闻民党中人言，满洲沙漠之地，本非我土，可放弃也。此即不看旧契之过。今试一稽史实，以确证满洲之为我疆我理。《史记·匈奴传》燕将秦开袭破东胡，东胡却千余里，遂置辽东、辽西郡。辽东地及朝鲜，辽西为今锦州至滦西一带。汉武析辽西而置乐浪、玄菟，即清时所谓东辽道，在兴京之东，长白山东偏之地。乐浪盖在今朝鲜平安道一带。直至永嘉之乱，胡骑蹂躏，遍于北方，辽东始不复为我有。唐初虽灭高丽，亦不能奄有辽东。南宋则甘以小朝廷自居，河北尚不能保，遑论辽东！明初冯胜破降辽东，置辽东都指挥使司，仿佛今之特别区，以都指挥使为长官，其下有卫，亦有学校，有教官。士之应科举者，得与顺天乡试。永乐时更立奴儿干都司，统辖建州海西诸部。清时于黑龙江发现奴儿干都司碑，可见明廷威力之远被，明宣宗时在松花江设造船厂，命镇辽东都督佥事巫凯董其事，凯尝请罢其役，旋罢旋兴，此松花江造船厂当即今之吉林，清人称吉林为船厂，直至民国犹然，即因明时造船于此而沿用此名也。由此观之，不但辽东早为我有，即吉、黑亦久在版图之内。当辛亥南京政府成立时，余知张季直曾随吴长庆至朝鲜，谙于东北情形，因以满洲不宜放弃之意见质之。张亦言断不可弃，于是作文通告全国，凡主张放弃东省者，卖国贼论。一时议论为之一正。至言满洲沙漠地者，由未履其地而妄揣测耳。亦未思沙漠之地断无大川巨流，例如新疆沙漠，河润至此，即渗入地中。今满洲有松花江、黑龙江通流其间，其非沙漠，可想而知。孟子云：生于其心，害于其政。今兹东北沦陷，国人或尚以前此满洲可弃之心理自相慰藉。此由不阅旧契，故不知自家资产之多寡也。

又如安南，自秦置南海、桂林、象郡，尉佗更役属瓯骆，其地奄有今之两广、安南。南海者今之广东，桂林即今之广西，象郡则今之安南。汉时更分设三郡，曰交趾、九真、日南。后汉交州刺史兼治两广诸地。两晋、六朝均为郡县。唐调露初设安南都护府，属岭南道。安南之名由此始。唐德宗时宰相姜公辅即为日南人。其地士子之科举仕进，无不与其他州郡同。唐末五代属于南汉，后为丁琏所据。宋开宝八年，授琏为静海军节度使，八年封交趾郡王，名义仍属中国。至南宋始独立为国。明永乐时黎季犛杀陈氏宗族而自立，成祖命沐晟、张辅进讨平之，设交趾布政司统其地，置百官，立学校，以经义诗赋取士，士子彬彬有华风。宣宗间尝放弃，世宗十九年莫登庸归降，始削安南国为安南都统使司，改十三道为十三宣抚司，直至明亡，无大变更。清康熙时册封黎维禧为安南国王，乃始确认其为藩属矣。其与安南比邻之缅甸，明时设有宣慰使，为云南土司之一。是以桂王之入缅甸，并不以为越境。至清乾隆时征缅甸无功，缅甸亦惧为暹逻所逼，遣使入贡，清廷因赐册印封为缅甸国王。于是缅甸亦独立而为藩属。此皆详载史籍，凡属国民，固不容不熟记者也。远者且不必论，若明代疆域，去今仅数百年。而满洲、安南、缅甸诸旧事能熟记者，已无几人。左宗棠征服新疆，不可谓无才气，然安南让于法国，缅甸让于英国，未闻左有一言之诤谏，岂其暮气已深，畏难而苟安耶？恐亦为旧契之不甚了了故耳。

民国以来，国人对于史事亦甚疏忽矣。或且鄙夷旧契，不屑观览。甚有怀疑旧契者，于是日蹙百里，都在迷离惝恍之中，使人人而知保守其旧契，家国之事，当不至此。

（选自《制言》半月刊第 52 期，王乘六、诸祖耿记）

略论读史之法

章太炎

读史之法，一时言之不尽。今略论其大概，分三层言之。先明史之大体，次论史之优劣，三示读史之宜忌。

一、**史之大体**　自古相传，动则左史书之，言则右史书之。言为《尚书》，事为《春秋》。其实不然。《春秋》经文固是纪事，《尚书》则不专纪言，纪事之处亦多，特是未成之史。所谓史料者尔。《尚书》之外有《逸周书》，与《尚书》性质相同，纪事而亦纪言，要皆未经编次之史料也。《春秋》与《左传》为表里。《左传》兼备事言，是故拘于事言之分，正未必然。后人论史，以纪传之体为正史，编年之体为古史。论其性质，则本纪仍为编年，惟与《春秋》不甚同耳。无本纪，编年不能成。史公作本纪，复作表以辅之，年经月纬，较《春秋》为详。纪表之外，有世家，有列传。世家唯《史记》可有之，后不当有。列传变《春秋》之体，《春秋》以事为主，列传以人为主也。《史记》之八书与他史之志，职官等于《周礼》，《礼志》等于《仪礼》，《天官》《地理》，古所未有。《禹贡》虽略载山川，而不详郡国。《乐志》详载郊祀歌，体类《诗经》。盖马、班之意，在隐括六经之旨而成文。故于《书》《诗》《礼》《乐》无所不赅。论其大体，则主于《春秋》也。后人以为纪传之体不主于事，而主于人，于是有繁省不明之弊。如语在《项籍传》，语在《高祖纪》。参差回互，缴绕不清。故荀悦、袁宏仍有编年之作。编年之史，在昔只有《春秋》而已。刘知幾谓凡纪言之文，应别立一种。然不善编排，史籍将变为文集。章实斋以之修志，此为好奇，未可法也。世家之体，原本封建。封建既废，即无所谓世家。载记之名，较世家为妥，始于《东观汉纪》，记光武初群雄并起之事。当时群雄皆各称帝以号召，故不应称曰世家。然陈涉之事，及身而止，亦不应称世家。如称载记，与晋十七国之事相同，即无可非议。《史记》无载记之名，欧阳修重作《五代史》，壹以史公为法，于南唐、前后蜀、南东汉、楚、闽、吴、越均称世家，其实不合。当时仅吴越钱氏、荆南高氏服从中央，其余则否，安得皆称世家哉？欧阳之意，一则刻意摹古，再则《旧五代史》荒谬泰甚，凡服从中央者称世袭列传，不服从者称僭伪列传。五代纷争，僭与不僭，何从定之？欧阳所以悉改为世家，不知称载记即无病，称世家犹未当也。又如《明史》有《流寇列传》。李自成转徙不常，目为流寇，名实未背。张献忠定都四川，则不得以流寇目之。《清史稿》记郑成功、洪秀全别为一类。郑有帝号，洪称天王，不能以诸侯之礼待之。如曰载记，即名实相副矣。此外非史公所有，而后人有一得可采者，世纪是也。阿骨打未起以前，其祖已为酋长，统率数千人矣。托克托等修《金史》，于本纪之前别列世纪，其意与《始皇本纪》之前有《秦本纪》相同。魏收作《魏书》，拓跋珪前二十七代均入《帝纪》，不合史法，识者所笑。若列为世纪，则无可訾矣。清之初起，世受明封，非草泽英雄可比。《清史稿》不列世纪，直以本纪发端，载清太宗事如草泽英雄，亦无当于史法也。载记《史》《汉》所无，世纪史公有其义而无其名，虽出后人，实为史中要目。

他如列传之标题，《史》《汉》尚少，后出愈多，史公列日者、龟策，已甚无谓。刺客后不常有，滑稽亦无须标目，独货殖为重要。民间营利之事，食非货志所载者，固当详为纪述，至儒林、文苑之分，出于不得已，未可厚非。叛逆之名，《新唐书》始有之，前此唐修《晋书》，王敦、桓温并未别立叛逆之号。余谓列传标目与否，当以人数为断。多则宜标，少则宜省。儒林、循吏人非少数，固当标出。至于叛臣，人数实少，何必标也？《奸臣传》之名亦后起。奸臣与佞臣有别，若董贤为祸之大，但入佞幸传。奸臣当谓能害人者，不能害人，不得称奸臣也。唐有《奸臣传》，清史无之，若和珅辈只可称佞臣耳。《晋书》始有《忠义传》，其后凡一战而死者，皆入《忠义传》。然则昭忠祠血食之士，无虑千万，皆可列入耶？方望溪、全谢山迂腐之见，以《史》《汉》无《忠义传》为憾，不知其人果卓然有所表现，入列传可矣，何必标忠义之名哉？《宋史》于儒林之外，别立《道学传》。后之论者，谓宋人重道学而轻儒林。然史公于《儒林传》列说经之士，孟、荀大儒则特立一传，附以九流，由此知后世儒林、道学之分亦非无见。惟孟、荀仅二人，故不别为标题耳。钱竹汀谓宋世表章道学，程、朱诸贤应特立传，不必列入道学传，斯言得之。《列女传》起于《后汉书》，刘向别为《列女传》。有事即书，不别贤否，如蔡文姬节义有亏，而《后汉书》亦传之。其后变列女为烈女，稍有失德，即遭贬弃。自唐以来皆然，此失古人之意者也。

二、**史之优劣** 一部二十四史，人皆以太史公书第一。宋人乃以欧阳《五代史》比《史记》。其实何可比也？非徒文章不可比，即事迹亦不可比。《史》《汉》本并称，六朝、隋、唐已有《史》《汉》优劣之论，方望溪必欲推尊《史记》，压倒《汉书》，实非通论。要知《史》《汉》各有优劣，史公《乐书》全采《乐记》，优于何有？《汉书·礼乐志》，乐不过郊庙之礼，礼是空论，至若叔孙通之《朝仪》，应入《礼书》，而二家皆不载。至今一无可考，史公、孟坚皆不能辞其咎也。

有古史如此作而后人不应如此作者，如《天文志》。古代史官，兼掌天文。《史记》有《天官书》，《汉书》亦有《天文志》。测天之法不同，应著《天官书》以明之。若仅采护陈文，指明星座，则陈陈相因，何所用之？地理本史家之要，而《史记》不志。《五行志》亦《史记》所无，而《汉书》有之。其实董仲舒辈所言，于今观之，不值一笑。其后《符瑞志》更无谓矣。《明史·五行志》载牛生马、角生背、人有两头诸怪事，不载应验之言，似已明悟，实则《五行志》载生物之变异，可为生物学之参考，要亦无大用处。又史公重视游侠，其所描写，皆虎虎有生气。班氏反之，谓之乱世之奸雄，其言实亦有理。是故《史》《汉》之优劣，未可轻易下断语也。

《史》《汉》之后，首推《后汉书》。刘知幾作《史通》，不云《后汉书》有曲笔，于《史》《汉》却有微词。实则范蔚宗之修《后汉书》，时隔数代，直笔无妨。且蔚宗于史有特识，不仅直笔可贵，如伴食宰相，仅载本纪，不特立传。在野有名之士，王符、仲长统之流，皆为立传。其他官位卑微而入传者甚多。朱文公作《纲目》，即采范书所载，如曹操自为丞相，曹操自立为魏公，加九锡，曹操进号魏王，皆采自《后汉书·献帝纪》。华峤《后汉书》今不可见，疑峤书本善，而范书袭之，观蔚宗自序，称诸序论笔势纵放，实天下之奇作，其中合者往往不减《过秦篇》，尝共比方班氏所作，非但不愧之而已。不称叙事之善，而云议论之美，恐叙事直笔，华峤已然，故但称己之序论而已。惟华歆破壁牵伏后，华峤必不肯载。孔融临死，二子围棋，此事出吴人《曹瞒传》耳。

陈承祚《三国志》，前人讥之，谓不应以魏为正统，清人为之回护。余不谓然。桓、灵之恶，甚于桀、纣。曹操代汉，政治修明。虽其初起时，孔融之徒有不满之意，谓之正统，亦何不可？然司马温公谓刘备出于中山靖王后者，实亦如南唐之自称出于吴王恪，则未必然。刘备之自称宗室，若为诡说，曹氏应加反驳。曹氏不反驳，其为公认无疑。此盖与光武为长沙靖王之后相同。惟光武世系明晰，中山靖王至刘备则不能数耳。然必云正统，义有未安。桓、灵之当认为帝王与否？实为问题。而刘备之兴，又与光武不同。光武名号官制，必复汉家之旧，谓之正统可也。刘备何尝如此？故陈书三国鼎立，立意未尝不公。然于吴、蜀尚有分别，称蜀主死曰殂，称吴大帝之死曰薨。吴夫人立为皇后，而称之曰夫人，于蜀则称曰后。此实不合史法，使后人为之，即成笑柄矣。

四史之后，人以南北史最佳。宋、齐、梁、陈诸史繁简不当，《魏书》又有秽史之目。惟《北史》是非最为公正。唐人心理，以北朝为正统。以唐承隋，隋承周故。然南北史并立，南方帝王死，《北史》书之曰殂，北方帝王死，《南史》书之曰崩，此其病也。

唐人所修，前有《晋书》，后有《隋书》，其他尚有《梁书》《陈书》等。《隋书》以志见称，以其皆为专家所作也。《史通》云撰纪传者颜师古、孔颖达，撰志者于志宁、李淳风、韦安仁、李延寿、令狐德棻，皆一时之选也。《晋书》专记逸闻，体近小说，然后人亦有称之者。盖自《史》《汉》以下，可于列传之中看出其人性质产地者，首推《晋书》。观《史记·司马相如传》，可知其为四川人。观《屈原传》，可知其为两湖人。至于《晋书》列传各人之性质风度，无不栩栩欲活，安得以轻薄而少之？

《旧唐书》《旧五代史》体例本不甚佳，刘煦、薛居正伴食宰相耳，与雅擅文名之欧阳永叔、宋子京相较，宁止天渊？然吴缜作《新唐书纠谬》，驳正四百余事，真所谓百孔千疮矣。宋子京《新唐书》文省于前，事增于后。唐人小说悉以为载笔之资，实则小说悠谬之词，何足信赖？何如《旧唐书》之一依官书为可信哉？是以司马温公修《通鉴》采《旧唐书》多，采《新唐书》少。于《五代史》亦然。夫历代史籍皆由官修，独《新五代史》为私家著作。私家采访，必不能普及，故至于清代，两旧史仍列入正史。《新唐书》竭力摹拟昌黎，《新五代史》竭力摹拟《史记》《春秋》。目标愈高，笔力愈不易到。论其事实，旧史实胜于新史。即以《新五代史》职方考、司天考而论，当十国错乱之际，职方固甚重要，司天亦何用哉？

其后《金史》有元遗山手稿，尚足称道。《宋史》繁琐，凡宰相必列传，官位稍高亦无不列传，甚至一人两传，何其芜杂也？《元史》仅修一年，蒙古人名氏易混，一人两传，尚不足怪。短中取长，惟《辽史》耳。

《明史》大半取诸万季野《明史稿》。今万氏原稿不可见，闻但有多传，而无表志。近朱逖先买得原稿，其为真伪不可知。惟列传多于今之《明史》。又王鸿绪《明史稿》传后无赞，今通行本每一传后有赞，事实与原本无异，恐亦如范蔚宗之书原本于华峤也。《明史稿》所以优于《明史》者，福王、唐王、桂王事为之特叙。《明史》则附于《三王宗室传》中，先后倒置，眉目不清，此其一也。《明史稿》于府县设置之沿革，备著年月，甚见清楚。重修《明史》皆删去之，此其二也。

今之清史，袁金铠、金梁等不知而妄作，更多著无关重要之事，体例至不纯粹。且清室遗老秉笔修史，是非必不公允。即如皇太后下嫁一事，证据确凿，无可讳饰，今一概抹杀，何以传信？最大之病在不列世纪。纪清太祖之初起，一似草泽英雄，有乖实录甚矣。然则清史非重修不可。今以《清史稿》开罪闻人，禁不发行，不知史之错误有二。小节出入，错误之微末者也，不难加以修正。大体乖违，则错误之深重者也，非更张不可。如以努尔哈赤写作草泽英雄，焉可以信今而传后哉？要之《清史》较《宋史》《元史》稍优，不致有一人两传之误，然比《明史》尚不逮。余谓今人修史，如文章欲力追秦、汉，则古今人不相及。无论《史》《汉》，即范、陈亦不易及。前人称南北史为优，其实《隋书》《明史》亦尚可观。如能与方驾，已为上乘。读史不必问文章之优劣，但须问事实之确否。至于议论，各人有其特见，正不必以人之议论为己之议论也。

三、**读史之宜忌**　读史之士学力不同，识见亦异。高者知社会之变迁，方略之当否，如观棋谱，知其运用，读史之效可施于政治，此其上也。其次考制度，明沿革，备行政之采择。

正史所载，未必完备，典章制度，不得不参考《通典》《通考》诸书，譬如地理、职官二门。职官须明权限之异同，不得但据其名。地理应知交争之形势，道里之远近，要知历史上之地理，不与今之地质学、地文学相同。今人讲地理，建置沿革尚能通晓，惟有一说疑不能明。《汉书》述诸夏区域东西一万三千余里，南北九千余里。历代相沿此说不变。宋土逼仄，犹作此语。汉尺短，用清营造尺比汉尺，则汉一尺得清营造尺七寸四分。汉一万里为清七千四百里。今自蒙古至琼州只六千里，焉得有九千里？明尺即今木尺，一尺等于营造尺九寸，则万里当有九千里，数亦与今不符。汉人之言，犹可诿之测量未精，故有是误。晋裴秀为司空，作《禹贡地域图》十八篇，已知测量之法矣。六朝时遵用之，唐贾耽则有《禹迹图》《华夷图》，刘豫刻之西安，今存西安府学，观其里数亦觉过大。盖当时虽知测量，仍不知北极测地之法也。《周礼》职方氏所云九州之内东西南北相去七千里，其外相去一万里。以汉尺七四计，尚得五千一百八十里。本部南北相去断无此远，古今人皆以为疑。近人廖季平乃谓职方氏是指全地球而言。实则自汉至明，里数总不确实，凡为测量未精不知北极测地之法故也。

职官之学有职官沿革表可供参考，然有名同而实异者，不可不加审辨。如唐之六部与《周礼》六官不同，此前人已知之。《周官》冢宰乃唐之尚书令，非唐之六部也。《周礼》天官，大宗伯在汉为九卿，至清大理、太常、太仆则虚名耳。明太仆寺尚须养马，清则无其事矣。光禄寺不知起于何时，清光禄勋本郎官，不知何以变为庖厨之职？汉之鸿胪如后之理藩院。此皆名同而实不同者。古今职官名实相同者仅有县令，清之知县犹是汉之县令也。以知府比太守，即已不符。顾亭林谓太守如督抚，此语良然，以其有兵权也。日本人译西洋官制之名，于台湾、朝鲜则曰总督，称印度、香港之最高长官即曰太守，不知是否西洋文之本意如此？抑故意作此译名也？实则守之大小，本无规定。明代总兵镇守边陲，亦称曰守。以故印度总督可比太守，香港只可比巡检司而已。汉之太守与后之知府，不但名不同，实亦不同。研究职故官不应取其名，务须稽核其实。古今官制，屡改不一改矣，绝非但见其名相同最即可谓是同一职掌也。

他如古今度量衡之变迁沿革，亦不易知。要之考制度以裨有政，乃读史第二等事，其效已次于职方略知运用也。

读史所最忌者，妄论古人之是非是已。宋人往往好以当时之是非衡量古人，实则古人之安危利害，不应以后人之目光判断之。后人所应纠正古人者，乃如华歆，魏晋人均赞扬之，魏之代汉，歆颜色不悦，曰我本汉臣。此之矫揉造作，而曹子建信之，何也？又如古称扬雄，几于圣人，司马温公尚然，而后人訾之。以余观之，雄不过常人而已。

复次借古事以论今事，所谓借题发挥者，亦读史所忌。王船山《读通鉴论》，于范文正贬官，欧阳修、尹师鲁、余靖与之同去，以为好名。后之朋党，即由此起。实则宋之朋党起于神宗时，范、欧四贤曷尝有此心哉？明怀宗时流寇猖獗，朝臣多议南迁，光时亨曰“国君死社稷”，以此而止。船山于时亨不加訾议，乃力斥李纲，以金人来侵，纲力主迎战，与时亨同也。不知南宋迁亦亡，不迁亦亡。其时宗泽尚在河北，所以不能成功者，以黄潜善等沮之也。如船山之言，南迁而守东都，东都亦岂易保哉？船山史论常以宋事影射明事，后之读史者往往以此矜夸。夫作诗有寄托，发感慨，原无不可，然非所语于读史也。读史当论大体，以为判案，岂可逞臆而断也！

（选自《制言》半月刊第53期，王乘六、诸祖耿记）

论经史实录不应无故怀疑

章太炎

经史传世，江河不废。历代才智之士，籀读有得，施之于用而见功效者，不胜偻指，然以考信自矜则寡。盖经除今文、史除杂史而外，率皆实录。实录者，当时之记载也。其所根据，一为官吏之奏报，二为史臣所目击，三为万民所共闻，事之最可信者也。其有传闻异辞而记载歧异，经后人之考定者（如司马温公《通鉴考异》之类），取舍有准，情伪自明，歧异之说，遂成定案，斯亦实录之次也。至若帝王初兴之瑞象，语涉怪诞，于理必无，且非史臣所目击，万民所共闻，奏报之所有，自然乖于实录。其或当时史臣，阙于记载，后人据私家著录，掇拾成书，如史公作《史记》时，六国史记俱尽，苏秦、张仪、鲁仲连之语，皆据其自著之书，语虽非伪，然诸人自言其效，未免夸大，非事实所真有。以无国史，不得不据此乖于实录之言耳。后此宋祁《唐书》，好采小说，时吴缜已纠其缪矣。舍此以外，虽有曲笔，十约八九可信，斯实录之所以可贵也。经史所载，除今文、杂史而外，大氐实录，后人无容置喙。王充之徒，于古籍加以驳正，非驳辨经史正文，乃是正汉初诸儒说经之失当，与夫讥弹当时诸子所载之不合情理耳，非今人所谓怀疑也。刘知幾抱孤愤而作《史通》，据《竹书纪年》以疑《尚书》，不知《竹书》非当时之实录，乃魏安釐王时追记商周之事。事隔千年，如何可信？据之立论，真所谓以不狂为狂矣。前人疑古，惟韩非为有特见。然法家之言，过于执滞，未为通方之论。《难》篇论舜耕历山，期年而甽亩正；渔于河滨，而渔者让坻；陶于东夷，而器不苦窳，终以“当时尧安在”五字难之，谓圣人明察在上位，将使天下无奸，令耕渔不争，陶器不窳，舜又何德而化？舜之救败也，则是尧有失也。贤舜则去尧之明察，圣尧则去舜之德化，不可两得也。又《五蠹》篇言尧舜禅位，实无足称。其说曰：“尧之王天下也，茅茨不翦，采椽不斫，粝粢之食，藜藿之羹，冬日麑裘，夏日葛衣，监门之养，不亏于此矣。以是言之，古之让天子者，是去监门之养，而离臣虏之劳也，不足多也。”余谓韩非之言，乍闻似觉有理，细察乃知可笑。何者？尧之在位，不过使人民安乐而已，非能化全国之人，俱进于德让也。如果能之，何以不能化亲近之四凶哉？韩非疑尧与舜不能两得，乃过言矣。又帝王之尊，无论其自苦何若，要必拥生杀予夺之大权。昔人谓：“夸者死权，众庶凭生。”盖平民惟计衣食，夸者乃不肯释权也。刘裕一生俭素，土制屏风，葛作灯笼，生活与尧相似，然未闻辞去帝位。梁武帝五十而断房室，豆羹粝饭，日只一餐，无鲜腴之享。侯景来逼，尚不肯去其帝位。何者？生杀予夺之权在，不肯舍也。韩非之疑，以田舍翁之心，度豪杰士之腹，未为得矣。即如汉以后开国之君，无不从百战中来，躬擐甲胄，亲历艰苦，其能安富尊荣，享帝王之乐者，实无多日，试问战争时所着之甲，能过尧之麑裘葛衣乎？所食之食，能过尧之粝食藜羹乎？所居之营，能过尧之茅茨采椽乎？未闻以衣食居处之不适，而决然舍去其权位也。故韩非之说，乍闻似觉有理，细察乃知可笑。向来疑古者，多此类矣。

韩非疑古，虽未合理，尚不失为独抒己见，异于掩卷妄谈之士。今有人不假思索，随他人之妄见，推波助澜，沿流而不知返者，其愚更可哂也。日本开化在隋唐间，至今目睹邻近之国，开化甚早，未免自惭形秽，于是不惜造作谰言，谓尧、舜、禹为中国人伪造。非但如此而已，即秦皇、汉武之丰功伟烈，《史》《汉》所载彰明较著者，亦不愿称说。其所常言，多举唐太宗以后事。此其忌刻之心，不言可知，而国人信之，真可哂矣。

日本人疑禹治水为无其事，彼谓九州洪水，何能以一身治之？以此为口柄，真浅薄幼稚，不值一噱。夫禹之治水，合天下之力而己督率之耳。名山三百，支川三千，岂尽一己手足之力，孜孜而治之哉！自来记载功绩，但举首领，不及其余。东汉治河，河堤使者王景独尸其功，明则河道总督潘季驯，清则河道总督靳辅，皆以治河著称。此岂三人一手一足之力哉？亦集众人之功而总其成耳。非惟治河为然，其他各事，殆无不然。即以战功言之，策动独在大将，其实斩将搴旗，皆属士卒之事。岂真为首之大将，徒手搏击而取胜哉？日人不思此理，悍然断禹为伪造，其亦不明世务，而难免于大方之笑矣。因其疑禹，遂及尧、舜，吾国妄人，不加深思，震于异说，贸然从之。呜呼！国家未亡，而历史先亡，可哀也已。要知凡后人伪造之书，只能伪造虚文，不能伪造实事。关于天官、地理，更难伪造。夫伪造《尧典》《禹贡》者，果何人哉？远则孔子，近则伏生，舍此无可言者矣。然《禹贡》所载山川，有孔子前早已失去者。盖东周时四夷交侵，边地之沦于夷狄者多矣，如梁州蔡蒙旅平，孔颖达《正义》引《地理志》云："蒙山在蜀郡青衣县。"应劭云："顺帝改名汉嘉县。"按即今四川之雅州，孔子时蜀西尚未交通，但知蜀东有巴国而已，决不知有所谓蒙山者，何从伪造蔡蒙旅平之言哉？又兖州，九河既道，九河故渠，在孔子时已绝，郑康成谓为齐桓公所塞。孔子又何从而知之？如云非出孔子之手，而为伏生所造。伏生时蒙山虽在境内，九河亦淤废久矣。且雍州"原隰底绩，至于猪野"，又"导弱水，至于合黎，余波入于流沙"。猪野在汉属张掖，合黎在汉属酒泉，均在今甘肃西部，汉时所称河西四郡者，其地在七国时已沦于匈奴，至休屠王降汉，方入中国版图，伏生时绝不知有此地。何以“猪野”“合黎”言之凿凿？岂孔子、伏生真如《新旧约》所云全知全能之上帝，能后知未来，前知往古者乎？此以地理言也。又就天象考之，古人以昏中之星验天，而《尧典》所言中星，与后世所见不同。《尧典》言：“春分日中星鸟，夏至日永星火，秋分宵中星虚，冬至日短星昴。”鸟者，朱鸟之中星也。火者，苍龙之中星也。虚者，玄武之中星也。昴者，白虎之中星也。此与孔子、伏生时所见，截然不同。孔子去尧约一千八百余年，伏生去尧约两千一百余年，而吕氏作《月令》时，上去孔子二百年，下去伏生百年，时皆未久，然其所云“仲春之月则昏弧中，仲夏之月则昏亢中，仲秋之月则昏牵牛中，仲冬之月则昏东壁中”，与《尧典》所云相差三十余度，如孔子、伏生伪造《尧典》，亦应据其所见，如《吕氏》所录者，以概往古，何以有如此歧异？要知相差三十余度者，后人谓之岁差。今之言天文者，无人不知此理，而古人未之知也。何承天、祖冲之始知恒星伏现，年各不同，而相差甚微，积久遂致相远（语详《宋书·历志》）。何、祖去尧约两千七百余年，观察分明，于是上推《月令》，核之《尧典》，遂明岁差之故。孔子、伏生，不知岁差，乌能伪造《尧典》之中星耶？《尧典》《禹贡》既不能证其伪造，则尧、禹之不得怀疑，无待繁言而解矣。

日人不愿居中国人后，不信尧、禹，尚无足怪。独怪神明之后，史籍昭彰，反弃置不信，自甘与开化落后之异族同侪，迷其本来，数典忘祖，信可哀已。昔戴东原少时读《尧典》，至“乃命羲和”一节，即研习天文，二三年乃通其说。读《禹贡》，研习地理，又二三年乃明其义。今《尚书释天》《禹贡锥指》等书，所在而有，不必如戴东原之勤苦，方能通晓，乃国人不肯披阅，信谬作真，随日人之后，妄谈尧、禹之伪，不亦大可哀乎？此种疑古，余以为极不学可笑者，深望国人能矫正之也。

史有事实离奇，难于确然置信者，其故盖由于实有其事，而描写过甚。此类之事，如与大体无关，则存而不论可也。《史记·留侯传》记高祖一见四皓，即濊然心服，废立之举，竟不果行。司马温公《通鉴》疑而不载，以为高祖暴亢，未必为畏惮四皓而止。又隐士之事，史乘亦多离奇。如《后汉书·严光传》光以足加帝腹上，明日，太史奏客星犯帝坐甚急。《通鉴》载之甚略。余谓高祖虽暴亢，顾生于七国，礼贤下士之风，知之有素，四皓高尚其事，今乃降心于惠帝，疑惠帝真是可辅之主，今即废立，未必不贻后患，以故遂止，是亦情理之可通者。子陵之事，出于偶然，足加帝腹，恰值天文之变，史臣认为有关，遂致牵附，亦不能指为必无。以故史中诸事在疑信之间者，皆应存而不论，不应悍然生疑，以上斥疑古之非。

复次，今人以为史迹渺茫，求之于史，不如求之于器。器物有，即可证其必有，无则无从证其有无。余谓，此拾欧洲考古学者之唾余也。凡荒僻小国，素无史乘，欧洲人欲求之，不得不乞灵于古器。如史乘明白者，何必寻此迂道哉？即如西域三十六国，向无史乘，倘今人得其器物，则可资以为证耳。其次，已有史乘，而记载偶疏，有器物在，亦可补其未备。如列传中世系、籍贯、历官之类，史或疏略，碑版在，即可藉以补苴。然此究系小节，无关国家大体。且史乘所载，不下万余人，岂能人人尽为之考？研求历史，须论大体，岂暇逐琐屑之末务？况器物不能离史而自明。如器有秦、汉二字，知秦、汉二字之意义者，独非史乘所诏示耶？如无史乘，亦无从知秦、汉二字为何语也。即如陕西出土之秦、汉瓦当，知陕西为秦、汉建都之地，乃史乘之力。据史乘，然后知瓦当为秦、汉之物，否则又何从知之？且离去史乘，每朝之历年即不可知，徒信器物，仅如断烂朝报，何从贯穿？以故，以史乘证器物则可，以器物疑史乘则不可。以器物作读史之辅佐品则可，以器物作订史之主要物则不可。如据之而疑信史，乃最愚之事也。

不但此也，器物之最要者，为钟鼎、货币、碑版，然钟鼎伪造者多，货币亦有私铸、伪造二者，碑版虽少，今亦有伪作者矣。《韩非子·说林》齐伐鲁，求谗鼎，鲁以其赝往。是古代已有伪造之钟鼎也。又《礼记·祭统》卫孔悝之鼎铭曰：“六月丁亥，公假于太庙。”据《左氏》哀十六年传，六月，卫侯饮孔悝酒于平阳，醉而逐之，夜半而遣之。孔氏《正义》谓即此六月中，先命之，后即逐之，此语最为无赖。夫铸鼎刻铭，事非易易，何能以旬日遽成？以《左传》所载为信，则孔悝之鼎赝而已矣。今人如欲以古器订古史，第一须有精到之眼光，能鉴别真伪，不爽毫厘，方足以语此。无如历代讲钟鼎者，以伪作真者多，甲以为真，乙以为伪。乙以为真，丙以为伪。彼此互相讥弹，卒无休止。钟鼎自不能言，而真伪又无定法可求，何能得其确证哉？且钟鼎及六朝前碑版所载，多不甚著名之人，稍有名者，即无物可证。夫论史须明大体，不应琐屑以求，如云今人有四万万之多，我能知两万万人之姓名，事固非易，要亦何用？今以古器证史，则可知其人之必有者，盖无几矣。如秦半两钱在，秦诏版在，秦权、秦量在，可证始皇之必有其人矣。然汉高祖即不能证其必有，何也？铜器、货币均无有也，无从证也。王莽二十品钱（六泉、十布、错刀、契刀、货泉、货布）均在，所谓新量（真假姑不论）者亦在，王莽可证其必有矣。然光武则不能证其必有。何也？铜器、货币均无有也，无从证也。史思明顺天钱、得壹钱均在，今北京法源寺，有悯忠寺宝塔颂，镌御史大夫史思明之名，是史思明可证其必有矣。然安禄山则不能证其必有，何也？货币、碑版，均无有也，无从证也。以故，以器物证史，可得者少，不可得者多，如断线之珠，无从贯穿。试问始皇有，高祖未必有；王莽有，光武未必有；史思明有，安禄山未必有，尚成其为历史耶？

以钱币论，唐以后铸钱，皆用年号。然宋仁宗改元九次，皇祐、康定之钱，传世无几，宝元以一钱须叠两宝（宝元，通宝也），未铸，铸皇宋通宝，如以无宝元钱故，即谓宝元之年号乃伪造，可乎？又明洪武时铸洪武钱，其后历朝沿用，嘉靖时补铸历朝之钱，然以永乐革除建文年号，故建文钱独不补铸，如以无建文钱故，谓建文一代之事，悉系虚造，可乎？果如今世考古之说，钱之为用，非徒可以博当时之利，且可以传万世之名，则钱之为神亦信矣。惜乎晋人作《钱神论》者，只知其一，不知其二也。

以碑版论，昔隋文帝子秦王俊死，王府僚佐请为立碑。文帝曰："欲求名，一卷史传足矣，何用碑为？"此语当时谓为通人之论，如依今人之目光言之，则此语真不达之至矣。何者？碑可恃，史不可恃也。然则碑版非徒可以谀墓，几可生死人而肉白骨矣。

且也，钱币造自政府，铜器铸由贵族，碑版之立，于汉亦须功曹、孝廉以上，而在齐民者绝少，使今有古代齐民之石臼在，亦无从知其属于何人，如此而谓周、秦、汉三代，除政府、贵族、功曹、孝廉而外，齐民无几也，非笑柄而何？

钟鼎、货币、碑版三事之外，有无文字而从古相传为某人之物者，世亦不乏。如晋之武库藏孔子履、高祖斩蛇剑、王莽头三物。孔子履，其上并无孔子字样。高祖剑，未知有铭与否？王莽头，当然头上不致刻字。此三物者，武库失火，同时被焚，以其失传。谓孔子、高祖、王莽均属渺茫，可乎？设或不焚，王莽之头亦无从知其确为王莽之头也。履也，剑也，亦无从知其属于谁何也。何也？剑与履不能自言也。

又有文字本不可知，而后人坚言其为某某字者。如《西京杂记》载夏侯婴求葬地，下有石椁，铭曰："佳城郁郁，三千年见白日，吁嗟滕公居此室。"《啸堂集古录》载之，字作墨团，汗漫如朵朵菊花，当时人妄言此为某字，彼为某字，夫铭之真伪不可知，即以为真，又何从知其甲为某字，乙为某字哉？今人信龟甲者，又其类也。

由此言之，求之于钟鼎、货币、碑版，而钟鼎、货币、碑版，本身已有不可信者。况即使可信，亦非人人俱有。在古器者皆不甚著名之士，则齐民又大率无有。有文字者如此，无文字者，更无从证明。如此，欲以器物订史，亦多见其愚而已矣。

夫欧人见亡国无史，不得已而求之器物，固不足怪。吾华明明有史，且记述详备，反言史不足信，须恃器物作证，以为书篇易伪，器物难伪。曾亦思"书者，契也"，前人契券，流传至后，后人阅之，即可知当时卖买之情状，虽间有伪造，考史如官府验契，亦可以检察真伪。如不信史而信器，譬如讼庭验契时，法官两造，并不怀疑，忽有一人出而大方言曰："契不足恃，要以当时交易之钱作证。"此非至愚而何？妄人之论，本不足辨，无如其说遍于国中，深恐淆惑听闻，抹杀历史，故不惮辞费而辟之，使人不为所愚，以上斥恃器证史之谬。

（选自《章太炎国学讲演录》，
王謇、王乘六、吴契宁、诸祖耿记录）

历史之重要

章太炎

国学不尚空言，要在坐而言者，起而可行。十三经文繁义赜，然其总持则在《孝经》《大学》《儒行》《丧服》。《孝经》以培养天性，《大学》以综括学术，《儒行》以鼓励志行，《丧服》以辅成礼教。其经文不过万字，易读亦易记。经术之归宿，不外乎是矣。经术乃是为人之基本，若论运用之法，历史更为重要。处斯乱世，尤当斟酌古今，权衡轻重。今日学校制度，不便于讲史，然史本不宜于学校讲授。大约学问之事，书多而文义浅露者，宜各自阅览。书少而文义深奥者，宜教师讲解。历史非科学之比，科学非讲解一步，即不能进一步。历史不然，运用之妙，在乎读者各自心领神会而已。正史二十四，约三千余卷；《通鉴》全部，六百卷。如须讲解，但讲《通鉴》，五年尚不能了，全史更无论矣。如能自修，则至迟四年可毕二十四史。今学校注重讲授，而无法讲史，故史学浸衰。

惟道尔顿制，实于历史之课最宜。然今之教员，未必人人读毕全史，即明知道尔顿制便于学生，其如不便于教员何。《吕氏春秋》有《诬徒篇》，今日学校之弊，恐不至诬徒不止。诚可叹也。

政治之学，非深明历史不可。历史类目繁多，正史之外，有编年，有别史，有论制度之书，有述地理之书，有载奏议之书。荀悦《汉纪》，别史类也。《通典》《通考》，贯穿古今，使人一看了然，论制度之类也。志表之属，断代为书，亦使人了如指掌，亦论制度之类也。地理书却不易看。自正史《地理志》外，有《元和郡县志》《元丰九域志》《明清一统志》《读史方舆纪要》之属。山川形势，古今沿革，非细读不能明了。奏议往往不载于正史，但见于文集，亦有汇集历代名臣奏议为专书者。今之学者，务欲速成，鲜有肯闭门读书十年者。然全看二十四史，一日不辍，亦不过四年。若但看四史，四史之后看《通鉴》《宋元明鉴》之类，则较正史减三分之二。一日看两卷，则五百日可毕。而纪事之书，已可云卒业矣。至于典章制度之书，《通典》古拙不必看，看《通考》已足施于政治。《通考》尚有用不着之处，三通不过五百卷，一日看两卷，二百五十日可毕。地理书本不多，《读史方舆纪要》为最有用，以其有论断也，旁及地理挂图，且读且看，有三四月之工夫，便可卒业。奏议书流畅易看，至多不过一年亦毕矣。如此合计，纪事之书一年有半，制度之书八月，地理之书半年，奏议之书十月，有三年半之功程，史事已可烂熟。即志在利禄者，亦何惜此三年半之工夫，以至终身无可受用乎。历代知名将相，固有不读书者，近若曾、左、胡辈，亦所谓名臣者矣。然其所得力，曾在《通鉴》《通考》，左在《通考》，胡在《读史方舆纪要》而已，况程功之过于是者乎。

人不读经书，则不知自处之道；不读史书，则无从爱其国家。即如吾人今日，欲知中华民国之疆域，东西南北究以何为界，便非读史不可。有史而不读，是国家之根本先拔矣。古人有不喜人讲史者，王安石变法，唯恐人之是古非今，不得自便。今人之不喜人看史，其心迹殆与王安石无异。又好奇说者，亦不喜人看史。历史著进化之迹，进化必以渐，无一步登天之理。是故诡激之流，唯恐历史之足以破其说也。至于浅见之人，谓历史比于家谱，《汉书》即刘氏之谱，《唐书》即李氏之谱。不看家谱，亦无大害。此不知国史乃以中国为一家，刘氏李氏不过一时之代表而已。当时一国之政，并非刘氏李氏一家之事也。不看家谱，不认识其同姓，族谊亦何由而敦？不讲历史，昧于往迹，国情将何由而洽？又或谓历史有似账簿，米盐琐屑，阅之无谓。此不知一家有一家之产业，一国有一国之产业，无账簿则产业何从稽考。以此而反对读史，其居心诚不可测矣。信如所言，历史是账簿，是家谱，亦岂可不看？身不能看，唯恐人之能看，则沮人以为不足看也。政界之人如此，学界之人亦如此。学生又不便以讲诵，家谱账簿束置高阁，四万万人都不知国家之根本何在。失地千里，亦不甚惜，无怪其然也！日本外交官在国际联盟会称，东三省本是满洲之地，中国外交官竟无以驳正。此岂非不看家谱账簿而不知旧有之产业乎？

昔人读史，注意一代之兴亡。今日情势有异，目光亦须变换，当注意全国之兴亡，此读史之要义也。经与史关系至深，章实斋云“六经皆史”，此言是也。《尚书》《春秋》，本是史书，《周礼》著官制，《仪礼》详礼节，皆可列入史部。西方希腊以韵文记事，后人谓之史诗，在中国则有《诗经》。至于《周易》，人皆谓是研精哲理之书，似与历史无关，不知《周易》实历史之结晶，今所称“社会学”是也。乾坤代表天地，《序卦》云：“有天地然后有万物。”是故乾坤之后，继之以屯。屯者，草昧之时也，即鹿无虞，渔猎之征也；匪寇婚媾，掠夺婚姻之征也。进而至蒙，如人之童蒙，渐有开明之象矣。其时取女，盖已有聘礼，故曰“见金夫，不有躬”，此谓财货之胜于掠夺也。继之以需，则自游牧而进于耕稼，于是有饮食燕乐之事。饮食必有讼，故继之以讼。以今语译之，所谓“面包问题”“生存竞争”也。于是知团结之道，故继之以师。各立朋党，互相保卫，故继之以比。然兵役既兴，势必不能人人耕稼，不得不小有积蓄。至于小畜，则政府之滥觞也。然后众人归往强有力者，以为团体之王。故曰：“武人为于大君，履帝位而不疚。”至于履，社会之进化已及君主专制之时矣。泰者，上为阴下为阳，上下交通故为泰。否者，上为阳下为阴，上下乖违，故为否。盖帝王而顺从民童，上下如水乳交融，所谓泰也；帝王而拂逆民意，上下如冰炭之不容，所谓否也。民为邦本之说，自古而知之矣。自屯至否，社会变迁之情状，亦已了然。故曰：《周易》者，历史之结晶也。然“六经”之中正式之史，厥维《春秋》。后世史籍，皆以《春秋》为本。《史记》有礼书、乐书，《汉书》则礼、乐皆有志，其意即以包括礼经一门。《司马相如传》辞赋多而叙事少，试问辞赋何关于国家大计，而史公必以入录耶？班固曰：“赋者，古诗之流也。盖《史记》之录辞赋，亦犹“六经”之有诗矣。”太史公自序曰：“有能绍明世、正《易传》、继《春秋》、本《诗》《书》《礼》《乐》之际？意在斯乎！小子何敢让焉。”班固亦有类此之语。由今观之，马班之言，并非夸诞，良史之作，固当如是也。

史与经本相通，子与史亦相通。诸子最先为道家，老子本史官也。故《艺文志》称道家者流，出于史官。史官博览群籍，而熟知成败利钝。以为君人南面之术。他如法家，韩非之书称引当时史事甚多。纵横家论政治，自不能不关涉历史。名家与法家相近，惟农家之初，但知种植而已。要之，九流之言，注重实行，在与历史有关。墨子、庄子皆有论政治之言，不似西洋哲学家之纯谈哲学也。今日学士大夫，治经者有之，治诸子者有之，而治史则寡。不知不讲历史，即无以维持其国家。历史即是账簿家谱之类，持家者亦不得不读也。

复次，今日有为学之弊，不可盲从者二端，不可不论。夫讲西洋科学，尚有一定之规范，决不能故为荒谬之说。其足以乱中国者，乃在讲哲学讲史学，而恣为新奇之议论。在昔道家，本君人南面之术，善用其术则可致治。汉人之重黄老，其效可见矣。一变而为晋人之清谈，即好为新奇之议论，于是社会遂有不安之状。然刘伶之徒，反对礼教，尚是少数。今之哲学，与清谈何异？讲哲学者，又何其多也？清谈简略，哲学详密，此其贻害，且什百于清谈。古人有言，“智欲圆而行欲方”。今哲学家之思想打破一切，是为“智圆而行亦圆”，徇己逐物，宜其愈讲而愈乱矣。余以为欲导中国入于正轨，要自今日讲平易之道始，三十年后，庶几能收其效。否则推波助澜，载胥及溺而色。

又今之讲史学者，喜考古史。有二十四史而不看，专在细微之处吹毛索瘢，此大不可也。昔蜀之谯周，宋之苏辙，并著《古史考》，以驳正太史公。夫上下数千年之事，作史者一人之精力，容有不逮。后之人考而正之，不亦宜乎，无如今之考古者，异于谯周、苏辙。疑古者流，其意但欲打破历史耳。古人之治经史，于事理所必无者，辄不肯置信。如姜嫄履大人迹而生后稷，刘媪交龙于上而生高祖，此事理所必无者也，信之则乖于事实。又同为一事，史家记载有异，则辨正之，如《通鉴考异》之类，此史学者应有之精神也。自此以外，疑所不当疑，则所谓有疑疾者尔。日本人谓尧、舜、禹皆是儒家理想中人物，犹自以其开化之迟，而疑中国三千年前已有文化如此。不知开化本有迟早，譬如草木之华，先后本不一时，但见秋菊之晚开，即不信江梅之早发，天下宁有此理？日本人复疑大禹治水之功，以为世间无此神圣之人。不知治河之功，明清两代尚有之，本非一人之力所能办。大臣之下，固有官吏兵丁在，譬如汉高祖破灭项羽，又岂一身之力哉。此而可疑，何事不可疑？犹记明人笔乘，有丘为最高，渊为最深之言。然则孔颜亦在可疑之列矣。当八国联军时，刚毅不信世有英法诸国，今之不信尧禹者，无乃刚毅之比乎？夫讲学而入魔道，不如不讲。昔之讲阴阳五行，今乃有空谈之哲学，疑古之史学，皆魔道也，必须扫除此种魔道，而后可与言学。

（选自《制言》半月刊第 55 期，诸祖耿记）

五种专史概论（节选）

梁启超

五种专史，第一，人的专史；第二，事的专史；第三，文物的专史；第四，地方的专史；第五，断代的专史。本章既然叫着概论，不过提纲挈领的说一个大概；其详细情形，留到分论再讲。

甲　人的专史

自从太史公作《史记》，以本纪列传为主要部分差不多占全书十分之七，而本纪列传又以人为主。以后二千余年，历史所谓正史，皆踵其例。老实讲起来，正史就是以人为主的历史。

专以人为主的历史，用最新的史学眼光去观察他，自然缺点甚多，几乎变成专门表彰一个人的工具。许多人以为中国史的最大缺点，就在此处。这句话，我们可以相当的承认：因为偏于个人的历史，精神多注重彰善惩恶，差不多变成为修身教科书，失了历史性质了。但是近人以为人的历史毫无益处，那又未免太过。历史与旁的科学不同，是专门记载人类的活动的。一个人或一群人的伟大活动可以使历史起很大变化。若把几千年来，中外历史上活动力最强的人抽去，历史倒底还是这样与否，恐怕生问题了。譬如欧洲大战，若无威廉第二、威尔逊、路易乔治、克里孟梭几个人，历史当然会另变一个样子。欧洲大战或者打不成，就打成也不是那样结果。又如近三十年来的中国历史，若把西太后、袁世凯、孙文、吴佩孚等人，甚至于连我梁启超，没有了去，或把这几个人抽出来，现代的中国是个什么样子，谁也不能预料。但无论如何，和现在的状况一定不同。这就可见个人与历史的关系和人的历史不可轻视了。

一个人的性格兴趣及其做事的步骤，皆与全部历史有关。太史公作《史记》，最看重这点。后来的正史，立传猥杂而繁多，几成为家谱墓志铭的丛编，所以受人诟病。其实《史记》并不如此，《史记》每一篇列传，必代表某一方面的重要人物。如《孔子世家》《孟荀列传》《仲尼弟子列传》代表学术思想界最要的人物，《苏秦张仪列传》代表造成战国局面的游说之士，《田单乐毅列传》代表有名将帅，四公子《平原、孟尝、信陵、春申列传》代表那时新贵族的势力，《货殖列传》代表当时经济变化，《游侠列传》《刺客列传》代表当时社会上一种特殊风尚。每篇都有深意，大都从全社会着眼，用人物来做一种现象的反影，并不是专替一个人作起居注。

在现代欧美史学界，历史与传记分科。所有好的历史，都是把人的动作藏在事里头；书中为一人作专传的很少。但是传记体仍不失为历史中很重要的部分，一人的专传，如《林肯传》《格兰斯顿传》，文章都很美丽，读起来异常动人。多人的列传如布达鲁奇的《英雄传》，专门记载希腊的伟人豪杰，在欧洲史上有不朽的价值。所以传记体以人为主，不特中国很重视，各国亦不看轻。因此，我们作专史，尽可以个人为对象，考察某一个人在历史上有何等关系。凡真能创造历史的人，就要仔细研究他，替他作很详尽的传。而且不但要留心他的大事，即小事亦当注意。大事看环境、社会、风俗、时代；小事看性格、家世、地方、嗜好，平常的言语行动，乃至小端末节，概不放松。最要紧的是看历史人物为什么有那种力量。

每一时代中须寻出代表的人物，把种种有关的事变都归纳到他身上。一方面看时势及环境如何影响到他的行为，一方面看他的行为又如何使时势及环境变化。在政治上有大影响的人如此，在学术界开新发明的人亦然。先于各种学术中求出代表的人物，然后以人为中心，把这个学问的过去未来及当时工作都归纳到本人身上。这种作法，有两种好处：第一，可以拿着历史着眼。历史不外若干伟大人物集合而成。以人作标准，可以把所有的要点看得清清楚楚。第二，可以培养自己的人格。知道过去能造历史的人物，素养如何，可以随他学去，使志气日益提高。所谓“奋乎百世之上，百世不下，闻者莫不兴起也”。

乙　事的专史

历史的事实，若泛泛看去，觉得很散漫，一件件的摆着，没有什么关系，但眼光锐敏的历史家，把历史过去的事实看成为史迹的集团，彼此便互相联络了。好像天上的星辰，我们看去是分散的；天文家看去，可以分出十二宫。无论何种事物，必把破碎的当作集团，才有着眼的地方。研究历史，必把一件件的史迹看为集团，才有下手的地方。把史迹看作集团研究，就是记事本末体。现代欧美史家，大体工作，全都在此。记事本末体是历史的正宗方法。不过中国从前的记事本末，从袁枢起，直到现在，我都嫌他们对于集团的分合未能十分圆满。即如《通鉴记事本末》把《资治通鉴》所有事实，由编年体改为记事本末体，中间就有些地方分得太琐碎，有些地方不免遗漏。也因为《资治通鉴》本身偏于中央政治，地方政治异常简略，政治以外的事实更不用提。所以过去的记事本末体，其共同的毛病，就是范围太窄。我们所希望的记事本末体，要从新把每朝种种事实作为集团，搜集资料，研究清楚。大集团固然要研究，再分小点，亦可以研究。凡集团事迹于一时代有重大影响的，须特别加以注意。

比如晚明时代的东林复社，他们的举动可以作为一个集团来研究，把明朝许多事实都归纳到里边，一方面可以看类似政治团体的活动，以学术团体兼为政治团体，实由东林起，至复社而色彩愈显。这是中国史上一大事实，很值得研究。研究东林复社始末，方面很多。本来是学术机关，为什么又有团体的政治运动？一方面可以看出学术的渊源及学风的趋势。另一方面，可以看在野的智识阶级的主张。每逢政治腐败的时候，许多在野学者，本打算闭户读书；然而时势所迫，又不能不出头说话。这种情形，全由政治酝酿而成。非全部异常明了，一部很难了解。至于复社，本来是一个团体的别名，同时的其他团体尚多，不过以复社为领袖，成为一个联合会社的性质。我们研究创社人的姓名，及各社员的籍贯，或作小传，或作统计，可以看出复社的势力在于何部，明亡以后，复社的活动于当时政治有何影响，满洲入关，复社人物采取若何态度。从这些地方着手，明末清初的情形可以了如指掌了。

又如清世宗（雍正）的篡位前后情形，可以作为一个集团来研究。把那时候许多事实都归纳到里边。这件事情，比较复社始末，材料难找得多。因事涉宫闱，外人很难知道。但是这件事情，关系很大，是清史主要的部分。假使没有雍正，就不会有乾隆，道咸光宣更不用说了。内容真相若何，牵涉的方面很多。有关于外国的，如喇嘛教与天主教争权，因为世宗成了功，后来喇嘛教得势，天主教衰落。有关于学术的，如西洋科学之输入，因天主教被排斥，亦连带的大受影响，几乎中绝。有关于藩属的，如清代之羁縻蒙古、西藏，亦以喇嘛教为媒介；即经营青海，还是要借重他。这种事情，蒙古、西藏文中稍微有点资料，可以明了一部分；中国文字资料就很少。即如年羹尧的事迹，当然和清史很有关系，我们看《东华录》及《雍正上谕》的记载，极其含糊，得不着一个明了的概念。若把所有资料完全搜出，可以牵连清朝全部历史的关系。所以研究历史的人，应当挑出一极大之事，作为集团，把旁的事实，都归纳到里面，再看他们的关系影响。研究一个集团，就专心把这个集团弄明白了。能得若干人分头作去，把所有事的集团都弄清楚，那么全部历史的主要脉络就可一目了然了。

丙 文物的专史

最古的文物史，要算《史记》的八书。《史记》于本纪列传之外，另作《礼乐》《律历》《天官》《封禅》《河渠》《平准》等书。后来班固作《汉书》，改称为志，不以人为主，而以某制度或某事物为主。凡所叙述，皆当代的文物典章。自太史公创此例后，后代历史，除小者外，如二十四史，皆同此例。而杜佑所作《通典》，纯以制度为主，上起三代，下至隋唐，一一加以考核。马端临仿其体裁作《文献通考》，范围更大，蕴义更博。《通典》所述，限于一代朝制；《通考》所述，则于朝制之外，兼及社会状况。此种著作，中国从前颇为发达，就是我们所说的文物的历史。《通典》《通考》可谓各种制度的总史，不是各种制度的专史。在杜佑马端临那个时候，有《通典》《通考》一类著作，便已满足了。此刻学问分科，日趋精密，我们却要分别部居，一门一门的作去。一个人要作经济史，同时又要作学术史，目录学，一定作不出有价值的著述来。要作经济史，顶好就专门研究经济。要作学术史，顶好就专门研究学术。要治目录学，顶好就研究《艺文志》《经籍志》等。不惟分大类而已，还要分小类。即如研究经济史，可以看历代食货志。食货中包含财政及经济两大部分，财政经济又各有若干的细目。我们不妨各摘其一项，分担研究，愈分得细愈好。既分担这一项，便须上下千古，贯彻融通。例如专研究食货中的财政的，在财政中又专研究租税，在租税中又专研究关税；那么中国外国及关于关税的资料都要把他搜集起来，看关税如何起源，如何变迁，如何发展，关税不平等的原因事实影响如何，乃至现在的关税会议如何召集，如何进行，关税自主的要求如何运动，一一记载，解释明白。这种的工作，比泛泛然作《通典》《通考》要切实得多，有意思得多，有价值得多。因为整部的文物，很笼统，很含混，无从下手，亦不容易研究明白。所以我主张一部分一部分的研究；先分一个大纲，如经济、文艺、学术、民族、宗教等，一二十条；再于每条之下，分为若干类，如经济之分为财政、租税，文艺之分为文学、美术，学术之分为经史，民族之分为原始、迁徙、同化，宗教之分为道佛等。择其最热悉、最相近者，一令时候作一类，或者一个人作一类。久而久之，集少成多，全部文物不难完全畅晓了。

丁　地方的专史

地方的专史就是方志的变相。最古的方志要算《华阳国志》了。以后方志愈演愈多，省有省志，县有县志。近代大史家章实斋把方志看得极重；他的著作，研究正史的与研究方志的各得其半。方志，从前人不认为史；自经章氏提倡后，地位才逐渐增高。治中国史，分地研究，极为重要。因为版图太大，各地的发展，前后相差悬殊。前人作史，专以中央政府为中心，只有几个分裂时代以各国政府所在地为中心，但中心地亦不过几个；三国有三个，十六国有十六个，究未能平均分配。研究中国史，实际上不应如此。普通所谓某个时代到某个程度，乃指都会言之；全国十之七八全不是那样一回事。我们试看分述研究的必要。比如一向称为本部十八省的云南，在三国以前，与中国完全无关；自诸葛渡泸以后，这才发生交涉。然而云南向来的发展，仍不与全部历史的发展相同。唐时的南诏，宋时的大理，都是半独立的国家。清初吴三桂据云南，亦取半独立的态度。三藩之乱既平，设置巡抚，始与本部关系较密。然民国十五年来，云南直接受中央辖制者不过二三年，其余诸年仍然各自为政。自古及今，云南自身如何发展；中原发达的时候，云南又受何等影响，有何种变化，这都是应当划分出来，单独研究的事情。又如广东，是次偏的省份，其文化的发达，亦不与中原同。自明以前，广东的人物及事实，不能影响到中原的历史，亦于中原的历史上没有相当的地位。再如安南、朝鲜，现在不属中国，然与中国历史关系很深。安南作中国郡县较广东为早，在黎氏莫氏独立尚未终了时，欧人东来，遂被割去。若云南当南诏、大理或吴三桂独立未终时，外人适来，恐亦将被割去啊。所以我们对于安南、朝鲜这一类地方，也应当特别研究，不能因为现在已经失掉而置之不理。上面所说的，还是边远省份。说近一点，如中原几省，最初居住的是什么人？河南、山东如何变成为中华民族的中心？后经匈奴、东胡民族的蹂躏，又起了多大变化？这些都是应当特别研究的事情。如欲彻底的了解全国，非一地一地分开来研究不可。普通说中国如何如何，不过政治中心的状况，不是全国一致的状况。所以有作分地的专史之必要。广博点分，可以分为几大区，每区之中，看他发达的次第；精细点分，可以分省分县分都市，每县每市，看他进展的情形。破下工夫，仔细研究，各人把乡土的历史风俗事故人情考察明白。用力甚小，而成效极大。

戊 断代的专史

在整部历史中，可以划分为若干时代，如两汉、六朝、隋、唐、宋、元、明、清；每一个时代中，可以又划分为若干部分，如人的、事的、文物的、地方的。含着若干部分，成为一个时代；含着若干时代，成为一部总史。总史横集前述四种材料，纵集上下几千年的时间。因为总史不易研究，才分为若干时代，时代的专史就是从前所谓断代为史，起自班固，后世因之，少所更改。不过旧时的断代，以一姓兴亡作标准，殊不合宜。历史含继续性，本不可分。为研究便利起见，挑出几样重大的变迁，作为根据勉强分期，尚还可以。若不根据重大变迁，而根据一姓兴亡，那便毫无意义了。皇帝尽管常换，而社会变迁甚微，虽属几代，仍当合为一个时期。皇帝尽管不换，而社会变迁极烈，虽属一代，仍当分为几个时期。比如南北朝，总共不过百六十七年，而南朝有宋、齐、梁、陈四代，北朝有北魏、北齐、北周三代。若以一姓兴亡分，应当分为四个或三个时期了。然此百六十七年间，社会上实无多大变化，所以我们仍当作为一个时期研究。其次述五代，五代不过五十二年，有梁、唐、晋、汉、周五个朝代。若以一姓兴亡分，应当分为五个时期；然此五十二年间，社会上亦没有多大变化，所以我们应当作为一个时期研究。上面是说皇帝换姓而社会不变的。虽然是分，应当合拢来研究。又有皇帝姓氏不换而社会变迁剧烈的，虽然是合，应当分开来研究。比如有清一代，道咸而后，思想学术政治外交经济生活，无一不变。不特是清代历史的大变迁，并且是全部历史的大变迁。我们尽可以把道咸以前，划分为一个时期。道咸以后，另划为一个时期。不必拘于成例，以一姓兴亡作为标准，笼统含糊下去。果尔，一定有许多不便利的地方。历史是不可分的，分期是勉强的。一方面不当太呆板，以一姓兴亡作根据，像从前一样；换一方面，又不当太笼统，粗枝大叶的，分上古中古近世三个时期。比较妥当一点的，还是划春秋为一个时期，战国为一个时期，两汉为一个时期（或分或合均可），三国、两晋、南北朝为一个时期，隋、唐为一个时期，宋、辽、金、元、明为一个时期，清分为两个时期。这种分法，全以社会变迁作标准。在一个时期当中，可以看出思想学术政治经济改换的大势，比较容易下手，材料亦易搜集。不管时期的长短，横的方面，各种事实要把它弄清楚。时代的专史，为全通史的模型。专史做得好，通史就做得好，此种专史，亦可分每人担任一项，分别做去。

以上讲五种专史的概说，以下就要讲五种专史如何作法。按照现在这个次序，一种一种地讲去。同学中有兴趣的，或者有志作史家的，于五种之中，认定一项，自己搜集，自己研究，自己著述，试试看。果能聚得三五十个同志，埋头用功，只须十年工夫，可以把一部顶好的中国全史作出来。人数多，固然好；若不然，能得一半的同志，甚至于十个同志，亦可以把整部历史完全作出。我担任这门功课，就有这种野心。但是能否成功，那就看大家的努力如何了。

（选自《梁启超全集·中国历史研究法补编》）

殷周制度论

王国维

中国政治与文化之变革，莫剧于殷、周之际。都邑者，政治与文化之标征也。自上古以来，帝王之都皆在东方：太皞之虚在陈；大庭氏之库在鲁；黄帝邑于涿鹿之阿；少皞与颛顼之虚皆在鲁、卫；帝喾居亳。惟史言尧都平阳，舜都蒲坂，禹都安邑，俱僻在西北，与古帝宅京之地不同。然尧号陶唐氏，而冢在定陶之成阳；舜号有虞氏，而子孙封于梁国之虞县；《孟子》称舜生卒之地皆在东夷。盖洪水之灾，兖州当其下游，一时或有迁都之事，非定居于西土也。禹时都邑虽无可考，然夏自太康以后以迄后桀，其都邑及他地名之见于经典者，率在东土，与商人错处河、济间盖数百岁。商有天下，不常厥邑，而前后五迁，不出邦畿千里之内。故自五帝以来，政治文物所自出之都邑，皆在东方。惟周独崛起西土。武王克纣之后，立武庚、置三监而去，未能抚有东土也。逮武庚之乱，始以兵力平定东方，克商践奄，灭国五十。乃建康叔于卫、伯禽于鲁、太公望于齐、召公之子于燕，其余蔡、郕、郜、雍、曹、滕、凡、蒋、邢、茅诸国，棋置于殷之畿内及其侯甸。而齐、鲁、卫三国，以王室懿亲，并有勋伐，居蒲姑、商、奄故地，为诸侯长。又做雒邑为东都，以临东诸侯，而天子仍居丰镐者凡十一世。自五帝以来，都邑之自东方而移于西方，盖自周始。故以族类言之，则虞、夏皆颛顼后，殷、周皆帝喾后，宜殷、周为亲。以地理言之，则虞、夏、商皆居东土，周独起于西方，故夏、商二代文化略同。“洪范九畴”，帝之所以锡禹者，而箕子传之矣。夏之季世，若胤甲、若孔甲、若履癸，始以日为名，而殷人承之矣。文化既尔，政治亦然。周之克殷，灭国五十。又其遗民，或迁之雒邑，或分之鲁、卫诸国。而殷人所伐，不过韦、顾、昆吾，且豕韦之后仍为商伯，昆吾虽亡，而已姓之国仍存于商、周之世。《书·多士》曰：“夏迪简在王庭，有服在百僚。”当属事实。故夏、殷间政治与文物之变革，不似殷、周间之剧烈矣。殷、周间之大变革，自其表言之，不过一姓一家之兴亡与都邑之移转；自其里言之，则旧制度废而新制度兴，旧文化废而新文化兴。又自其表言之，则古圣人之所以取天下及所以守之者，若无以异于后世之帝王；而自其里言之，则其制度文物与其立制之本意，乃出于万世治安之大计，其心术与规摹，迥非后世帝王所能梦见也。

欲观周之所以定天下，必自其制度始矣。周人制度之大异于商者，一曰立子立嫡之制，由是而生宗法及丧服之制，并由是而有封建子弟之制、君天子臣诸侯之制；二曰庙数之制；三曰同姓不婚之制。此数者，皆周之所以纲纪天下。其旨则在纳上下于道德，而合天子、诸侯、卿、大夫、士、庶民以成一道德之团体。周公制作之本意，实在于此。此非穿凿附会之言也，兹篇所论，皆有事实为之根据，试略述之。

殷以前无嫡庶之制。黄帝之崩，其二子昌意、玄嚣之后，代有天下。颛顼者，昌意之子。帝喾者，玄嚣之子也。厥后虞、夏皆颛顼后，殷、周皆帝喾后。有天下者，但为黄帝之子孙，不必为黄帝之嫡。世动言尧、舜禅让，汤、武征诛，若其传天下与受天下有大不同者。然以帝系言之，尧、舜之禅天下，以舜、禹之功，然舜、禹皆颛顼后，本可以有天下者也。汤、武之代夏、商，故以其功与德，然汤、武皆帝喾后，亦本可以有天下者也。以颛顼以来诸朝相继之次言之，故已无嫡庶之别矣。一朝之中，其嗣位者亦然。特如商之继统法，以弟及为主而以子继辅之，无弟然后传子。自成汤至于帝辛三十帝中，以弟继兄者凡十四帝（外丙、中壬、大庚、雍己、大戊、外壬、河亶甲、沃甲、南庚、盘庚、大辛、小乙、祖甲、庚丁）；其以子继父者，亦非兄之子，而多为弟之子（小甲、中丁、祖辛、武丁、祖庚、廪辛、武乙）。惟沃甲崩，祖辛之子祖丁立；祖丁崩，沃甲之子南庚立；南庚崩，祖丁之子阳甲立。此三事，独与商人继统法不合。此盖《史记·殷本纪》所谓中丁以后九世之乱，其间当有争立之事而不可考矣。故商人祀其先王，兄弟同礼，即先王兄弟之未立者，其礼亦同，是未尝有嫡庶之别也。此不独王朝之制，诸侯以下亦然。近保定南乡出句兵三，皆有铭，其一曰："大祖日己，祖日丁，祖日乙，祖日庚，祖日丁，祖日己，祖日己。"其二曰："祖日乙，大父日癸，大父日癸，中父日癸，父日癸，父日辛，父日己。"其三曰："大兄日乙，兄日戊，兄日壬，兄日癸，兄日癸，兄日丙。"此当是殷时北方侯国勒祖父兄之名于兵器以纪功者。而三世兄弟之名先后骈列，无上下贵贱之别。是故大王之立王季也，文王之舍伯邑考而立武王也。周公之继武王而摄政称王也，自殷制言之，皆正也。（殷自武乙以后四世传子。又《孟子》谓："以纣为兄之子，且以为君，而有微子启、王子比干。"《吕氏春秋·当务》篇云："纣之同母三人，其长子曰微子启，其次曰仲衍，其次曰受德。受德乃纣也，甚少矣。纣母之生微子启与仲衍也，尚为妾，已而为妻而生纣。纣之父、纣之母欲置微子启以为太子。大史据法而争之曰：有妻之子而不可置妾之子。纣故为后。"《史记·殷本纪》则云："帝乙长子为微子启，启母贱，不得嗣。少子辛，辛母正后，故立辛为嗣。"此三说虽不同，似商末已有立嫡之制。然三说已自互异，恐即以周代之制拟之，未敢信为事实也。）舍弟传子之法，实自周始。当武王之崩，天下未定，国赖长君，周公既相武王克殷胜纣，勋劳最高，以德以长，以历代之制，则继武王而自立，故其所矣。而周公乃立成王而己摄之，后又反政焉。摄政者，所以济变也。立成王者，所以居正也。自是以后，子继之法遂为百王不易之制矣。

由传子之制而嫡庶之制生焉。夫舍弟而传子者，所以息争也。兄弟之亲本不如父子，而兄之尊又不如父，故兄弟间常不免有争位之事。特如传弟既尽之后，则嗣立者当为兄之子欤？弟之子欤？以理论言之，自当立兄之子；以事实言之，则所立者往往为弟之子。此商人所以有中丁以后九世之乱，而周人传子之制正为救此弊而设也。然使于诸子之中可以任择一人而立之，而此子又可任立其欲立者，则其争益甚，反不如商之兄弟以长幼相及者犹有次第矣。故有传子之法，而嫡庶之法亦与之俱生。其条例则《春秋左氏传》之说曰：“太子死，有母弟则立之，无则立长。年钧择贤，义钧则卜。”《公羊》家之说曰：“礼，嫡夫人无子立右媵，右媵无子立左媵，左媵无子立嫡侄娣，嫡侄娣无子立右媵侄娣，右媵侄娣无子立左媵侄娣。质家亲亲先立娣，文家尊尊先立侄。嫡子有孙而死，质家亲亲先立弟，文家尊尊先立孙。其双生也，质家据现在立先生，文家据本意立后生。”此二说中，后说尤为详密，顾皆后儒充类之说，当立法之初，未必穷其变至此。然所谓“立子以贵不以长，立嫡以长不以贤”者，乃传子法之精髓，当时虽未必有此语，固已用此意矣。盖天下之大利莫如定，其大害莫如争。任天者定，任人者争。定之以天，争乃不生。故天子诸侯之传世也，继统法之立子与立嫡也，后世用人之以资格也，皆任天而不参以人，所以求定而息争也。古人非不知官天下之名美于家天下，立贤之利过于立嫡，人才之用优于资格，而终不以此易彼者，盖惧夫名之可藉而争之易生，其蔽将不可胜穷，而民将无时或息也。故衡利而取重，挈害而取轻，而定为立子立嫡之法，以利天下后世。而此制实自周公定之，是周人改制之最大者，可由殷制比较得之，有周一代礼制，大抵由是出也。

是故，由嫡庶之制而宗法与服术二者生焉。商人无嫡庶之制，故不能有宗法。藉曰有之，不过合一族之人奉其族之贵且贤者而宗之。其所宗之人，固非一定而不可易，如周之大宗、小宗也。周人嫡庶之制，本为天子、诸侯继统法而设，复以此制通之大夫以下，则不为君统而为宗统，于是宗法生焉。周初宗法虽不可考，其见于七十子后学所述者，则《丧服小记》曰："别子为祖，继别为宗，继祢者为小宗。有五世而迁之宗，其继高祖者也。是故，祖迁于上，宗易于下。敬宗所以尊祖祢也。"《大传》曰："别子为祖，继别为宗，继祢者为小宗。有百世不迁之宗，有五世则迁之宗。百世不迁者，别子之后也。宗其继别子者，百世不迁者也。宗其继高祖者，五世则迁者也。尊祖故敬宗。敬宗，尊祖之义也。"是故，有继别之大宗，有继高祖之宗，有继曾祖之宗，有继祖之宗，有继祢之宗，是为五宗。其所宗者皆嫡也，宗之者皆庶也。此制为大夫以下设，而不上及天子、诸侯。郑康成于《丧服小记》注曰："别子，诸侯之庶子，别为后世为始祖者也。谓之别子者，公子不得祢先君也。"又于《大传》注曰："公子不得宗君。"是天子、诸侯虽本世嫡，于事实当统无数之大宗，然以尊故，无宗名。其庶子不得祢先君，又不得宗今君，故自为别子，而其子乃为继别之大宗。言礼者嫌别子之世近于无宗也，故《大传》说之曰："有大宗而无小宗者，有小宗而无大宗者，有无宗亦莫之宗者，公子是也。公子有宗道。公子之公，为其士大夫之庶者，宗其士大夫之嫡者。"注曰："公子不得宗君，君命嫡昆弟为之宗，使之宗之。"此《传》所谓"有大宗而无小宗"也。又若无嫡昆弟，则使庶昆弟一人为之宗，而诸庶兄弟事之如小宗，此《传》所谓有"小宗而无大宗"也。《大传》此说，颇与《小记》及其自说违异。盖宗必有所继，我之所以宗之者，以其继别若继高祖以下故也。君之嫡昆弟、庶昆弟皆不得继先君，又何所据以为众兄弟之宗乎？或云：立此宗子者，所以合族也。若然，则所合者一公之子耳。至此公之子与先公之子若孙间，仍无合之之道。是大夫、士以下皆有族，而天子、诸侯之子，于其族曾祖父母、从祖祖父母、世父母、叔父母以下服之所及者，乃无缀属之法，是非先王教人亲亲之意也。故由尊之统言，则天子、诸侯绝宗，王子、公子无宗可也；由亲之统言，则天子、诸侯之子，身为别子而其后世为大宗者，无不奉天子、诸侯以为最大之大宗，特以尊卑既殊，不敢加以宗名，而其实则仍在也。故《大传》曰："君有合族之道。"其在《诗·小雅》之《常棣·序》曰："燕兄弟也。"其诗曰："傧尔笾豆，饮酒之饫。兄弟既具，和乐且孺。"《大雅》之《行苇·序》曰："周家能内睦九族也。"其诗曰："戚戚兄弟，莫远具迩。或肆之筵，或授之几。"是即《周礼·大宗伯》所谓"以饮食之礼亲宗族兄弟"者，是天子之收族也。《文王世子》曰："公与族人燕则以齿。"又曰："公与族人燕则异姓为宾。"是诸侯之收族也。夫收族者，大宗之事也。又在《小雅》之《楚茨》曰："诸父兄弟，备言燕私。"此言天子、诸侯祭毕而与族人燕也。《尚书·大传》曰："宗室有事，族人皆侍终日。大宗已侍于宾奠，然后燕私。燕私者何也？祭已而与族人饮也。"是祭毕而燕族人者，亦大宗之事也。是故天子、诸侯，虽无大宗之名，而有大宗之实。笃《公刘》之诗曰："食之饮之，君之宗之。"传曰："为之君，为之大宗也。"《板》之诗曰："大宗维翰。"传曰："王者，天下之大宗。"又曰："宗子维城。"笺曰："王者之嫡子，谓之宗子。"是礼家之大宗限于大夫以下者，诗人直以称天子、诸侯。唯在天子、诸侯则宗统与君统合，故不必以宗名；大夫、士以下皆以贤才进，不必身是嫡子。故宗法乃成一独立之统系。是以《丧服》有为宗子及其母、妻之服皆齐衰三月，与庶人为国君、曾孙为曾祖父母之服同。嫡子、庶子祇事宗子，宗妇虽贵富，不敢以贵富入于宗子之家，子弟犹归器，祭则具二牲，献其贤者于宗子，夫妇皆齐而宗敬焉，终事而敢私祭。是故大夫以下、君统之外复戴宗统，此由嫡庶之制自然而生者也。

其次为丧服之制。《丧服》之大纲四：曰亲亲，曰尊尊，曰长长，曰男女有别。无嫡庶，则有亲而无尊，有思而无义，而丧服之统紊矣。故殷以前之服制，就令成一统系，其不能如周礼服之完密，则可断也。《丧服》中之自嫡庶之制出者，如父为长子三年，为众子期；庶子不得为长子三年；母为长子三年，为众子期；公为嫡子之长殇、中殇大功，为庶子之长殇、中殇无服；大夫为嫡子之长殇、中殇大功，为庶子之长殇小功，嫡妇大功，庶妇小功，嫡孙期，庶孙小功；大夫为嫡孙为士者期，庶孙小功；出妻之子为母期，为父后者则为出母无服，为父后者为其母缌；大夫之嫡子为妻期，庶子为妻小功；大夫之庶子为嫡昆弟期，为庶昆弟大功，为嫡昆弟之长殇、中殇大功，为庶昆弟之长殇小功，为嫡昆弟之下殇小功，为庶昆弟之下殇无服；女子子适人者，为其昆弟之为父后者期，为众昆弟大功。凡此，皆出于嫡庶之制，无嫡庶之世，其不适用此制明矣。又无嫡庶则无宗法，故为宗子与宗子之母、妻之服无所施。无嫡庶，无宗法，则无为人后者，故为人后者为其所后及为其父母昆弟之服亦无所用。故《丧服》一篇，其条理至精密纤悉者，乃出于嫡庶之制既行以后。自殷以前，决不能有此制度也。

为人后者为之子，此亦由嫡庶之制生者也。商之诸帝，以弟继兄者，但后其父而不后其兄，故称其所继者仍曰兄甲、兄乙，既不为之子，斯亦不得云为之后矣。又商之诸帝，有专祭其所自出之帝而不及非所自出者。卜辞有一条曰："大丁、大甲、大庚、大戊、中丁、祖乙、祖辛、祖丁牛一羊一。"（《殷墟书契后编》卷上第五页及拙撰《殷卜辞中所见先公先王续考》。）其于大甲、大庚之间不数沃丁，是大庚但后其父大甲，而不为其兄沃丁后也；中丁、祖乙之间不数外壬、河亶甲，是祖乙但后其父中丁，而不为其兄外壬、河亶甲后也。又一条曰："祖乙（小乙）、祖丁（武丁）、祖甲、康祖丁（庚丁）、武乙衣。"（《书契后编》卷上第二十叶并拙撰《殷卜辞中所见先公先王续考》。）于祖甲前不数祖庚，康祖丁前不数廪辛，是亦祖甲本不后其兄祖庚，庚丁不后其兄廪辛。故后世之帝，于合祭之一种中乃废其祀（其特祭仍不废）。是商无为人后者为之子之制也。周则兄弟之相继者，非为其父后，而实为所继之兄弟后。以春秋时之制言之，《春秋经》文二年书"八月丁卯，大事于大庙，跻僖公"，《公羊传》曰："讥。何讥尔？逆祀也。其逆祀奈何？先祢而后祖也。"夫僖本闵兄，而传乃以闵为祖，僖为祢，是僖公以兄为弟闵公后，即为闵公子也。又《经》于成十五年书"三月乙巳，仲婴齐卒"，《传》曰："仲婴齐者，公孙婴齐也。公孙婴齐则曷为谓之仲婴齐？为兄后也。为兄后则曷为谓之仲婴齐？为人后者为之子也。为人后者为之子，则其称仲何？孙以王父字为氏也。然则婴齐孰后？后归父也。"

夫婴齐为归父弟，以为归父后，故祖其父仲遂而以其字为氏。是春秋时为人后者无不即为其子。此事于周初虽无可考，然由嫡庶之制推之，固当如是也。

又与嫡庶之制相辅者，分封子弟之制是也。商人兄弟相及，凡一帝之子，无嫡庶长幼，皆为未来之储贰。故自开国之初，已无封建之事，矧在后世？惟商末之微子、箕子，先儒以微、箕为二国名，然比干亦王子而无封，则微、箕之为国名，亦未可遽定也。是以殷之亡，仅有一微子以存商祀，而中原除宋以外，更无一子姓之国。以商人兄弟相及之制推之，其效固应如是也。周人既立嫡长，则天位素定，其余嫡子、庶子，皆视其贵贱贤否，畴以国邑。开国之初，建兄弟之国十五，姬姓之国四十，大抵在邦畿之外；后王之子弟，亦皆使食畿内之邑。故殷之诸侯皆异姓，而周则同姓、异姓各半。此与政治文物之施行甚有关系，而天子、诸侯君臣之分，亦由是而确定者也。

自殷以前，天子、诸侯君臣之分未定也。故当夏后之世，而殷之王亥、王恒，累叶称王。汤未放桀之时，亦已称王。当商之末，而周之文武亦称王。盖诸侯之于天子，犹后世诸侯之于盟主，未有君臣之分也。周初亦然，于《牧誓》《大诰》皆称诸侯曰“友邦君”，是君臣之分亦未全定也。逮克殷践奄，灭国数十，而新建之国皆其功臣、昆弟、甥舅，本周之臣子；而鲁、卫、晋、齐四国，又以王室至亲为东方大藩，夏、殷以来古国，方之蔑矣。由是天子之尊，非复诸侯之长而为诸侯之君；其在《丧服》，则诸侯为天子斩衰三年，与子为父、臣为君同。盖天子、诸侯君臣之分始定于此。此周初大一统之规模，实与其大居正之制度相待而成者也。

嫡庶者，尊尊之统也，由是而有宗法、有服术。其效及于政治者，则为天位之前定、同姓诸侯之封建、天子之尊严。然周之制度，亦有用亲亲之统者，则祭法是已。商人祭法见于卜辞所纪者，至为繁复。自帝喾以下，至于先公先王先妣，皆有专祭，祭各以其名之日，无亲疏远迩之殊也。先公先王之昆弟，在位者与不在位者祀典略同，无尊卑之差也。其合祭也，则或自上甲至于大甲九世，或自上甲至于武乙二十世，或自大丁至于祖丁八世，或自大庚至于中丁三世，或自帝甲至于祖丁二世，或自小乙至于武乙五世，或自武丁至于武乙四世。又数言“自上甲至于多后衣”，此于卜辞屡见，必非周人三年一祫、五年一禘之大祭，是无毁庙之制也。虽《吕览》引《商书》言“五世之庙可以观怪”，而卜辞所纪事实乃全不与之合，是殷人祭其先无定制也。周人祭法，《诗》《书》《礼经》皆无明文。据礼家言，乃有七庙、四庙之说。此虽不可视为宗周旧制，然礼家所言庙制，必已萌芽于周初，固无可疑也。古人言周制尚文者，盖兼综数义而不专主一义之谓。商人继统之法不合尊尊之意，其祭法又无远迩尊卑之分，则于亲亲、尊尊二义皆无当也。周人以尊尊之义经亲亲之义而立嫡庶之制，又以亲亲之义经尊尊之义而立庙制，此其所以为文也。说庙制者，有七庙、四庙之殊，然其实不异。《王制》《礼器》《祭法》《春秋穀梁传》皆言“天子七庙，诸侯五”。《曾子问》言：“当七庙，五庙无虚主”,《荀子·礼论》篇亦言“有天下者事七世，有一国者事五世”。惟《丧服小记》独言“王者禘其祖之所自出，以其祖配之而立四庙。”郑注：“高祖以下也，与始祖而五也。”如郑说，是四庙实五庙也。《汉书·韦玄成传》:“玄成等奏：《祭义》曰：‘王者禘其祖之所自出，以其祖配之而立四庙。’言始受命而王，祭天以其祖配，而不为立庙，亲尽也。立亲庙四，亲亲也。亲尽而迭毁，亲疏之杀，示有终。周之所以七庙者，以后稷始封，文王、武王受命而王，是以三庙不毁，与亲庙四而七。”《公羊》宣六年传何注云：“礼，天子、诸侯立五庙。周家祖有功，宗有德，立后稷、文、武庙，至于子孙，自高祖以下而七庙。”《王制》郑注亦云：“七者，太祖及文、武之祧，与亲庙四。”则周之七庙，仍不外四庙之制。刘歆独引《王制》说之曰：“天子三昭、三穆，与太祖之庙而七。七者，其正法，不可常数者也。宗不在此数之中，宗变也。”是谓七庙之中，不数文、武，则有亲庙六。以礼数言之，刘说非也。盖礼有尊之统，有亲之统。以尊之统言之，祖愈远则愈尊，则如殷人之制，遍祀先公先王可也。庙之有制也，出于亲之统。由亲之统言之，则亲亲以三为五，以五为九，上杀、下杀、旁杀而亲毕矣。亲，上不过高祖，下不过玄孙，故宗法、服术皆以五为节。《丧服》有“曾祖父母服而无高祖父母服，曾祖父母之服不过齐衰三月”。若夫玄孙之生，殆未有及见高祖父母之死者；就令有之，其服亦不过袒免而止。此亲亲之界也，过是则亲属竭矣，故遂无服。服之所不及，祭亦不敢及，此礼服家所以有天子四庙之说也。刘歆又云：“天子七日而殡，七月而葬。诸侯五日而殡，五月而葬。”此丧事尊卑之序也，与庙数相应。《春秋左氏传》曰：“名位不同，礼亦异数”，“自上而下，降杀以两，礼也”。虽然，言岂一端而已。礼有以多为贵者，有以少为贵者，有无贵贱一者。车服之节，殡葬之期，此有等衰者也。至于亲亲之事，则贵贱无以异。以三为五，大夫以下用之；以五为九，虽天子不能过也。既有不毁之庙以存尊统，复有四亲庙以存亲统，此周礼之至文者也。宗周之初，虽无四庙明文，然祭之一种限于四世，则有据矣。《逸周书·世俘解》：“王克殷，格于庙。王烈祖自大王、大伯、王季、虞公、文王、邑考以列升。”此太伯、虞公、邑考与三王并升，犹用殷礼，然所祀者四世也。《中庸》言：“周公成文、武之德，追王大王、王季，上祀先公以天子之礼。”于先公之中追王二代，与文、武而四，则成王、周公时庙数虽不必限于四王，然追王者与不追王者之祭，固当有别矣。《书·顾命》所设几筵，乃成王崩，召公摄成王册命康王时依神之席（见拙撰《周书顾命考》及《顾命后考》），而其席则牖间、西序、东序与西夹凡四，此亦为大王、王季、文王、武王设，是周初所立，即令不止四庙，其于高祖以下，固与他先公不同。其后遂为四亲庙之制，又加以后稷、文、武，遂为七庙。是故遍祀先公先王者，殷制也；七庙、四庙者，七十子后学之说也。周初制度，自当在此二者间。虽不敢以七十子后学之说上拟宗周制度，然其不如殷人之遍祀其先，固可由其他制度知之矣。

以上诸制，皆由尊尊、亲亲二义出。然尊尊、亲亲、贤贤，此三者治天下之通义也。周人以尊尊、亲亲二义，上治祖祢，下治子孙，旁治昆弟，而以贤贤之义治官。故天子、诸侯世，而天子、诸侯之卿、大夫、士皆不世。盖天子诸侯者，有土之君也。有土之君，不传子、不立嫡，则无以弭天下之争；卿、大夫、士者，图事之臣也，不任贤，无以治天下之事。以事实证之，周初三公，惟周公为武王母弟，召公则疏远之族兄弟，而太公又异姓也。成、康之际，其六卿为召公、芮伯、彤伯、毕公、卫侯、毛公，而召、毕、毛三公又以卿兼三公，周公、太公之子不与焉。王朝如是，侯国亦然，故《春秋》讥世卿。世卿者，后世之乱制也。礼有大夫为宗子之服，若如春秋以后世卿之制，则宗子世为大夫，而支子不得与，又何大夫为宗子服之有矣。此卿、大夫、士不世之制，当自殷已然，非属周制，虑后人疑传子立嫡之制通乎大夫以下，故附著之。

男女之别，周亦较前代为严。男子称氏，女子称姓，此周之通制也。上古女无称姓者，有之，惟一姜嫄。姜嫄者，周之妣，而其名出于周人之口者也。传言黄帝之子为十二姓，祝融之后为八姓。又言虞为姚姓，夏为姒姓，商为子姓。凡此纪录，皆出周世。据殷人文字，则帝王之妣与母皆以日名，与先王同，诸侯以下之妣亦然（传世商人彝器多有妣甲、妣乙诸文）。虽不敢谓殷以前无女姓之制，然女子不以姓称，固事实也。(《晋语》:“殷辛伐有苏氏，有苏氏以妲己女焉。”案：苏国己姓，其女称妲己，似己为女子称姓之始，然恐亦周人追名之。）而周则大姜、大任、大姒、邑姜，皆以姓著。自是迄于春秋之末，无不称姓之女子。《大传》曰：“四世而缌，服之穷也。五世袒免，杀同姓也。六世亲属竭矣。其庶姓别于上而戚单于下，婚姻可以通乎？”又曰：“系之以姓而弗别，缀之以食而弗殊，虽百世而婚姻不通者，周道然也。”然则商人六世以后或可通婚；而同姓不婚之制，实自周始；女子称姓，亦自周人始矣。

是故有立子之制而君位定，有封建子弟之制而异姓之势弱、天子之位尊。有嫡庶之制，于是有宗法、有服术，而自国以至天下合为一家。有卿、大夫不世之制，而贤才得以进。有同姓不婚之制，而男女之别严。且异姓之国，非宗法之所能统者，以婚媾甥舅之谊通之。于是天下之国，大都王之兄弟甥舅，而诸国之间亦皆有兄弟甥舅之亲，周人一统之策实存于是。此种制度，固亦由时势之所趋，然手定此者，实惟周公。原周公所以能定此制者，以公于旧制本有可以为天子之道，其时又躬握天下之权，而顾不嗣位而居摄，又由居摄而致政，其无利天下之心？昭昭然为天下所共见。故其所设施，人人知为安国家、定民人之大计，一切制度遂推行而无阻矣。

由是制度，乃生典礼，则“经礼三百、曲礼三千”是也。凡制度、典礼所及者，除宗法、丧服数大端外，上自天子、诸侯，下至大夫、士止，民无与焉，所谓“礼不下庶人”是也。若然，则周之政治但为天子、诸侯、卿、大夫、士设，而不为民设乎？曰：非也。凡有天子、诸侯、卿、大夫、士者，以为民也。有制度、典礼以治，天子、诸侯、卿、大夫、士，使有恩以相洽，有义以相分，而国家之基定，争夺之祸泯焉。民之所求者，莫先于此矣。且古之所谓国家者，非徒政治之枢机，亦道德之枢机也。使天子、诸侯、卿、大夫、士各奉其制度、典礼，以亲亲、尊尊、贤贤，明男女之别于上，而民风化于下，此之谓治。反是，则谓之乱。是故天子、诸侯、卿、大夫、士者，民之表也；制度、典礼者，道德之器也。周人为政之精髓，实存于此。此非无征之说也。以经证之，《礼经》言治之迹者，但言天子、诸侯、卿、大夫、士；而《尚书》言治之意者，则惟言庶民。《康诰》以下九篇，周之经纶天下之道胥在焉。其书皆以民为言，《召诰》一篇，言之尤为反复详尽，曰命、曰天、曰民、曰德，四者一以贯之。其言曰：“天亦哀于四方民，其眷命用懋，王其疾敬德。”又曰：“今天其命哲，命吉凶，命历年。知今我初服，宅新邑，肆惟王其疾敬德。王其德之用，祈天永命。”又曰：“欲王以小民受天永命。”且其所谓德者，又非徒仁民之谓也，必天子自纳于德而使民则之，故曰“其惟王勿以小民淫用非彝”，又曰“其唯王位在德元，小民乃惟刑用于天下，越王显”。充此言以治天下，可云至治之极轨。自来言政治者，未能有高焉者也。古之圣人，亦岂无一姓福祚之念存于其心，然深知夫一姓之福祚与万姓之福祚是一非二，又知一姓万姓之福祚与其道德是一非二，故其所以祈天永命者，乃在“德”与“民”二字。此篇乃召公之言，而史佚书之以诰天下。(《洛诰》云“作册逸诰”，是史逸所作《召诰》与《洛诰》日月相承，乃一篇分为二者，故亦史佚作也。)文、武、周公所以治天下之精义大法，胥在于此。

故知周之制度、典礼，实皆为道德而设。而制度、典礼之专及大夫、士以上者，亦未始不为民而设也。周之制度、典礼，乃道德之器械，而尊尊、亲亲、贤贤、男女有别四者之结体也。此之谓民彝。其有不由此者，谓之非彝。《康诰》曰：“勿用非谋非彝。”《召诰》曰：“其惟王勿以小民淫用非彝。”非彝者，礼之所去，刑之所加也。《康诰》曰：“凡民自得罪，寇攘奸宄，杀越人于货，暋不畏死，罔不憝。”又曰：“元恶大憝，矧惟不孝不友。子弗祗服厥父事，大伤厥考心；于父不能字厥子，乃疾厥子。于弟弗念天显，乃弗克恭厥兄，兄亦不念鞠子哀，大不友于弟。惟吊兹，不于我政人得罪，天唯与我民彝大泯乱。曰：乃其速由文王作罚，刑兹无赦。”此周公诰康叔治殷民之道。殷人之刑惟寇攘奸宄，而周人之刑则并及不孝不友，故曰“惟吊兹，不于我政人得罪”，又曰“乃其速由文王作罚”，其重民彝也如此。是周制刑之意，亦本于德治、礼治之大经。其所以致太平与刑措者，盖可睹矣。

夫商之季世，纪纲之废，道德之隳极矣。周人数商之罪，于《牧誓》曰：“今商王受，惟妇言是用，昏弃厥肆祀弗答，昏弃厥遗王父母弟弗迪，乃惟四方之多罪逋逃，是崇、是长，是信、是使，是以为大夫、卿、士，以暴虐于百姓，以奸宄于商邑。”于《多士》曰：“在今后嗣王，诞淫厥泆，罔顾于天显民祗。”于《多方》曰：“乃唯尔辟，以尔多方，大淫图天之命，屑有辞。”于《酒诰》曰：“在今后嗣王酣身，厥命罔显于民祗，保越怨不易。诞惟厥纵酒淫泆于非彝，用燕丧威仪，民罔不伤心。惟荒腆于酒，不惟自息乃逸。厥心疾很，不克畏死，辜在商邑，越殷国民无罹。弗惟德馨香祀，登闻于天，诞唯民怨，庶群自酒，腥闻在上，故天降丧于殷。罔爱于殷，惟逸。天非虐，唯民自速辜。”由前三者之说，则失德在一人；由后之说，殷之臣民其渐于亡国之俗久矣。此非敌国诬谤之言也，殷人亦屡言之，《西伯戡黎》曰：“唯王淫戏用自绝。”《微子》曰：“我用沉酗于酒，用乱败厥德于下。殷罔不小大，好草窃奸宄。卿士师师非度。凡有辜罪，乃罔恒获。小民方兴，相为敌雠。”又曰：“天毒降灾荒殷邦，方兴沉酗于酒，乃罔畏畏，咈其耇长，旧有位人。今殷民乃攘窃神祇之牺牷牲用，以容将食无灾。”夫商道尚鬼，乃至窃神祇之牺牲，卿士浊乱于上，而法令隳废于下，举国上下，惟奸宄敌仇之是务，固不待孟津之会、牧野之誓，而其亡已决矣。而周自大王以后，世载其德，自西土邦君、御事小子，皆克用文王教。至于庶民，亦聪听祖考之彝训。是殷周之兴亡，乃有德与无德之兴亡，故克殷之后，尤兢兢以德治为务。《召诰》曰："我不可不监于有夏，亦不可不监于有殷。我不敢知曰：有夏受天命，唯有历年。我不敢知曰：不其延。惟不敬厥德，乃早坠厥命。我不敢知曰：有殷受天命，唯有历年。我不敢知曰：不其延。惟不敬厥德，乃早坠厥命。今王嗣受厥命，我亦惟兹二国命，嗣若功。王乃初服。"周之君臣，于其嗣服之初反复教戒也如是，则知所以驱草窃奸宄相为敌仇之民而跻之仁寿之域者，其经纶固大有在。欲知周公之圣与周之所以王，必于是乎观之矣。

（选自《观堂集林·卷第十·史林二》）

最近二三十年中中国新发现之学问

王国维

古来新学问起，大都由于新发现。有孔子壁中书出，而后有汉以来古文家之学；有赵宋古器出，而后有宋以来古器物、古文字之学。惟晋时汲冢竹简出土后，即继以永嘉之乱，故其结果不甚著。然同时杜元凯注《左传》，稍后郭璞注《山海经》，已用其说；而《纪年》所记禹、益、伊尹事，至今成为历史上之问题。然则中国纸上之学问赖于地下之学问者，固不自今日始矣。自汉以来，中国学问上之最大发现有三：一为孔子壁中书；二为汲冢书；三则今之殷虚甲骨文字，敦煌塞上及西域各处之汉晋木简，敦煌千佛洞之六朝及唐人写本书卷，内阁大库之元明以来书籍档册。此四者之一已足当孔壁、汲冢所出，而各地零星发现之金石书籍，于学术有大关系者，尚不与焉。故今日之时代可谓之“发现时代”，自来未有能比者也。今将此二三十年发现之材料，并学者研究之结果，分五项说之。

一、殷虚甲骨文字

此殷代卜时命龟之辞，刊于龟甲及牛骨上。光绪戊戌己亥间，始出于河南彰德府西北五里之小屯。其地在洹水之南，水三面环之。《史记·项羽本纪》所谓“洹之南，殷虚上”者也。初出土后，潍县估人得其数片，以售之福山王文敏（懿荣）。文敏命其秘其事，一时所出，先后皆归之。庚子，文敏殉难，其所藏皆归丹徒刘铁云（鹗）。铁云复命估人搜之河南，所藏至三四千片。光绪壬寅，刘氏选千余片影印传世，所谓《铁云藏龟》是也。丙午，上虞罗叔言参事始官京师，复令估人大搜之，于是丙丁以后所出，多归罗氏。自丙午至辛亥，所得约二三万片。而彰德长老会牧师明义士（T. M. Menzies）所得亦五六千片。其余散在各家者尚近万片。近十年中乃不复出。

其著录此类文字之书，则《铁云藏龟》外，有罗氏之《殷虚书契前编》《殷虚书契后编》《殷虚书契菁华》《铁云藏龟之余》，日本林泰辅博士之《龟甲兽骨文字》，明义士之《殷虚卜辞》（*The Oracle Records of the Waste of Yin*），哈同氏之《戬寿堂所藏殷虚文字》，凡八种。而研究其文字者，则瑞安孙仲容比部始于光绪甲辰撰《契文举例》。罗氏于宣统庚戌撰《殷商贞卜文字考》，嗣撰《殷虚书契考释》《殷虚书契待问编》等。商承祚氏之《殷虚文字类编》，复取材于罗氏改定之稿。而

《戬寿堂所藏殷虚文字》，余亦有考释。此外，孙氏之《名原》亦颇审释骨甲文字，然与其《契文举例》皆仅据《铁云藏龟》为之，故其说不无武断。审释文字自以罗氏为第一，其考定小屯之为故殷虚，及审释殷帝王名号，皆由罗氏发之。余复据此种材料作《殷卜辞中所见先公先王考》，以证《世本》《史记》之为实录；作《殷周制度论》以比较二代之文化。然此学中所可研究发明之处尚多，不能不有待于后世之努力也。

二、敦煌塞上及西域各地之简牍

汉人木简，宋徽宗时已于陕右发现之，靖康之祸，为金人索之而去。当光绪中叶，英印度政府所派遣之匈牙利人斯坦因博士（M. Aurel Stein），访古于我和阗（Khotan），于尼雅河下流废址，得魏晋间人所书木简数十枚。嗣于光绪季年，先后于罗布淖尔东北故城，得晋初人书木简百余枚，于敦煌汉长城故址得两汉人所书木简数百枚，皆经法人沙畹教授（Ed. Chavannes）考释。其第一次所得，印于斯氏《和阗故迹》（*Sand-buried Ruins of Khotan*）中。第二次所得，别为专书，于癸丑甲寅间出版。此项木简中有古书、历日、方书，而其大半皆屯戍簿录，于史地二学关系极大。癸丑冬日，沙畹教授寄其校订未印成之本于罗叔言参事，罗氏与余重加考订，并斯氏在和阗所得者景印行世，所谓《流沙坠简》是也。

三、敦煌千佛洞之六朝唐人所书卷轴

汉晋牍简，斯氏均由人工发掘得之，然同时又有无尽之宝藏于无意中出世，而为斯氏及法国之伯希和教授携去大半者，则千佛洞之六朝及唐五代宋初人所书之卷子本是也。千佛洞本为佛寺，今为道士所居。当光绪中叶，道观壁坏，始发现古代藏书之窟室。其中书籍居大半，而画幅及佛家所用幡幢等亦杂其中。余见洹阳端氏所藏敦煌出开宝八年灵修寺尼画观音像，乃光绪己亥所得。又，乌程蒋氏所藏沙洲曹氏二画像，乃光绪甲辰以前叶鞠裳学使（昌炽）视学甘肃时所收。然中州人皆不知。至光绪丁未，斯坦因氏与伯希和氏（Paul pelliot）先后至敦煌，各得六朝人及唐人所写卷子本书数千卷，及古梵文、古波斯文及突厥、回鹘诸国文字无算。我国人始稍稍知之，乃取其余约万卷，置诸学部所立之京师图书馆。前后复经盗窃，散归私家者亦当不下数千卷。其中佛典居百分之九五。其四部书为我国宋以后所久佚者："经"部有未改字《古文尚书》孔氏《传》、未改字《尚书》释文、麋信《春秋穀梁传》解释、《论语》郑氏《注》、陆法言《切韵》等；"史"部则有孔衍《春秋后语》，唐西州沙州诸图经、慧超《往五天竺国传》等（以上并在法国）；"子"部则有《老子化胡经》、摩尼教《经》、景教《经》；"集"部有唐人词曲及通俗诗、小说各若干种。

己酉冬日，上虞罗氏就伯氏所寄影本为《敦煌石室遗书》，排印行世。越一年，复印其景本为《石室秘宝》十五种。又五年癸丑，复刊行《鸣沙石室逸书》十八种。又五年戊午，刊行《鸣沙石室古籍丛残》三十种，皆巴黎国民图书馆之物。而英伦所藏，则武进董授经（康）、日本狩野博士（直喜）、羽田博士（亨）、内藤博士（虎次郎），虽各抄录景照若干种，然未有出版之日也。

四、内阁大库之书籍档案

内阁大库在旧内阁衙门之东，临东华门内通路，素为典籍厅所掌。其所藏，书籍居十之三，档案居十之七。其书籍多明文渊阁之遗，其档案则有历朝政府所奉之朱谕、臣工缴进之敕谕、批折、黄本、题本、奏本、外藩属国之表章、历科殿试之大卷。宣统元年，大库屋坏，有司缮完，乃暂移于文华殿之两庑，然露积库垣内尚半。时南皮张文襄（之洞）管学部事，乃奏请以阁中所藏四朝书籍设京师图书馆，其档案则置诸国子监之南学，试卷等置诸学部大堂之后楼。辛壬以后，学部及南学之藏复移于午门楼上之历史博物馆。越十年，馆中复以档案四之三售诸故纸商，其数凡九千麻袋，将以造还魂纸。为罗叔言所闻，三倍其价购之商人，移贮于彰义门之善果寺。而历史博物馆之剩余，亦为北京大学取去，渐行整理，其目在大学日刊中。罗氏所得，以分量太多，仅整理其十分之一，取其要者，汇刊为《史料丛刊》十册，其余今归德化李氏。

五、中国境内之古外族遗文

中国境内古今所居外族甚多。古代匈奴、鲜卑、突厥、回纥、契丹、西夏诸国，均立国于中国北陲，其遗物颇有存者，然世罕知之。惟元时耶律铸见突厥阙特勤碑及辽太祖碑。当光绪己丑，俄人拉特禄夫访古于蒙古，于元和林故城北，访得突厥阙特勤碑、芯伽可汗碑、回鹘九姓可汗三碑。突厥二碑皆有中国突厥二种文字，回鹘碑并有粟特文字。及光绪之季，英法德俄四国探险队入新疆，所得外族文字写本尤伙。其中除梵文、佉卢文、回鹘文外，更有三种不可识之文字，旋发现其一种为粟特语，而他二种则西人假名之曰“第一语言”“第二语言”，后亦渐知为吐火罗语及东伊兰语。此正与玄奘《西游记》所记三种语言相合：粟特语即玄奘之所谓“窣利”，吐火罗即玄奘之“睹货逻”，其东伊兰语则其所谓葱岭以东诸国语也。当时粟特、吐火罗人多出入于我新疆，故今日犹有其遗物。惜我国人尚未有研究此种古代语者，而欲研究之，势不可不求之英法德诸国。惟宣统庚戌，俄人柯智禄夫大佐于甘州古塔，得西夏文字书。而元时所刻河西文《大藏经》，后亦出于京师。上虞罗福苌乃始通西夏文之读。今苏俄使馆参赞伊凤阁博士（Ivanoff），更为西夏语音之研究，其结果尚未发表也。

此外，近三十年中，中国古金石、古器物之发现，殆无岁无之。其于学术上之关系亦未必让于上五项，然以零星分散故，不能一一缕举。惟此五者分量最多，又为近三十年中特有之发现，故比而述之。然此等发现物，合世界学者之全力研究之，其所阐发尚未及其半，况后此之发现亦正自无穷，此不能不有待少年之努力也。

（选自姚淦銘、王燕編《王国维文集》第四卷）

中国历代的大事

陈独秀

汤武革命

启王在位之时，国中没甚大事。启王以后的国王，虽多昏庸，幸而有各路诸侯辅佐，还不大错事，况且中国国势已定，四方苗夷各族，都已经被中国征服，不敢生心，所以也不至有外祸。随后到了禹王第十七代孙子夏桀为王的时候，便朝纲大乱了。桀王专听那宠妃妹喜的话，横征重税，搜尽百姓银钱，供那宫中滥费，种种虐民的暴政，都是自从轩辕老祖宗开国以来八百多年，未曾受过的。你看那全国人民，自然要切齿痛恨，反对朝廷了。那班在朝的大臣，见事不好，都劝王改过，收回各项不顺民情的政令，桀王哪里肯听。当时诸侯有一位名叫成汤的，才略素广，也痛恨国王的暴政，因此得罪了桀王的人，都去投奔成汤。成汤又访得了一位贤人，姓伊名尹的，本在有莘地方耕田，成汤请得他来帮理政事。后来伊尹又去到桀王那里，想劝桀王改革弊政，以免革命的骚动，哪晓得桀王还是置之不理，伊尹只得又跑回成汤那边。像这样跑来跑去，共总跑了五回，只是桀王冥顽不灵，绝无回心转意。伊尹看见无可指望了，便断了运动国王的念头，劝成汤赶紧倡义兴兵，废去昏君，免得同胞久受困苦。成汤见他言之有理，便大兴人马，直向京城进发，不几日革命军便破了王军，占了京城，将国王桀赶到南巢地方（就是现在安徽巢县），把从前桀王所发虐民的政令，都一齐废去。全国人民，重见天日，没一人不称颂成汤功德的。成汤便接了王位，子孙相继为王，称为商朝。将京城迁到黄河南岸亳城地方（现在安徽亳州），用伊尹做了宰相，在京城内外，设了些大小学堂，教育众人的德性才艺。这时候读书明理的人，大半是世家子弟，平民专心经营衣食，不暇求学，因此认识字的都很少，汤王设了这些学堂，到着实有益。汤王归天之后，六百多年，接王位的人名叫做纣的，又昏乱起来，全国民心，又各处汹汹，有个朝不保夕的样子。纣王便加收重税，招养兵卒，压制众民，不许议论国政。哪晓得防民之口，甚于防川，纣王这样政策，不但不能禁止，而且火上加油，越发激成民变。当日百姓最恨纣王的事，有五大件：一是搜刮民间银钱，供那宠妃妲己的浪用；二是杀戮无罪的人做成肉林，取那妲己笑乐；三是不许民间谈论国事，如犯朝旨不按国律，即行处死；四是纵容权臣飞廉和恶来等，欺压平民；五是收敛民间的米谷，堆在巨桥，不顾万民的饥饿。有一位大臣名叫比干的，劝王革去虐政。纣王哪里肯听，他以为全国的土地人民钱财都是国王的私产，任便我怎样行为，谁人敢违抗呢。那比干屡次苦劝，纣王反动了怒，将比干斩首示众，满朝文武，都吓得舌吐三寸。有两位顶有名的贤臣，一名微子的，逃隐山林去了；一名箕子的，假装疯颠，辞官不做了。满朝没半个正人君子，揽权执政的，无非是飞廉、恶来一班狗党，国政更不堪闻问了。当时诸侯行政宽厚，最同纣王反对的，就是周文王。文王久有仿照商朝汤王废君救民的念头，只是纣王虽然暴虐，却有些勇略，兵多粮足，文王也只得忍气吞声，服从他的号令。有一天文王出外打猎，访得了一位贤人，姓姜名吕尚，表字子牙。这姜子牙的为人，与众不同，生平志气，只知有保国救民四个大字，除此以外的钱财官爵，都看做狗屎一般。俗人都笑他是呆子，所以到了六十多岁，还是穷苦不堪，天天在渭水河边，钓鱼度日。恰好遇了文王访贤，二人谈得情投意合，请他进京，商量兴兵伐纣，不幸大事未成，文王一病身亡。太子发就是随后称为武王的，照例子顶父职。这时纣王的政事，一天暴虐似一天，全国英雄，都来归附武王，像那太颠、伯夷、叔齐、闳夭、散宜生等，还有武王的两位兄弟，名叫周公旦和召公奭的，都是文武全才。武王便择了好日好时，拜姜子牙为军师，兴兵攻打纣王。向东走到了孟津地方，有八百多诸侯，带兵来会。到了京城南牧野地方，便和王军开战。王军都倒戈叛纣，纣兵大败，退入城中，寻了自尽。

武王进得京城，便将纣王和妲己斩了首，挂在白旗竿上示众，无罪的囚犯，一齐放去，并将积在巨桥的粟米，藏在鹿台的钱财，施放贫民。万民无不称快，武王便接了王位，改称周朝。

十四年共和

一国非民智大开，民权牢固，国基总不能大安。徒只望君明臣良，那明君良臣活着的时候，国家还可以勉强安宁，明君良臣一去，便是人亡政息，国家仍旧要衰败下来。你看成康之世，国势何等强盛，成康死后，昭王接位，国家马上就衰乱了。各路诸侯，也都不大服王家的命令。王所行的政事，不洽人心，王南游到汉水，被人谋害了。穆王接位，颇发奋为雄，大得民心，诸侯畏服。王曾骑八骏马，西游昆仑山，闻徐戎作乱，复骑骏马，一天走千里，数日赶回，将徐戎克服了。随后又征服了犬戎（苗子的后裔），从此国内稍安。穆王第五代孙子，厉王接位的时候，便大用专制虐民手段，搜刮国民的财帛，以供国王的奢侈。国中诗人，作诗数王罪恶，劝王改过。王置之不理，复用那顶奸巧顶刻薄的一位荣夷公，做卿士，总揽国政，戕害国民，国民大愤。每回下一旨意，万民同声怨骂。召公虎劝王道：民怨已深了，王若不改，恐有大变。王不听，反大怒，设法觅得一位善于警察的卫巫，叫他带领许多无赖之徒，四下里明查暗访，如有二人私聚在一处谈论国政的，便拿去斩首。这时王家派出去的暗察，遍地都是，国民一举一动，一言一听，都不得自由，真是敢怒而不敢言。厉王因此大喜，对召公道："你说有什么大变，你看我防得如此严紧，万民其奈我何。"召公答道："徒防无益，防民之口，甚于防川，即能防于一时，一旦决裂，其祸更大。"王仍不听，而且更加暴虐，防察一天紧似一天，赋税一天重似一天，国民莫不怒发冲冠，革命的暗潮，也一天涨似一天。国民正在惊涛怒潮之中，突有一班聪明的人，发出一种壮快议论，大声疾呼道：逐昏王！逐昏王！此言一出，好像春雷一动，百草发芽一般，国民无不揭竿响应，革命军大得胜利，无人肯替王出力平乱，不几日便直捣王都，围了王宫。王束手无策，仓皇出奔于彘（现在山西平阳府霍州的彘城）。太子靖藏在召公的家里，国民革命军深恨厉王入骨，无所泄忿，便围召公家，想拿出太子靖斩首泄恨。召公寻思道，国民革命军逐去昏君，原属大义，我又何敢拦阻。但从前王行虐政的时候，我曾力谏，和王成仇，今使王太子死于我家，人将说我借公义以报复私仇，借公报私，大丈夫所不为。遂命自己的儿子代替王太子，王太子才得逃脱了。厉王逃去之后，国民新创共和制度，不立国王，公举周公（周公旦的后人）、召公（召公奭的后人）二人，为全国国民的代表，协办内外一切国政，号曰共和。政体性质，仿佛和西洋人所说的贵族共和政体相同，时在孔圣人降生前二百九十一年，离黄帝老祖宗登位的那一年，刚刚一千七百四十二年。行了十四年，国内太平，家家富足，人人有道，史书上称做中国空前绝后的太平世界。

王政复兴

共和十四年，厉王死于彘。周召二公，本来有心复兴王室，看见昏王已死，国民仇恨王室的心事渐渐怀忘，便乘机奉藏在召公家里的王太子，名叫靖的，登了王位，是为宣王，国民也无异言。却说这位宣王，自幼儿逃难出来，受过千辛万苦，生长召公家中，又受了召公多少教育，和那历代国王，生长深宫，不知世事的，自然是大不相同。所以登位以后，英明果断，要算是周朝一个贤君，加之又有周召二公尽心辅佐，自然政治修明了。初厉王乱国的时候，四方戎狄都乘势侵略，宣王登位，便点将出师，征讨四夷。当时西戎叛乱于西，灭犬邱、大骆二族。王便命大夫秦仲，去打西戎，秦仲大败，被西戎所杀。王便命秦仲的儿子，兄弟五人，子顶父职，统兵七千，再打西戎，把西戎打得大败，便把大骆、犬邱的地方，给秦仲的长子管理，称做西垂大夫（在现在的甘肃秦州地界），这就是后世秦朝开创的始祖了。北方的猃狁，也在是时内侵，逼近京师了。王便命尹吉甫北伐猃狁，赶出太原地方去了，方才班师回朝。这时南方荆蛮（现在的两湖地方），也在那里蠢动。王命方叔带兵出征，哪晓得方叔乃是征猃狁有名的一员猛将，荆蛮的人，闻说是方叔爹爹出征，都只得树了降旗。这时淮河南方的淮夷，也有些不服王化，王命召虎带兵，沿江东下，讨平了淮夷，以南直到海滨，都被汉兵征服了。王见召虎既平淮夷，但淮河北岸的徐戎，还没有归降，恐怕留下后患，乃调齐大兵，御驾亲征，拜太师皇父为统帅，郑伯休父为司马。另外带了仲山甫和张仲孝友两位贤臣，讨平了徐戎，一时四方归服。宣王得胜回朝，召集各路诸侯，会于东都，一来操练兵事，二来打猎取乐。宣王在位四十六年，内修政事，外攘四夷，自从黄帝老祖宗打退苗人以后，要算得我们汉种人第二次征服异族了。

国史要义·史识

柳诒徵

刘知幾倡史有三长之说，而尤重在识。章实斋申之而论史德，梁启超、刘咸炘又申论之。皆各述所见，与刘氏原旨不符。刘氏所谓史识，在好是正直善恶必书，使骄君贼臣知惧。章氏引之，误谓有学无识如愚估操金，不能贸化，似于《唐书》原文初未细绎，而以有学无才之弊，属之有学无识。学者苟就《唐书》原文与章书《史德篇》一较，自见其大相径庭矣。

> 《新唐书·刘子玄传》：礼部尚书郑惟忠尝问曰：古文士多，史才少，何耶？对曰：史有三长，才、学、识。世罕兼之，故史才少。夫有学无才，犹愚贾操金，不能殖货。有才无学，犹巧匠无楩柟斧斤，弗能成室。（《旧唐书》此下有"犹须好是正直"六字。）善恶必书，使骄君贼臣知惧，此为无可加者。时以为笃论。

《文史通义 · 史德篇》：刘氏以谓有学无识，如愚贾操金，不能贸化。推此说以证刘氏之指，不过欲于记诵之间，知所抉择，以成文理耳。此犹文士之识，非史识也。

梁氏意主革新，谓史识是观察力。观察要敏锐，即所谓读书得间。又标四义，曰由全部至局部，曰由局部至全部，曰勿为传统思想所蔽，曰勿为成见所蔽（见《史学研究法续编》）。盖示人读旧史而创新史，非知幾所论修史之宗旨也。刘咸炘氏则以观史迹之风势为史识，又曰：作者有识，乃成其法，读者因法而生其识，虽二而实一。又曰：读史本为求识，所以必读纪传书。又曰：吾辈非有作史之责，而必斤斤讲史法者，正以史法明，史识乃生也。是其所谓观史迹者，虽与梁氏所谓观察力者同，而斤斤讲旧史之法，兼读史与作史而言，又非如梁氏之斥传统思想也。

刘咸炘《治史绪论》：史学可分为四端：一曰考证事实，是为史考；二曰论断是非，是为史论；三曰明史书之义例，是为史法；四曰观史迹之风势，是为史识。前二者为他学者亦从事焉，后二者则所谓史学专门之长也。考证固在成书之先，然不能成书，则止是零碎事迹，不得为史。论断固为读史之的，然无识，则止是任意爱憎，不得为学。史识著于马、班，史法至唐始晦，宋人犹存史识，而偏于论。近世惩论之弊，乃偏于考，于是熟于事实者，乃冒史学之称，而史学芜矣。

又：史学有二，一曰作史之法，二曰读史之识。作者有识，乃成其法；读者因法，而生其识，虽二而实一也。法者，撰述之义例，章先生所谓圆而神者也。识者，知政事风俗人才变迁升降之故，孟子所谓论其世者也。

又曰：吾辈非有作史之责，而必斤斤讲史法者，正以史法明，史识乃生也。……读史本为求识，所以必读纪传书。作史者不知此，则纪传书只是一碑传集，非史矣。读史者不知此，则史论只是一月旦评，非史论矣。……浅陋之学究，专心论人为史学，徒骋己见，固不足贵；而博杂之考据家，专以考事为史学，亦只为拾骨之学。

实斋虽误解刘氏之语，而谓能具史识者必具史德，所以补充刘氏之说者，要自有见，第未推原道德观念实出于史耳。刘咸炘谓读史本为求识，义亦犹是。吾人何缘而有识力？亦曰赋于天者本明，稽之史而后悟。学者识力，大都出于读史。苟屏前史，一切不信，妄谓吾之识力能破传统观念之藩，则事实所不可能也。或袭近人之言，或采异域之说，亦即秉遐迩之史，以为创新之识，隐有其传，非能舍史而得识也。语曰：温故而知新。苟非以故谷为种，何能产新禾之苗乎？

刘知幾所谓史识，在《书事篇》中言之最详。《书事篇》

专论史法，即刘咸炘所谓作者有识乃成其法，亦即梁氏所谓传统思想。学者宜熟复之，乃知吾史书之别于史料。近人恒谓吾国诸史仅属史料而非史书者，坐不知吾史相传之义法也。孔子告子夏读书之法曰：通七观，举大义。

《尚书大传》：子夏读《书》毕，见夫子。夫子问焉，曰：子何为于《书》？子夏对曰：《书》之论事也，昭昭如日月之代明，离离若星辰之错行。上有尧舜之道，下有三王之义。商所受于夫子，弗敢忘也。子曰：《尧典》可以观美，《禹贡》可以观事，《咎繇》可以观治，《鸿范》可以观度，《六誓》可以观义，《五诰》可以观仁，《甫刑》可以观戒。通斯七观，《书》之大义举矣。（近人不信《禹贡》，谓禹治水，不过略治山西、河南小部分。此即不知事理之言。下流海口不治，山西、河南之水，以何地为壑？吾因其言，益知古书之言简而理精。即决九川距四海六字，可以尽治水之事理。）

顾栋高论《春秋》曰：未有无故而书。又曰：凡褒贬无关于天下之大故不书。

顾栋高《春秋大事表·读春秋偶笔》：《春秋》凡书城书筑皆讥，无论时不时也。城郚、城中丘，则以怯敌书；城向、城诸及郓，则以启衅书；城费、城成郛，则以三家营私邑书；城漆、城启阳、城邾、城瑕，则以恃强凌弱小书；城杞，则以受役于强大书。其非时与帅师者，则罪又甚焉。盖《春秋》一书，圣人特书以垂戒，为百王法，未有无故而书者也。鲁方百里五，所统凡数十百城，二百四十二年之中，城坏而修，亦极常事，何足烦圣人之笔乎？……外此如城邢、城楚丘、城缘陵，为圣人许之乎？曰：此《春秋》以纪世变也。天王失政，外裔交侵，小国不能自立，赖桓公修方伯之职，帅诸侯起而城之。圣人所以不得已而思伯，予之亦伤之也。降此而城成周，抑又甚焉。王室内乱，流离颠越，十年之后，又乞城于诸侯。书此而天王之孱弱，晋伯之怠缓，俱可概见。此皆有关于天下之大者，凡褒贬无关于天下之大故不书。

方苞、恽敬持此义以读《史记》，咸举《留侯世家》非天下所以存亡故不著，为纪事文之义法。故《尚书》《春秋》与后世之纪传史体裁虽不同，而抉择之法固一贯也。

方苞《史记评·留侯世家》：留侯所与上从容言天下事甚众，非天下所以存亡，故不著。此三语著为留侯立传之大指。记事之文，义法尽于此矣。

恽敬《读货殖列传》：作史之法有二，太史公皆自发之。其一《留侯世家》曰：所与上从容言天下事甚众，非天下所以存亡，故不著。此作本纪、世家、列传法也，而表、书亦用之。其一《报任少卿书》曰：究天人之际，通古今之变。此作表、书法也，而本纪、世家、列传亦用之。

吾国古无所谓历史研究法，然“三传”之于《春秋》，各有师说，以解析《春秋》之义法。则世之有史学研究法者，莫先于吾国矣。左氏亲见鲁史，博采晋《乘》、楚《梼杌》诸书，而为《春秋传》。其所载史事，多出于《春秋》之外。然左氏不以其所见史料之富，而斥《春秋》之简略，且推究《春秋》所以不书之故，而归于礼经之凡例。

《左传·隐公十一年》：凡诸侯有命告则书，不然则否。师出臧否亦如之。虽及灭国，灭不告败，胜不告克，不书于策。

又，庄公二十九年：凡物不为灾不书。

又，僖公二十三年：凡诸侯同盟，死，则赴以名，礼也。赴以名则亦书之，不然则否，避不敏也。

又，文公七年：凡会诸侯，不书所会，后也。后至不书其国，辟不敏也。

又，十四年：凡崩薨不赴，则不书。祸福不告，亦不书。惩不敬也。

又，十五年：凡诸侯会，公不与，不书。讳君恶也。与而不书，后也。

用此可知史策所书，咸本赴告及周家通礼。衡物异之重轻，视人事之敬惰，已可启发史识矣。而凡例所不赅者，传文又加以宣究。

《左传·隐公元年》：春王周正月，不书即位，摄也。

又，三月，公及邾仪父盟于蔑，邾子克也，未王命，故不书爵。

又，夏四月，费伯帅师城郎，不书，非公命也。杜注：传曰：君举必书。然则史之策书，皆君命也。今不书于经，亦因史之旧法，故传释之。诸鲁事传释不书，他皆放此。

又，十月庚申，改葬惠公，公弗临，故不书。卫侯来会葬，不见公，亦不书。杜注：诸侯会葬，非礼也，不得接公成礼，故不书于策。他皆放此。

又，十一年：羽父使贼弑公于寪氏。……不书葬，不成丧也。

又，桓公十七年：冬十月朔日有食之，不书日，官失之也。

又，僖公元年：春，不称即位，公出故也。公出复入不书，讳之也。

又，九年：齐侯以诸侯之师伐晋。令不及鲁，故不书。

又，十四年：春，诸侯城缘陵而迁杞焉。不书其人，有阙也。

又，十九年：梁亡不书，其主自取之也。

又，二十九年：夏，公会王子虎、晋狐偃、宋公孙固、齐国归父、陈辕涛涂、秦小子慭盟于翟泉，寻践土之盟，且谋伐郑也。卿不书，罪之也。在礼，卿不会公侯，会伯、子、男可也。

又，文公二年：晋先且居、宋公子成、陈辕选、郑公子归生伐秦，取汪及彭衙而还，以报彭衙之役。卿不书，为穆公故，尊秦也。

又，九年：公子遂会晋赵盾、宋华耦、卫孔达、许大夫救郑，不及楚师。卿不书，缓也，以惩不恪。

又，十七年：春，晋荀林父、卫孔达、陈公孙宁、郑石楚伐宋，讨曰：何故弑君？犹立文公而还。卿不书，失其所也。

又，宣公十二年：晋原縠、宋华椒、卫孔达、曹人同盟于清丘。曰：恤病讨贰。于是卿不书，不实其言也。

又，成公二年：公及楚公子婴齐、蔡侯、许男、秦右大夫说、宋华元、陈公孙宁、卫孙良夫、郑公子去疾及齐国之大夫盟于蜀。卿不书，匮盟也。于是乎畏晋，而窃与楚盟，故曰匮盟。蔡侯许男不书，乘楚车也，谓之失位。君子曰：位其不可不慎也乎！蔡、许之君，一失其位，不得列于诸侯，况其下乎？

又，襄公十四年：于是齐崔杼、宋华阅仲江会伐秦。不书，惰也。向之会，亦如之。卫北宫括不书于向（亦惰），书于伐秦，摄也。

又，二十六年：六月，公会晋赵武、宋向戌、郑良霄、曹人于澶渊以讨卫。赵武不书，尊公也。向戌不书，后也。

又，三十年：冬十月，叔孙豹会晋赵武、齐公孙虿、宋向戌、卫北宫佗、郑罕虎及小邾之大夫会于澶渊，既而无归于宋，故不书其人。君子曰：信其不可不慎乎！澶渊之会，卿不书，不信也。……书曰某人某人会于澶渊，宋灾故，尤之也。不书鲁大夫，讳之也。

同一会盟，而卿之名有书有不书；同一人，而有书有不书；同一不书，而各有其故。其剖析之细密也若是。慎位重信，大义凛然。所谓读书得间者，即从此等无文字处得之也。杜预曰：诸称书、不书、先书、故书、不言、不称、书曰之类，皆所以起新旧，发大义，谓之变例。然亦有史所不书，即以为义者。此盖《春秋》新意，故传不言凡，曲而畅之也（《春秋左氏传序》）。不知此说，无以知《春秋》二百四十二年之事，何以止以万八千字尽之也。

《公》《穀》两家，专究经文，不复博考史事。而持属辞比事之法，亦有以得《春秋》所以书之故。《公羊》大例，于外大恶书小恶不书，于内大恶讳小恶书（《隐公十年》）；而于某事之所以书，又必先揭不书之例；而问其何以书，乃见其讥贬之义。

《公羊传》：隐公二年九月，纪履緰来逆女。外逆女不书，此何以书？讥。何讥尔？讥始不亲迎也。……襄公十五年：刘夏逆王后于齐。外逆女不书，此何以书？过我也。

又，隐公四年：莒人伐杞，取牟娄。外取邑不书，此何以书？疾始取邑也。……六年：宋人取长葛。外取邑不书，此何以书？久也。……庄公元年：齐师迁纪郱鄑郚。外取邑不书，此何以书？大之也。……三十年：齐人降鄣。外取邑不书，此何以书？尽也。……宣公元年：齐人取济西田。外取邑不书，此何以书？所以赂齐也。……昭公二十五年：齐侯取运。外取邑不书，此何以书？为公取之也。……哀公八年：齐人取讙及僤。外取邑不书，此何以书？所以赂齐也。

又，桓公四年：公狩于郎。常事不书，此何以书？讥。何讥尔？远也。……八年春正月己卯烝。常事不书，此何以书？讥。何讥尔？讥亟也。……十四年：秋八月壬申，御廪灾。乙亥，尝。常事不书，此何以书？讥。何讥尔？讥尝也。

又，桓公五年：夏，齐侯郑伯如纪。外相如不书，此何以书？离不言会也。……冬，州公如曹。外相如不书，此何以书？过我也。……襄公五年：夏，叔孙豹、鄫世子巫如晋。外相如不书，此何以书？为叔孙豹率而与之俱也。

又，庄公四年：齐侯葬纪伯姬。外夫人不书葬，此何以书？隐之也。……三十年：葬纪叔姬。外夫人不书葬，此何以书？隐之也。……襄公三十年：葬宋共姬。外夫人不书葬，此何以书？隐之也。何隐尔？宋灾，伯姬卒焉。其称谥何？贤也。

又，庄公七年：秋，大水，无麦苗。一灾不书，待无麦，然后书无苗，何以书？纪灾也。……宣公十五年：冬，蝝生。蝝生不书，此何以书？幸之也。

又，庄公十一年：秋，宋大水。外灾不书，此何以书？及我也。……二十年：夏，齐大灾。外灾不书，此何以书？及我也。……宣公十六年：夏，成周宣谢灾。外灾不书，此何以书？新周也。……襄公九年春，宋火。外灾不书，此何以书？为王者之后记灾也。

又，庄公二十二年：公如齐纳币。纳币不书，此何以书？讥。何讥尔？亲纳币非礼也。……文公二年：公子遂如齐纳币。纳币不书，此何以书？讥。何讥尔？讥丧娶也。……成公八年，宋公使公孙寿来纳币。纳币不书，此何以书？录伯姬也。

又，庄公二十九年：新延厩。修旧不书，此何以书？讥。何讥尔？凶年不修。定公二年，新作雉门及两观。修旧不书，此何以书？讥。何讥尔？不务乎公室也。

又，僖公十四年：沙鹿崩。外异不书，此何以书？为天下记异也。……十六年，六鹢退飞过宋都。外异不书，此何以书？为王者之后记异也。……文公三年，雨螽于宋。外异不书，此何以书？为王者之后记异也。……成公五年，梁山崩。外异不书，此何以书？为天下记异也。……昭公十八年，宋、卫、陈、郑灾。外异不书，此何以书？为天下记异也。

又，文公十五年：齐侯侵我西鄙，遂伐曹入其郛。入郛书乎？曰不书。入郛不书，此何以书？动我也。

又，宣公十五年：宋人及楚人平。外平不书，此何以书？大其平乎已也。

又，成公八年：卫人来媵。媵不书，此何以书？录伯姬也。……九年，晋人来媵。……十年，齐人来媵。均云媵不书，此何以书？录伯姬也。

又，哀公五年闰月，葬齐景公。闰不书，此何以书？丧以闰数也。

吾人读书，能用其法，一一问其何以如是云云；而同一问题，又细析其关于天下及我国或某国某人之故，则读书如桶底脱矣。(《史通·模拟篇》讥吴均《齐春秋》，每书灾变，亦曰：何以书？记异也。自问自答，岂叙事之理。若识《公羊》之语为研究史法，自无此惑。)

《穀梁》亦尝发何以书之问及不书之例。

> 《穀梁传》：隐公九年：秋七月。无事焉何以书？不遗时也。……桓公元年：冬十月。无事焉何以书？不遗时也。《春秋》编年，四时具而后为年。
>
> 又，桓公五年：州公如曹。外相如不书，此其书何也？过我也。……庄公十一年：秋，宋大水。外灾不书，此何以书？王者之后也。高下有水灾曰大水。

而恒称志不志。

> 《穀梁传》：隐公六年：宋人取长葛。外取邑不志，此其志，何也？久之也。
>
> 又，桓公十四年：秋八月壬申御廪灾，乙亥尝。御廪之灾不志，此其志何也？以为惟未易灾之余，而尝可也，志不敬也。
>
> 又，庄公十七年：齐人执郑詹。郑詹，郑之卑者也。卑者不志，此其志何也？以其逃来，志之也。逃来则何志

焉？将有其末，不得不录其本也。郑詹，郑之佞人也。

又，十九年：秋，公子结媵陈人之妇于鄄，遂及齐侯、宋公盟。媵，浅事也，不志。此其志何也？辟要盟也。……成公八年：卫人来媵。媵，浅事也，不志。此其志何也？以伯姬之不得其所，故尽其事也。……九年：晋人来媵。同。……十年：齐人来媵。无传。注：媵，同姓也，异姓来媵，非礼。

又，庄公二十四年：公如齐逆女。亲迎，恒事也，不志。此其志何也？不正其亲迎于齐也。

又，文公三年：雨螽于宋。外灾不志，此何以志也？曰灾甚也。其甚奈何？茅茨尽矣。……襄公九年：春，宋灾。外灾不志，此其志何也？故宋也。

又，宣公十五年：王札子杀召伯、毛伯。王札子者，当上之辞也。杀召伯、毛伯，不言其，何也？两下相杀也。两下相杀不志乎《春秋》，此其志何也？矫王命以杀之，非忿怒相杀也。故曰以王命杀也。以王命杀则何志焉？为天下主者，天也。继天者，君也。君之所存者，命也。为人臣而侵其君之命而用之，是不臣也。为人君而失其命，是不君也。君不君，臣不臣，此天下所以倾也。……昭公八年：陈侯之弟招杀陈世子偃师。乡曰陈公子招，今曰陈侯之弟招，何也？曰尽其亲所以恶招也。两下相杀不志于《春秋》，此其志何也？世子云者，惟君之贰也。云可以重之存焉志之也。诸侯之尊兄弟不得以属通，其弟云者，亲之也；亲而杀之，恶也。

又，成公十八年：筑鹿囿。筑不志，此其志，何也？山林薮泽之利，所以与民共也，虞之非正也。

又，昭公九年：陈火。国曰灾，邑曰火。火不志，此何以志？闵陈而存之也。

又，二十三年：冬，公如晋至河，公有疾乃复。疾不志，此其志，何也？释不得入乎晋也。

或曰不道。

《穀梁传》：桓公六年：蔡人杀陈佗。陈佗者，陈君也。其曰陈佗，何也？匹夫行，故匹夫称之也。其匹夫行奈何？陈侯憙猎，淫猎于蔡，与蔡人争禽，蔡人不知其是陈君也而杀之。何以知其是陈君也？两下相杀，不道。……宣公十五年，宋人及楚人平。外平不道，以吾人之存焉道之也。

其曰浅事不志、恒事不志，与《公羊》之常事不书、修旧不书，一也。而论陈佗、王札子、陈招诸事，由两下相杀不书于《春秋》。推论其义，明其所以书者，在正君臣父子兄弟之伦，非区区志人之相杀。此皆经师之说，为读史者所宜持以断后世之史事者也。

《书》之教曰疏通知远，《春秋》之教曰属辞比事。疏通则上下千载，惟观其大端；属比则一日一言，必求其用意。故通史与断代史各有所取，可并行而不悖。而读史之法，且正可以相通。如恽敬论《顾命》于逆子钊称子，于王麻冕黼裳称王，则以《春秋》之书法读《尚书》也。

恽敬《顾命辨》：顾氏宁人曰，《顾命》盖有阙文焉。狄设黼扆缀衣，其前皆成王崩之事也，其后皆康王逾年即位之事也。（全文见《日知录》）敬按：《公羊传》始终之义，一年不二君，故未葬称子；臣民之心，不可旷年无君，故逾年称公；孝子之心，则三年不忍当，故诸侯于封内三年称子，天子亦然。虽然，《顾命》者，布之天下，传至后世者也。即位之首，称子以临，可乎？文元年春王正月公即位，定元年夏六月公之丧至自乾侯，戊辰公即位，是逾年未葬称公也。昭二十二年夏四月乙丑天王崩，六月葬景王，刘子单子以王猛居于皇，是已葬未逾年称王也，是故即位不书子，则《顾命》不得不称王。逆子钊称子，王麻冕黼裳称王，皆礼也。（《日知录》引凤氏之说，亦辨顾氏之误。）

顾栋高谓看《春秋》眼光须极远，近者十年数十年，远者通二百四十二年。是又以《尚书》之知远读《春秋》也。

> 顾栋高《读〈春秋〉偶笔》：看《春秋》眼光须极远，近者十年数十年，远者通二百四十二年。自桓二年蔡侯、郑伯会于邓始惧楚，此发端也。至定四年蔡侯以吴子及楚人战于柏举，楚师败绩，庚辰吴入郢，是结案。志蔡之积怨而能报楚，而褒即寓其中矣。自僖十九年陈人、蔡人、楚人、郑人盟于齐，此发端也。至昭八年楚师灭陈，是结案。志陈之招楚，适自贻患，而贬即寓其中矣。

刘咸炘谓：疏通知远，《书》教也。疏通知远即察势观风也。孟子之论世，太史公之通古今之变，即此道也。又曰：读史有出入二法：观事实之始末，入也；察风气之变迁，出也。赵瓯北《二十二史札记》将散见纪传者分条类列，寻出一代特具之事象风气，既非如考据家之僻搜，又非如学究家之不考而击断，最为可法（均见《治史绪论》）。然赵书于条列历代事象风气外，亦兼述各史之义例，实兼《尚书》《春秋》两家之长。梁启超讲史迹之论次曰：吾今标一史题于此，曰刘项之争与中亚细亚及印度诸国之兴亡有关系，而影响及于希腊人之东陆领土。闻者必疑其风马牛不相及，然吾征诸史迹而有以明其然也。又曰：吾又标一史题于此，曰汉攘匈奴与西罗马之灭亡及欧洲现代诸国家之建设有关。闻者将益以为诞，然吾比观中西诸史，而知其因缘甚密切也（梁著《中国历史研究法》）。其说虽若其新，要亦不外《书》教之疏通知远，及顾氏《读〈春秋〉偶笔》所谓看《春秋》眼光须极远也。

凡为良史，经纬万端，闳识眇旨，非仅举一二语所能罄也。马迁为史，考信择言，非天下所以存亡不著，如前所述，亦已赅括全书。而其随文标举者，综而观之，均可见其要删之意。

《史记·十二诸侯年表序》：儒者断其义，驰说者骋其辞，不务综其终始；历人取其年月，数家隆于神运，谱谍独记世谥，其辞略，欲一观诸要难。（此言为史务综其终始而观其要。）于是谱十二诸侯，自共和讫孔子，表见《春秋》《国语》学者所讥盛衰大指，著于篇，为成学治古文者要删焉。（要删者，摘要删繁，专取盛衰大指也。）

又《汉兴以来诸侯年表序》：臣迁谨记高祖以来至太初诸侯，谱其下益损之时，令后世得览形势虽强，要之以仁义为本。（诸为表谱，要以推见立国之本，非专重强弱盛衰也。）

又《高祖功臣侯年表序》：居今之世，志古之道，所以自镜也（此又是读史通义），未必尽同。帝王者各殊礼而异务，要以成功为统纪，岂可绲乎？观所以得尊宠及所以废辱，亦当世得失之林也，何必旧闻？于是谨其终始，表见其文，颇有所不尽本末；著其明，疑者阙之。

又《天官书》：为天数者，必通三五终始古今，深观时变，察其精粗，则天官备矣。

又《封禅书》：于是退为论次自古以来用事于鬼神者，具见其表里，后有君子，得以览焉。若至俎豆珪币之详，献酬之礼，则有司存。

又《管晏列传》：其书世多有之，是以不论，论其轶事。

又《司马穰苴列传》：世既多司马兵法，以故不论，著穰苴之列传焉。

又《孙子吴起列传》：世俗所称师旅，皆道《孙子》十三篇，吴起《兵法》，世多有，故弗论，论其行事所施设者。

又《仲尼弟子列传》：学者多称七十子之徒，誉者或过其实，毁者或损其真，钧之未睹厥容貌。则论言弟子籍，出孔氏古文，近是。余以弟子名姓文字，悉取《论语》弟子问，并次为篇，疑者阙焉。

又《苏秦列传》：世言苏秦多异，异时事有类之者，皆附之苏秦。……吾故列其行事，次其时序，毋令独蒙恶声焉。

又《孟子荀卿列传》：自如孟子至于吁子，世多有其书，故不论其传云。

又《司马相如传》：相如他所著，若《遗平陵侯书》与《五公子相难》《草木书》篇不采，采其尤著公卿者云。

即详略不同，有弃有取，亦宜就其去取，推寻其识，不可认为矛盾，如刘知幾之所讥也。

> 《史通 · 杂说上》：太史公撰《孔子世家》，多采《论语》旧说，至《管晏列传》，则不取其本书，为时俗所有，故不复更载也。案《论语》行于讲肆，列于学官，重加编勒，只觉繁费。如管晏者，诸子杂家，经史外事，弃而不录，实杜异同。夫以可除而不除，宜取而不取，以斯著述，未睹厥义。（按刘氏之言，似若有识，其实刘氏误以史书且取诸子杂家转载异同，不知史公之命意。史公最尊孔子，故考信六艺，而言六艺则折中于夫子，论事多本《论语》，如《孝文本纪》言必世后仁，《礼书》引禘自既灌诸语，本纪、世家载孔子事甚多，不于其中书老子卒或墨子卒也。仲尼弟子有列传，而传六艺者又有《儒林传》，初不为墨子弟子或墨者传也。由此以思，则刘氏所驳为无当。然自班氏讥史公先黄老而后六经，已不免误会谈、迁《论六家要旨》之意；而刘氏所讥，又正与班意相反。要之反正两方，均可以示学者宜细心寻绎全书，而不可孟浪议论前人长短也。刘《略》班《志》，六艺在十家九流之前，而儒又先于九家，《史》《汉》意仍一贯。近人扬墨抑儒，至谓史公不为墨子特立一传，盖由史料未备。不知今人所见墨家学说及其巨子事迹，采自庄、荀、韩、吕诸子

者，史公岂未之见耶？）

班、范诸史，叙事载文，亦有自标旨趣者。

《汉书·贾谊传赞》：凡所著述，五十八篇。掇其切于世事者，著于传云。

又《董仲舒传》：仲舒所著，皆明经术之意，及上疏条教，凡百二十三篇。而说《春秋》事得失，《闻举》《玉杯》《蕃露》《清明》《竹林》之属，复数十篇十余万言，皆传于后世。掇其切当世施朝廷者，著于篇。

又《扬雄传》：《畔牢愁》《广骚》，文多不载，独载《反离骚》。……《法言》文多不载，独著其目。

又《西域传》：自且末以往，皆种五谷，土地、草木、畜产、作兵，略与汉同，有异乃记云。

《后汉书·王符传》：隐居著书三十余篇，以讥当时失得，不欲章显其名，故号曰《潜夫论》云。其指讦时短，讨谪物情，足以观见当时风数，著其五篇云尔。

又《仲长统传》：每论说古今，及时俗行事，恒发愤叹息，固著论，名曰《昌言》，凡三十四篇，十余万言。今简撮其书有益政者，略载之云。

唐宋史家，要删史实，并师马、班矩矱。

《隋书 · 音乐志》：舜咏南风而虞帝昌，纣歌北鄙而殷王灭。大乐不紊则王政在焉。故录其不相因袭，以备于志。

又《经籍志》：其旧录所取，文义浅俗，无益教理者，并删去之。其旧录所遗，辞义可采，有所弘益者，咸附入之。远览马《史》班《书》，近观王、阮《志》《录》，挹其风流体制，削其浮杂鄙俚，离其疏远，合其近密，约文绪义，凡五十五篇。

《新唐书 · 礼乐志》：其坛堂之上下，壝门之内外，次位之尊卑，与其向立之方，出入降登之节，大抵可推而见其盛且备者如此，则其小且略者，又可推而知也。……其近于礼者，后世当求诸礼（此礼字指《开元礼》等书）。其不合于礼而出于其私意者，盖其制作与其论议，皆不足取，故不著也。……天下用兵不息，而离宫苑囿遂以荒墟，独其余声遗曲传人间，闻者为之悲凉感动。盖其事适足为戒，而不足考法，故不复著其详。

又《选举志》：武举盖起于武后之时。长安二年，始置武举，中第亦以乡饮酒礼送兵部。其选用之法不足道，故不复书。

又《百官志》：采其纲目条理，可为后法；及事虽非正，后世遵用，因仍而不能改者，著于篇。……宰相事无不统，故不以一职名官。自开元以后，常以领它职。……

其名颇多，皆不足取法，故不著其详。

又《兵志》：若乃将率营阵，车旗器械，征防守卫，凡兵之事，不可以悉记。记其处置得失始终治乱之迹，以为后世戒云。

又《食货志》：凡漕运于京师而足国用者，大略如此。其他州县方镇，漕以自资，或兵所征行，转运以给一时之用者，皆不足纪。

又《刑法志》：此其当世所施行而著见者（指律疏及历代诸格），其余有其书而不常行者，不足纪也。……自肃宗以来，所可书者几希矣。懿宗以后，无所称焉。

又《宰相世系表注》：（侯）希逸亡其世系，（李）辅国中官也，（仆固）怀恩叛臣也，朱泚、王建、韩建、朱全忠，唐之盗也，皆削而不书。

欧公于《五代史记》自言其法曰：大事则书，变古则书，非常则书，意有所示则书，后有所因则书，非此五者则否（《梁本纪》开平元年注）。即韩琦、石介等记述宋事，亦多有此识。《三传》《史通》所言，绳绳不绝。

《宋名臣言行录》载《韩魏公遗事》：石守道编《三朝圣政录》，将上，一日，求质于公。公指数事为非：其一太祖惑一宫鬟，视朝晏，群臣有言，太祖悟，伺其酣寝，刺杀之。公曰：此岂可为万世法？已溺之，乃恶其溺而杀之，彼何罪？使其复有孽，将不胜其杀矣！遂去此等数事。守道服其清识。

是故史公非不知《禹本纪》《山海经》。

《史记·大宛列传》：至《禹本纪》《山海经》所有怪物，余不敢言也。

班固非不知《东方朔别传》及俗用五行时日之书。

《汉书·东方朔传》：朔之文辞，此二篇最善，其余有《封泰山》《责和氏璧》及《皇太子生禖》《屏风》《殿上柏柱》《平乐观赋猎》、八言、七言上下、《从公孙弘借车》，凡刘向所录朔书，具是矣。世所传他事，皆非也。（师古曰：谓如《东方朔别传》及俗用五行时日之书，皆非实事也。）赞曰：朔之诙谐，逢占射覆，其事浮浅，行于众庶，童儿牧竖，莫不眩耀。而后世好事者，因取奇言怪语，附著之朔，故详录焉。（师古曰：言此传所以详录朔之辞语者，为俗人多以奇异妄附于朔故耳，欲明传所不记，皆非其实也。而今之为《汉书》学者，犹更取他书杂说假合东方朔之事，以博异闻，良可叹矣。他皆类此。）

陈寿非不知汉魏禅代之文，魏吴封禅之策。

钱大昕《跋三国志》：陈承祚，蜀人也，其书虽帝魏，而未尝不尊蜀。于蜀二君，曰先主、后主而不名，于吴诸君，则曰权、曰亮、曰休、曰皓，皆直斥其名。蜀之甘皇后、穆皇后、敬哀皇后、张皇后皆称后，而吴之后妃但称夫人。其书法区别如此。李令伯陈情之表，称蜀为伪朝，承祚不惟不伪之，又以蜀两朝不立史官，故于蜀事特详。如群臣称述谶纬及登坛告天之文，魏、吴皆不书，而特书于蜀。立后、立太子诸王之策，魏、吴皆不书，而特书于蜀。太傅靖、丞相亮、车骑将军飞、骠骑将军超之策文，皆一一书于本传，隐然寓帝蜀之旨焉。

宋祁非不知王播、杜牧诸人之轶事严。要皆辞尚体要，故义必谨严。

《陔馀丛考》：吴缜《纠缪》谓《新唐书》多采唐人小说，但期博取，故所载或全篇乖牾。然李泌子繁尝为泌家传十篇，《新书·泌传》虽采用之，而传赞云：繁言多不可信，按其实者著于录。是《新书》未尝不严于别择。今按唐人小说，所记轶事甚多，而《新书》初不滥收者，如《王播传》不载其阇黎饭后钟之事；《杜牧传》不载其扬州狎游、牛奇章遣人潜护及湖州水嬉绿树成阴之事；《温庭筠传》不载其令狐绹问故事，答以出在《南华》，遂遭摈弃之事，《李商隐传》不载其见摈于绹因作诗谓郎君官贵东阁难窥之事。此皆载于诗话及《北梦琐言》等书，脍炙人口，而《新书》一概不及，则其谨严可知。

读史不窥此秘，惟务辑逸钩沉，则正刘氏所谓苟出异端，虚益新事，及吐果弃核，捃拾登荐之类耳。

《史通 · 采撰》：其失之者，则有苟出异端，虚益新事。夫以甘（宝）邓（粲）之所粪除，王（隐）虞（预）之所糠粃，持为逸史，用补前传，此何异魏朝之撰《皇览》，梁氏之修《遍略》。务多为美，聚博为功，惟取悦于小人，终见嗤于君子矣。

又《补注》：范晔之删《后汉书》也，简而且周，疏而不漏，盖云备矣。而刘昭采其所捐，以为补注，言尽非要，事皆不急。譬夫人有吐果之核，弃药之滓，而愚者乃重加捃拾，洁以登荐。持此为功，多见其无识也。

史事之去取有识，史事之位置亦有识。盖去取者为史之初步，而位置者为史之精心。必就全书而统筹，非执一篇以示法。前言吏联及引戴名世《史论》，即发此义。故语有宜著于本纪，或宜见于表志及传者。非识其体，不知所裁。

王鸿绪《史例议》：一，攻战所克郡邑，非两国相争要地，不书；非敌都，不书。如《汉高纪》云引兵西无不下者，又云邯自杀雍州定八十余县，又云信等卤豹，传诣荥汤定魏地，皆不详载其郡邑也。如《唐高纪》载林士弘等窃据僭号者数十余人，后止书某降某降而已，其间用兵胜败，人士众寡，悉略而不录，何等简严。或曰：沛公之攻丰、攻砀、攻外黄，唐高祖之下临汾、克绛郡，又何以备书之耶？曰：此著其王业之始也，不可不书。余则止书其钢，前史类如此。（诒按：欧公《五代史·梁本纪》注：即位以前，其事详，原本其所自来，故曲而备之，见其起之有渐有暴也。即位以后，其事略，居尊位重，所责者大，故所书者简，惟简乃可以立法。此可以推广王氏之说，故位置与详略，皆史识也。）……一，自将所克敌及所下城邑，其攻战之法，纪不备书。如垓下之战，详于《羽纪》而略于《高纪》。刘黑闼、刘武周、王世充、窦建德之战，详于黑闼等传，而《高纪》止书秦王世民败某人于某地。惟昆阳之战，《光武纪》书之颇详，此固其中兴之本，且不归之纪，亦无从附见也。……一，纪、志总载一代之大政大法，非纪重而志轻也。试以《唐书》诸志证之，尊崇圣教，盛典也。高祖初下令置生员，既即位，又诏秘书立小学，其后又命州县乡皆置学。太宗即位，置弘文馆，增筑学舍至千二百区，虽七营飞骑，亦置生徒，遣博士为授经。四夷若高丽、百济、新罗、高昌、吐蕃，相继遣子弟入学，遂至八千人。咸亨元年，诏州县皆营孔子庙。神龙元年，以邹鲁百户为隆道公采邑，以奉岁祀，子孙世袭褒圣侯。而纪不书。享天配祖，大孝也。贞观初，圜丘明堂北郊以高祖配，感帝以元帝配。乾封元年，诏祈谷复祀感帝。二年，诏明堂兼祀昊天上帝及五帝。开元十年，诏宣皇帝复祔于正室，中宗还祔太庙。而纪皆不书。武德中冬至及孟夏，雩祭皇地祇于方丘、神州地祇于北郊，以景帝配，而上辛祈谷，祀感帝于南郊；季秋，祀五方帝于明堂，以元年配。高宗永徽二年，以高祖配于圜丘，太宗配于明堂。纪止书有事于南郊而已。乾封元年，封泰山，祀昊天上帝于山下，封祀坛，以高祖、太宗配，如圜丘礼。又明日，祀皇地祇于社首山之降禅坛，如方丘礼，以太穆皇后文德皇后配。而纪止书封于泰山，庚午，禅于社首而已。至若高祖初诏议戊寅元历，高宗时诏定《贞观礼》，开元时撰《唐礼》，改治新历，又诏次历议历术，纪皆不书。夫欧公岂谓此数大事可略哉！志职其详，纪职其要。见于志者，不必其复见于纪也。

即一人事迹，或载本传，或见他传，亦各有体制，必合各篇方见其意。此吾国良史之组织体系，即所谓体大而思精。修《宋史》者不解此法，故其芜冗为学者所深讥也。

方苞《书萧相国世家后》:《萧相国世家》所叙实绩，仅四事，其定汉家律令，及受遗命辅惠帝，皆略焉。盖收秦律令图书，举韩信，镇抚关中，三者乃鄂君所谓万世之功也。其终也，举曹参以自代，而无少芥蒂，则至忠体国可见矣。至其所以自免，皆自他人发之，非智不足也，使何自觉之，则于至忠体国之道有伤矣。故终载请上林空地，械系廷尉，明何用诸客之谋，非得已耳。若定律令，则别见曹参、张苍传。何之终，惠帝临问，而举参，则受遗命不待言矣。盖是二者，于何为顺且易，非万世之功之比也。柳子厚谓《太史公书》曰洁，非谓辞无芜累也，盖明于体要，而所载之事不杂，其气体为最洁耳。

章氏谓文士之识非史识，然文士之识出于经史者，正足以明史识。以吾国经史与文艺本一贯也。方苞之读《霍光传》，测其用意，即本《春秋》常事不书一语，而通之于史也。

方苞《书〈汉书·霍光传〉后》:《春秋》之义，常事不书，而后之良史取法焉。昌黎韩氏目《春秋》为谨严，故撰《顺宗实录》，削去常事，独著其有关于治乱者。班史义法，视子长少贬矣，然尚能识其体要。其传霍光也，事武帝二十余年，蔽以出入禁闼，小心谨慎，相昭帝十三年，蔽以百姓充实，四夷宾服，而其事无传焉。盖不可胜书，故一裁以常事不书之义，而非略也。其详焉者，则光之本末，霍氏祸败之所由也。古之良史，于千百事不书，而所书一二事，则必具其首尾，并所为旁见侧出者而悉著之，故千百世后，其事之表里可按而如见其人。后人反是，是以蒙杂暗昧，使治乱贤奸之迹，并昏微而不著也。

世之撰碑传、修方志、纪兵事者，大抵用此法，而后可以见其人其事其地之特色。故论学而通伦类，则识之著于甲者，即乙亦可见焉。泥于一家之言，未可以云通也。

欧阳修《范文正公神道碑》：其行己临事，自山林处士里闾田野之人，外至夷狄，莫不知其名字，而乐道其事者甚众。及其世次官爵，志于墓，谱于家，藏于有司者，皆不论著。著其系天下国家之大者。

韩邦靖《朝邑志·物产》：邑无他奇产。产独服食，他处俱有者不载，载其美者多者。王元启注云：风俗则取其异者书之，物产则载其美且多者。取舍有方，不愧操笔削之任。后之修志者皆当据以为法。古云常事不书，作文之道尽之矣。

康海《朝邑志序》：夫志者记也。记其风土文献之事与官夫是郡邑者，可以备极其改革，省见其疾苦，景行其已行，察识其政治。使天下为士大夫者读之足以兴，为郡邑者读之足以劝而已。非以夸灵胜之迹，崇奖饰之端也。

阎若璩《潜邱札记》：纂郡县志者，全凭有识。如河南八府，惟怀庆粮最重，民受困三百年，近来纂志，当以粮所由重之说痛加发挥，方与有世道之责者恻念请于朝，比诸别府，减而轻之。

王闿运《湘军志·曾军篇》：罗泽南奔命往来，复弋阳、克广信、收景德、攻义宁，虽战胜攻取，非东南所以安危之大，故不具载。

章炳麟《陆军上将李云杰碑》：积十年，大战四，小战四。咸宁汀泗桥之役、浏阳之役、衡阳萱洲河之役、汨罗之役、汉川化桃之役、澧津市之役、光化之役、太康曹庄之役，都杀敌数万人。以功累迁至第二十三师师长。其事非人民所缘以休戚者，今可得而略也。

综上所述，识生于心，而史为之钥。积若干年祀之记述，与若干方面之事迹，乃有圣哲启示观察研究及撰著之津涂。后贤承之，益穷其变，综合推求，而饷遗吾人以此知识之宝库。故在初学，不第不可遽谓前人不逮吾侪，且不得谓吾人于前人所撰著悉已了解。深造自得，正不易言。姑先储积前哲研究撰著之识，得其通途，再求创辟异境。此虽不敢以律上智，然世之中材最多，循此或可无弊耳。

复次，治史之识，非第欲明撰著之义法，尤须积之以求人群之原则。由历史而求人群之原理，近人谓之历史哲学。吾国古亦无此名，而其推求原理，固已具于经子。近人治史，多本进化论，盖缘西哲就生物之演变，测人群之进步，而得此基本观念。治吾史者，准此以求，亦可以益人神智。然梁启超论研究文化史之问题，对历史现象是否进化，即生疑问（《饮冰室文集》四十）。刘咸炘论美人彻尼所举史律，谓道德常进亦常退，若以大概言之，宁谓智进而德退（《治史绪论·史旨》）。章炳麟著《俱分进化论》，谓善恶相缘并进，其说尤懿。故吾人治中国史，仍宜就中国圣哲推求人群之原理，以求史事之公律。

事物万殊，初无统纪，积久观之，则见其消息。古哲殆亦从生物及人事之种种对待变化，寻求统纪，得消息之原则，而以《易》之《否》《泰》《剥》《复》卦爻示之。就人而言，则曰君子道长小人道消，小人道长君子道消。就一切事物而言，则曰无平不陂，无往不复。老子之学从此出，故曰：万物并作，吾以观其复。孟子之学亦从此出，故曰：天下之生久矣，一治一乱。否泰治乱，消长往复，其迹象有纵横，其范围有大小，而赅括史事，驯至近今，此义尚未能破。盖人类心灵，同此消长，不能有消而无长，亦不能有长而无消。论进化者，但就长之一面言之耳。（一治一乱，并非循环，惟适应消息之公律耳。)

王船山之论史，归于一治一乱（见前《史统篇》)。顾景星之论史，亦归于一治一乱，而曰：自古治乱，气运为之。气运者即人心之习气为之也。章学诚《湖北通志稿》《复社名人传》引其言以为论，是章氏亦以顾氏之言，如其意所欲言也。

> 《湖北通志稿》志曰：信乎顾景星之誉张公亮书也，其言曰：自古治乱，气运为之。气运者，即人心之习气为之也。如江河之波，溯漷推移，而势不自已。如寒暑之变，出蛰荣谢而物不知。人心不厌不止，气运不极不返。列国之并吞，不至秦始不止。然而六国之后，犹起而攻秦；郦食其犹劝汉祖封六国后，何者？习气未忘，人心未厌也。迨夫韩、彭继灭，然后天下厌之，而郡国之势成。郡国势成，郡国之习气又作。逮夫袁绍、袁术、刘表、公孙瓒辈相继灭，而郡国之习气乃止。其他外戚、宦寺、权臣、宫妾之祸代作。方其作也，泯泯棼棼，袁绍不至杀两千人，汉宦寺习气不止。朱全忠、崔胤不至杀七百人，唐宦寺之习气不止。汉不至单越，则窦梁之习气不止。唐不至安禄山余祸展转数十年，则武韦之习气不止。至于士大夫服先王之服，诵圣人之书，宜无祸于国家，然其褊急迂愚，往往不召变则养乱。灵帝党锢之祸，文宗甘露之祸，昭帝清流之祸，呜呼！岂尽天耶？亦其召变养乱，积成气

运，不厌不止。然后知士大夫习气之祸，有不在宦官、权戚、宫妾之下者矣。必待习气尽而人心厌而气运转，而天下事已不可为矣，岂不痛哉！

刘咸炘论读史察变观风，比于以索贯钱。历举文质、刚柔、缓急诸种演变，推其原亦不外心习之消长而已。

《治史绪论》：读史察变观风，综求其事之关系，比于以索贯钱。先具归纳所得之索，以备学者之演绎，固捷径也。惟端绪繁多，非一人所能尽知，一书所能备举，但能略具重大者为纲领而已。……《表记》言夏道尊命，《祭义》言商人尚富，经家文质三教之说（《表记》《白虎通义》），传记齐尊之鲁亲之之言，《商君书·开塞篇》贵亲贤三变之论，皆可裁用。……春秋之势，又须横别而论之。如鲁卫贵亲，齐晋尚功，楚用有功之亲，秦用异国之材。或为承前，或为开后。及至战国，则官学变为私学，不出乡之四民变为游说逊侠，重农之风变为重商。至秦改郡县，陈、项起匹夫，汉高徙豪杰，而三代之风乃全亡。此为一大变迁。太史迁所谓古今之变，即指此也。……治术分柔缓与刚急。其著者，如汉文缓而景、武急，宣急而元、成缓，哀急而光武缓，明急而章缓，曹操急而晋武缓，唐宣宗急而宋祖缓，元世祖缓而明太祖急。士风分刚动与柔静。郭筠仙所谓西汉人好利，东汉人好名，唐人好利，宋人好名，元人好利，明人好名，今人好利，甚确而得要。好名刚，好利柔，柔缓者黄老，刚急者刑名，好名者近墨，好利者近杨。治缓养成柔风，亦能容之使刚；治急激起刚风，亦能迫之使柔。缓急中自有高下，夸毗亦养奸；柔刚中自有是非，躁动亦致乱也。

观风之变，于其已成，则知将来之厌恶；于其方始，则知异时之滋长，是曰知幾。故治史所得，在能知幾，非惟就已往之事，陈述其变已也。此法自子夏之治《春秋》开之。

《韩非子·外储说右上》：子夏曰：《春秋》之记，臣杀君，子杀父者，非一日之积也，有渐而以至矣。凡奸者行久而成积，积成而力多，力多而能杀。故明主蚤绝之。今田常之为乱，有渐久矣，而君不诛。晏子不使其君禁侵陵之臣，而使其主行惠，故简公受其祸。故子夏曰：善持势者，蚤绝奸之萌。

《说苑·复恩篇》：楚人献鼋于灵公。公子家见，公子宋之食指动，谓子家曰：我如是，必尝异味。及食大夫鼋，召公子宋而不与，公子宋怒，染指于鼎，尝之而出。公怒，欲杀之。公子宋与公子家谋先，遂弑灵公。子夏曰：《春秋》者，记君不君臣不臣父不父子不子者也，此非一日之事也，有渐以至焉。

其原则自《易 · 坤卦》初六以履霜坚冰括一切事变之由渐而积。

《易 · 坤卦 · 文言》：积善之家，必有余庆。积不善之家，必有余殃。臣弑其君，子弑其父，非一朝一夕之故，其所由来者渐矣。由辩之不早辩也。《易》曰：履霜，坚冰至。盖言顺也。

故《易》与《春秋》通，而《春秋》最重慎始。刘氏所谓好是正直善恶必书使骄君贼臣知惧者，据其已成言之，进之以慎始，则尤贵识微矣。

（选自柳诒徵著《国史要义》）

与青年论读史

柳诒徵

青年学者读中国史，首宜认识孔子。普通人皆以为子之学，至汉代罢黜百家、独尊孔子时，始风靡全国。其实不然，孔子弟子，鲁、卫、齐、晋、陈、宋、吴、楚诸国之人著籍可考者，六七十人。其不知国籍者，或尚有出于上述诸国之外。孔子卒后，七十之徒，散游诸侯，友教士大夫，如《史记·儒林传》所述，与老子、墨子之学传者既尠，所被地域亦不可详考者不同。秦自商君用事，痛斥《礼》《乐》《诗》《书》善修孝弟廉辩，孔学亦宜绝矣。然赵良之说商君，首称孔丘有言曰："推贤而出者进，聚不肖而王者退。"商君且称之曰："终日正言，鞅之药也，鞅将事子。"良又称《诗》曰："相鼠有体，人而无礼，人而无礼，何不遄死。"又称《书》曰："恃德者昌，恃力者亡。"《诗》《书》孔子之教之行于秦国，彰彰然非商君所能消灭矣。

燕人蔡泽游学于诸侯，宜言欲夺应侯之位，其与应侯极言之始，即曰："夫待死而后可以立忠成名，是微子不足仁，孔子不足圣，管仲不足大也。"又曰："故国有道则仕，国无道则隐。圣人曰：'飞龙在天，利见大人'，不义而富且贵，于我如浮云。"其说皆本《周易》《论语》。且于孔子一再称圣，范睢初未斥之。若孔子之圣，非各国所公认，《论语》等书，非学者所同习，蔡泽独读秘书，独举异人，人皆不晓，焉能动人。

秦始皇三十四年，坑诸生四百六十余人于咸阳，始皇长子扶苏谏曰："天下初定，远方黔首未集，诸生皆诵法孔子，今上皆重法绳之，臣恐天下不安。"使孔子之学，非久见重于天下，秦人专尚法治，反对儒家，当时诸生何以皆诵法孔子？且坑死此诵法孔子之人何致虑天下不安？由此思之，孔子之学，自春秋战国至秦一统，久为举世各国所重，初不待董仲舒劝汉武帝独尊孔子而后盛行于时。学者试取《史记》一阅，既可了然于孔子之地位与老、墨诸子不同，其学为人心所同服，不待帝王尊礼提倡，自然为人所诵说。若先横一儒家不过与道家、墨家、法家、纵横家、阴阳家平等之观念，及孔子之所以独尊乃专制帝王利用其学说笼络人才，固其家业，则于孔子真相、历史之事实，都未考据，以意为之，非所以论史也。

庄子最崇拜老子，故世皆以老、庄为一家，学者试取庄子所举老子之言与其所举孔子之言作一统计，即知庄子崇拜孔子过于老子。即曰庄子意在贬斥孔子，多属寓言。然庄子有寓言，有重言；所谓重言，即因其人及所言为举世所推重。吾欲使恒人易晓，则假借其言以为重，而其所假借者，乃无过于孔子。又数称颜子，又以曾子与史鳍并称曾史。《胠箧篇》曰："彼曾、史，杨、墨、师旷、工倕、离朱者，皆外立其德以爚乱天下者也。"《在宥篇》曰："下有桀、跖，上有曾、史，而儒、墨毕起，于是乎喜怒相疑，愚知相欺，善否相非，诞信相欺，而天下衰矣。"既以曾、史、杨、墨，又以为有曾、史而儒、墨毕起，曾子之学盛行于世可见。否则春秋时名人多矣，庄子何不以颍考叔、吴季札等人与史鱼并举，而屡称曾子？足见曾、史二人并称，犹之杨、墨并称，举世皆然，故庄子引以为重。学者读书能从此等处着眼，始不为今人臆说所误。

庄子者，颜子学派也。《吕览》者，曾子学派也。吕书故恒并举孔、墨，又称子贡、子夏、曾子学于孔子，田子方学于子贡，段干木学于子夏，吴起学于曾子，似非偏重曾子，然于赐、商称曰子贡、子夏，于曾参则称曰曾子，既可见曾子久为定称。《有始览》之论务本，以事亲未孝、交友未笃为戒，《孝行览》即继称之曰："凡为天下、治国家，必务本而后末……务本莫贵于孝。"一篇之中，称曾子者五。《先识览·察微篇》又称《孝经》。《孝经》者，曾子所受于孔子，当时已定名为经。又《孝行览》所称："爱其亲，不敢恶人；敬其亲，不敢慢人。爱敬尽于事亲，光耀加于百姓，究于四海。"语意亦本《孝经》。《孝经》由鲁而传于秦，可以知秦儒之传曾子学派。

吕书虽数称墨翟，且述墨子弟子之事迹，未尝称墨经也。

贾谊曰："商君遗礼义，弃仁恩，并心于进取，行之二岁，秦俗日败。故秦人家富子壮则出分，家贫子壮则出赘。借父耰鉏，虑有德色；母取箕帚，立而谇语。抱哺其子，与公併居。妇姑不相悦，则反唇而相稽；其慈子嗜利、不同禽兽者亡几耳。"秦人之不知孝敬，似自商君以来已然。然至秦始皇八年，文信侯集诸儒为是书，标举孝行，初未为秦人所非。是贾生所言，特一般民众之敝俗，而吕书所述，则经师讲学之精言。孔曾学派，在暴秦初未断绝，不独博士七十人，可以证其右文广学也。

博士可考者，始于鲁公仪休，见《史记·循吏列传》。至孔鲋为陈涉博士，鲋弟子襄为汉惠帝博士，是博士为鲁国儒家所独具。犹墨者有矩子，各有专称。孔门最重博学，他家讥儒家，则曰博而寡要，劳而少功，累世不能通其学，当年不能究其礼，此亦论诸家学术者所宜别白也。近人据赵岐《孟子章句叙》："孟子既没之后，大道遂绌，逮至亡秦，焚灭经术，坑戮儒生，孟子徒党尽矣。其书号为诸子，故篇籍得不泯绝。汉兴，除秦虐禁，开延道德，孝文皇帝欲广游学之路，《论语》《孝经》《孟子》《尔雅》皆置博士，后罢传记博士，独立五经而已。"遂以为《孟子》在诸子之列。汉文帝时置传记博士，子即诸博士，罢黜百家，独尊儒术，儒家始取得正统之地位。不知赵岐明言《论语》《孝经》《孟子》《尔雅》皆置博士，后罢传记博士，独立五经，则传记博士即指《论语》《孝经》《尔雅》而言。所谓诸子者，曾子、孟子、子夏等人，非泛泛兼道、墨、名、法、阴阳、纵横诸子之传记而言。在汉武之前，未尝闻有老子博士、商子博士、申子博士也。今人之意，总欲举中国之事傅会西史，以希腊之学派孔多，吾国独尚儒术，似有愧色，遂欲张皇先秦诸子学派蜂起，均衡竞进，不限一途，此乃吾国文化最盛时代。不幸汉代专尚儒术，以与学术不进，故欲竭力抬高诸子，使颜、曾、孔、孟之学，不过偏据二隅，初非正统大邦。然而子史诸书具在，苟细按之，何尝如今人所轩轾。且一思博士源流，初无墨子博士、老子博士，当亦哑然失笑。太史谈论六家要指，以儒与诸家并论，然司马迁作《孔子世家》《孔子弟子列传》，未尝立《老子世家》，著《墨子列传》也。近有校注《墨子》者，病《史记》附墨子于《孟子荀卿列传》之末，寥寥数语，不足表章墨子。乃曰："马迁于墨子史料所见不多，故尔简略。"学者苟细思今人所知墨子史料，如《庄子》《荀子》《韩非子》《吕氏春秋》诸书，马迁见之乎？清儒博涉，若汪中、孙诒让等治《墨子》之学者，所得史料，自《汉书·艺文志》以后非马迁所见者外，先秦古书为马迁所未见者何种，恐校订《墨子》者不能答也。

学者苟平心静气，扫除今日曲说，自见汉代之尊孔崇儒，自战国至秦一统之时相传而来，非董仲舒、汉武帝一二人之私见。吾人今日能知孔子以前之史，实赖孔子之传。否则如《墨子》所举燕之《春秋》等，满纸鬼话，恶能开后世之政宗，跻国家于大一统。余尝询学者读《史记》至《儒林传》应发一疑问，儒、墨诸家平等，马迁何以只立《儒林传》，不立《墨林传》？致今后世只有翰墨林、项墨林等名称。且《滑稽》《日者》等传，后史多未袭用，《儒林》《儒学》或《道学》等传，则相承不绝。一玩史目，即可知论中国史而欲撇去儒家别开生面，犹之论西洋史，欲撇开耶教，为不可能之事。今人但知欧洲文明发展，由于路德改革宗教，然对于路德改革宗教之前，不能不讲罗马法王与各国之关系，此稍涉西史者所共知。若治西史强举路德改革宗教之理想，传会前史，宁有是处？又欧洲虽有修教，而公教至今存在，并不讳言。吾国人自清季以来，专走路德一途，然迄今对外来之公教徒，保护优待，不敢排斥，而论自国之学术历史，则讳言儒。夫孔教固非耶教比，即使等于耶教，亦宜修教与公教并存。若对彼史则公听并观，对吾史则指鹿为马，恶足以言学术乎！

近人撰著舛误之处，不可胜举。某某《墨子学案序》，述其在广州见一匄妇扶掖其盲且病之夫，乞食于市，不禁慨言曰："此墨子之精神，数千年犹存于民间者。"不知此匄妇与墨子藐不相接，其不忍弃其病夫，相携乞食，则历代儒者俱导夫妇伦理之风化所及。某氏不归功于儒，而归功于墨，诚所谓戴蓝色眼镜观物也。又如某某讲哲学，某某讲中国通史，皆谓墨子为吾国平民代表，而孔子则贵族代表。所举以为孔子罪状者，即《随园诗话》所载一纨绔子自称能行孔子二事：曰食不厌精，脍不厌细，狐貉之厚以居数语。又益以孔子自称以吾从大夫之后不可徒行，谓孔子专讲享受，专务排场，不及墨子之平民精神。而忘却孔子自言：饭疏食饮水，曲肱而枕之，乐亦在其中，及颜子一箪食，一瓢饮，在陋巷人不堪其忧，回也不改其乐等语。孔子谓士志于道而耻恶衣恶食，未足与议。又曰君子食无求饱，居无求安，其安贫乐道之精神，今人曾未梦见，乃妄加以贵族生活、专讲享受及讲排场等谰语，岂不冤哉！又有某某之说，某某亦袭取而载于所撰之通史中，有曰诸子之学，专务相胜，孔子专讲文、武、周公，志在从周，墨子欲驾而上之，故专讲夏禹，孟子又欲驾而上之，故专讲尧舜，其言之混淆无识，直堪发噱。孔子讲文、武、周公，何尝不曰禹吾无间然，又恒称尧舜，又曰巍巍乎舜禹之有天下也，而不与焉。若《尧曰》篇之历举尧、舜、禹、汤相承心法，更无论矣。孟子盛称禹抑洪水，又称禹之行水行所无事，昔日私塾学僮，矢口能道者，今之大学硕师，曾未熟读，妄言臆说，以今人之浅见，测往哲之胸襟，虽曰无伤日月，然实贻误后生。故吾妄谓今日青年学生读中国史，宜先认识孔子。

读书贵专、贵通，切忌泛滥草率，拘墟武断。往年尝见北方中等学校学生，请某某两大师各开一书目，示以讲求中国学术必读之书。是两大师开示书目，皆极精谛。第未尝就中等学校学生兼治学校固定课程，欲以余力读中国旧书，庶几粗有根柢，不至茫然无入手处着想。故此两大师者所举四部书中，单部专书已不为少，益之以大部丛书总集，若《学海堂经解》及《续经解》及《全上古三代秦汉六朝文》与《大藏经》，以为必如是，始足以餍学者之求，示本人之博。不知中等学校学生，即一目十行，过目成诵，竭三五年之力，从事于所开之书，恐亦只有涉猎书名，翻阅书目，不能得其纲要，至于中材更无论矣。且中等学生，资禀高下固不齐，即此开书目之大师，皆高材敏异，度越恒人，然予妄意其治学工夫，恐不但弱冠以前能否读遍所举若干大部之书，即其开示书目时皆已四五十岁，苟随手抽取《全上古三代秦汉六朝文》及《大藏经》之某篇某帙叩之，恐亦不能记忆亲切，如瓶泻水也。

故为今日青年计，读书程序必须先专后通。专者任择一书，不拘部帙大小繁简。（唐人分别经书为大、中、小三种，即卷帙繁者大，而简者小也。）务必首尾贯穿，然后再治第二书。顾吾所谓首尾贯串者，亦难下一定义。清季以前，自村塾至世族子弟，不习理、化、算数、外国语文，只知埋头读中国老书。然必日日读数行，渐加至数十行，务求能背诵不忘，以次推进。每日读生书之后，又将从前所读者反复温习，取其书之字音句读解说清晰，中材以上皆能明了，至终身犹能暗诵。予尝比之储蓄金钱，当时所储未必立即使用，然能日日储蓄于脑海，犹之日日储金于银行，其储蓄愈久者，其获利愈丰。而此等读书之法，在今日学生实不可能。无已，则唯有从首至尾细心圈点，难识之字，费解之义，随手札记，检查字书，询之师友。其为人伦、日用、政教、经济种种常识定义，文字易解而宜熟记者，更摘要而熟复之。虽不免时过然后学，则勤苦而难成之讥，然犹可收事倍功半之效。往闻友好述张廉卿、吴挚甫诸老之教学生，必令专心圈点一书，且圈点必须匀圆画一，不得信手涂抹。盖圈点则可以考见对于此书曾否阅读完毕，首尾画一，则可以考见用心静细。夫贵专之说，自孟子、荀子、李文公、朱文公所言，不可缕举，要之皆中国一线相承之学脉。且此法非独读中国书为宜，即读外国文学、历史，乃至几何公式、法律条文，何尝不须熟读熟记。若谓读外国书当如此，读中国书则可不必，是为自欺欺人之谈。今之学校学生，第听教师讲国学通论、文学史、目录学等一过，似已四部胸罗，实则道听途说，入耳出口，无深造自得左右逢源之乐。《四书》习见之字，公文通用之词，专家学者犹易误读误解，恒人更无论矣。颜之推曰："吾七岁时诵《灵光殿赋》，至于今日，一年一理，犹不遗忘。二十之外所诵经书，一月废置，便至荒芜。"又谓公孙弘四十余方读《春秋》，朱云亦四十始学《易》《论语》，皇甫谧二十始授《孝经》《论语》，皆终成大儒，此并早迷而晚寤也。夫国家民族积习渊久，涉历仕途，自知运用酬酢，取证于旧籍者孔多，而吸收于新籍者，未必家喻而户晓。人之嗜好，中年以往与成童弱冠时又不尽同。每见治自然科学及社会科学者至四五十许，笃好旧籍，攻研小学、诗书，恒多撰述。盖在中国之时久，在异域之时暂，虽标新立异，喜驰骛于他邦，然中国人总是中国人，知新之余，反乐于温故也。吾为青年讲学，不敢以兼收博览，误其治理、化、算数各科之日力。惟冀其节省余力，专治一书。能熟读成诵固佳，不能背诵而自首至尾细心圈点，摘录札记，即于此一书已下过功夫，再行阅读一部。假定中学六年，暑假寒假星期休沐可以专读或经或史或子或集一部，绰有余裕。正文贯通，再进而讲专家之师法，为各本之校勘，再求发明新说。或不事撰述，专求身心受用，应务接物，以为权衡，尤足存中国之学脉。衰庸之言，不敢讳饰，其陋固无当于大雅，第期无误青年耳。

《汉书·艺文志》曰："古之学者耕而养，三年而通一艺，存其大体，玩经文而已。"又曰："若能修六艺之术，观此九家之言，舍短取长，则可以通万方之略矣。"其所谓通，广狭不侔。存其大体，玩经文而已之通似狭；修六艺之术，观九家之言，舍短取长，以及于万方之略之通，则极其广矣。初学求通，不必先骛其广，第祈通某一书，即得某一书之用。如所请《禹贡》治河、《春秋》决狱之类，再推之他书，虽极之通万方之略亦一理也。世人以古书无益于今事，不屑虚心玩索，判断古史，率尔操觚，往往有甚可笑者。某大学教授著《中国通史》，采辑丰富，意在持平，于前人所述禹治洪水之事，不敢质言其遍治九州，又不敢抹杀事实，径断为无此人，无此事。乃曰："禹对于洪水，不过在山西、河南境内小小治之，未尝达于九州，如《禹贡》之广远。”予读其书，哑然失笑，不知当时山西、河南之洪水流往何处，抑变为水蒸气或渐成旱海？故此君之书不但不能通古史，且不能通事理也。试就《皋陶谟》禹之自述之语观之，仅十二字曰：“予决九川，距四海，濬畎浍，距川。”此寥寥十二字，曲尽治水情事。先决大川入海，再导畎浍入川，洪水方有去路。今日治水，工具技术迥胜于前，而治水原理卒不能外。以此知读古书，可使人通达古今，非予佞古而信伪说也。

予所谓通者，在因读书而明理。以此为鹄，庶不致如牛顿畜猫，必开两洞，以备大小猫出入之故事。今之好为高论者曰：“为读书而读书。”予窃易之曰：“为明理而读书。”读书而不明理，则何必读书。即以读书而论，亦必实事求是，勿为近人所蛊。耳食之徒，放为大言，崇清儒之朴学，则谓《五经正义》不逮清儒新疏。不知清儒之治《尚书》者，所举欧阳、夏侯诸说，治《左氏传》者，所举贾、服诸说，皆从孔冲远疏中摘出，不得谓其胜于唐人也。震民国之维新，则谓正史为二十四朝帝王家谱，《资治通鉴》为帝王教科书，俱可不读。不知正史之中包括一切社会演进事迹，岂惟记载帝王支系。又凡帝王所宜鉴戒者，今之人讵不须知。徒谓其书胪列宗室、外戚、权臣、藩镇、佞幸、阉寺、方士、伶人、义儿、党锢诸事，似都缘帝制而来；苟非帝王世及，则种种秕政恶因皆不复作。斯实皮相之谈。苟一细按，则知名异而实同者不可枚举。有古有是事而今人袭之而不自觉者，亦有古已垂为大戒，今人明知而故蹈之，且讳其失而饰之者。盖物质演进而人情大抵相同，读史者能察其同异而通其邮，始为真善读书。阮元之论明堂，谓蔡邕、卢植能知异名同地之制，而昧上古、中古之分。后之儒者执其一端以蔽众说，分合无定，制度鲜通，盖未能融洽经传，参验古今。恽敬《三代因革论》曰：诸儒博士过于尊圣贤，而疏于察凡庶，敢于从古昔，而怯于赴时势；笃于信专门而薄于考通方。是故其为说也，推之一家而通，推之众家不必通；推之一经而通，推之众经而不必通。且以一家一经亦有不必通者，至不必通宁附会穿凿之求其通，则天下之乱言也。二家之言，皆深可味。明堂、路寝、治朝、辟雍，以至封建、井田、赋贡、力役，久为诸儒聚讼者，阮、恽二氏能就史迹人情而通之，斯为通儒。非仅求一书之词例、一家之学说之通也。阮氏所谓融洽经传，参验古今，尤为青年所当法。恽氏之说在今日又当反之，盖乾嘉学者过于尊圣贤，疏于察凡庶，敢于从古昔，怯于赴时势；今人则过于察凡庶，怯于从古者，必双方剂之，始得其平耳。

（选自柳诒徵《柳诒徵史学论文》）

《中国近百年政治史》导论

李剑农

一、百年前世界的趋势

我们要知道近百年内中国政治上发生大变化的由来，非将百年前世界的新趋势和中国内部的情形，作一个简略的比较观察不可。因为一切历史事变，都是难于截然斩断的。但此处所谓百年前，我们不能追溯得太远，只能从 1840 年追溯到 1740 年，约当中国的乾隆嘉庆两代。这个时期，在中国是清朝的最盛时期（但已有衰兆），在西方是政治经济思想及国际情势发生极大变化的时期。

最重要的推动力，是英国的瓦特（Watt）所发明的蒸汽机。瓦特生于 1738 年，殁于 1791 年，蒸汽机的发明在 1764 年，初应用于矿山的吸水器，渐至应用于各工厂，到 1807 年，美国的福尔敦（Fulton）更应用他创造蒸汽船。在瓦特发明蒸汽机以后约数年，即 1768 年，英国还有一个发明纺织机的阿克莱特（Arkwright）开始创设纺织公司。这是所谓工商业革命的开始。

就政治思想方面说，此时期中，法国有三大名人，一个是孟德斯鸠（1689—1755年），研究各种政制，发表所谓《法意》的名著；一个是福楼拜（1694—1770年），发表许多文学作品，攻击贵族、僧侣等上流社会；一个是卢梭（1712—1778年），发表有名的《民约论》。这都是促起政治社会发生变化的推动力。就经济思想上说，在英国有亚当·斯密（1723—1790年），发表所谓《原富》的名著，成为近代经济学的鼻祖；在法国有一个圭斯尼（Quesnay）（1694—1774年），为重农学派的倡导者。这都是鼓吹经济上自由主义的。有了这些经济上及思想上不断的新发展，于是西方的政治经济社会都不能维持原来的形势，并且变动的波澜将由西方而及于全世界。

再就此时代西方的国际形势及政治实际上的变动观察。自东西航路发现后，殖民地的争夺已遍于东西两半球。17世纪西班牙在海外的优越势力到了18世纪，渐渐地移于英国。（17世纪新世界殖民事业，西班牙领地最大，法兰西、葡萄牙次之，英吉利最小。）18世纪的初期，欧洲各国的政治，法国已完成强固的中央集权，英国且由君主的中央集权进于国会内阁政治，其他各国的政治组织，散漫微弱，远不及英法。在欧洲本部的政争，英与法常处于敌对的地位，因此在海外殖民地的争夺，英法两国也常常彼此对抗。当十八世纪的中期，英法两国在东半球的印度和西半球的美洲都有剧烈的战争。两国在印度的势力，起初本不相上下，印度人并且多倾向法国的方面；1741 年后，英法在欧洲因为奥国皇位继承问题发生战争，于是两国在印度也开始争夺；从 1743 年起，连年战争不断，到 1756 年，欧洲又发生所谓七年战争，英法又成劲敌，两国在印度的争夺更凶；结果英以东印度公司社员克莱夫的奋斗，卒于 1760 年将法国在印度的势力摧毁，从此印度成为英国的囊中物。到 1784 年由英政府发布条例，将监督权由东印度公司移归政府，树立英国雄飞于东方的基础。英法两国在北美洲的势力，当 18 世纪的初期也是法国优于英国；两国在北美洲的争夺，约与在印度的争夺同时；最烈的战争，也是在欧洲七年战争时；1759 年，英国攻陷魁北克，次年逐占领加拿大，于是英国在北美洲也独据优势。

自英法两国殖民地争夺的胜负决定后，于是更要发生世界的大政变了：一为英国殖民地北美十三州的独立，一为法国的大革命。英国的热心争夺殖民地，起初是想由母国垄断殖民地的利益，北美的殖民就有些不平；自经累年的对外战争以来，国库的负担增加，因于 1765 年课税于北美殖民地；殖民地以在国会无发言权，坚不承认；英政府想用兵力强制；到 1775 年，十三州就连合树起独立的旗帜来了。独立的战争自 1775 至 1783 年，共经八年，欧洲大陆各国都有点嫉视英国海上的势力（尤其是法国），对于独立军予以种种援助，英政府卒归失败；到1787年十三州制定了一种联邦新宪法，正式成立一个联邦共和国，开近代民主共和国的先声。北美联邦共和国成立后仅两年（1789年），法国的大革命发生了。法国也因为在不断的战争中，国库弄得很空虚，又加以王室和贵族的奢侈滥费，弄得财政没有方法整理；社会上的人士受了福楼拜、卢梭一辈人学说的熏染，加以北美独立战争的刺激，于是以召集三级全体议会为导线，引出大革命的活剧；到1792年，由国民公会将国王路易十六处以死刑宣布法国为共和国；再经过几年的混乱，政权落入拿破仑第一之手，到1804年拿破仑称帝了。当法国革命初起时，欧洲各国的君主贵族政府群起恐慌，想用兵力来扑灭法国的革命势力，但是完全失败；及拿破仑专政，一手举自由旗，一手提指挥刀，横行全欧，把欧洲大陆的封建残余尸骸踏入泥涂；除了极北的俄国和隔离于海上的英国外，大都皆被拿破仑所慑服。1821年拿破仑由俄败归，兵力衰退，英俄普奥各国，乘势合力攻法，始于1814至1815两年，把拿破仑打败，将他流放于圣海伦娜岛；由维也纳会议，恢复欧洲的和平秩序。

1815年后，欧洲的和平秩序虽然恢复了，法国也再由拿破仑的帝政返于波旁王统的王政了，算是反动势力的伸张时期；但是法国的王政已非从前的王政，路易第十八须用宪法来敷衍国民；其他各国的国民，虽然连一纸宪法都不会取得，但是自由民权的思想已潜伏在各国人民的脑识里，不能拔除了。

到了1830年，法国又发生所谓“七月革命”，更换了一个新王统，由波旁王家的支裔俄连公爵路易菲立普，取查尔十世而代之。这次革命的意义，就是以新兴工商业的中流阶级势力，战胜反动的贵族僧侣传统势力。法国的七月革命，对于欧洲其他各国虽未发全绝大的波动，但也多少受了一点影响；其中受影响而发生最良好的结果的，要算是英国1832年国会改革案的成立（即中国道光十二年，鸦片问题将要发生了）。英国的政治，在1832年以前，虽已成为国会的内阁政治，但国会为旧贵族地主的优越势力所宰制；经1832年的改革后，新兴工商业的中流阶级势力，始得及于国会。自此英国的国会内阁政治，比从前的精神更不相同，向外发展的力量，比从前更形充实，欧洲大陆各国的国民，隔岸羡慕，有望尘莫及之感。但是有了那种蒸汽机和其他思想学术上不断的新发展作推进器，民权自由的势力，不久也要弥漫全欧，终非那神圣同盟的力量所能遏止。

上面所述是百年前世界新趋势的大概。

二、百年前中国内部的情形

中国在十八世纪，是清政府文治武功极盛的时代（乾隆帝即位于1736年，禅位于1796年。他在位的时期，正值英法争雄于欧陆和印度北美殖民地；北美联邦共和国的成立，也是当他在位的后期；法国的大革命，起于他在位的末期。嘉庆帝时代，则为拿破仑第一称雄时代。蒸汽机的发明，在乾隆二十九年，到了嘉庆十二年已应用它造成汽船了）。就中国的学术思想说，此时也算是放了一点光彩。清代最有名的汉学中坚人物，所谓戴段二王（戴震、段玉裁、王念孙及其子引之），皆会萃于此时（戴为乾隆时举人，曾任四库全书馆纂修，段为戴之弟子，亦乾隆时进士，王念孙为乾隆时进士，引之则嘉庆时进士也）。他们治学的方法，也是一种极有科学精神的方法；可惜他们的科学精神，全用在故纸堆中，他们的工作，还只能比于欧洲文艺复兴时代的工作，对于中国当时的政治及社会生活，未能发生若何的影响。其中第一个重要人物戴震，算是很能注意于实用方面（戴氏曾著有《勾股割圜记》等书），但终为旧时代所谓“王政”的观念所拘，未能突入近代自然科学的核心；戴氏的哲学理论，也很与西方边沁派的功用主义相接近，但当时一般人，多只注意他的考证，罕有人注意他的哲学上的理论的；因此盛极一时的所谓汉学，全没有与西方同时代新文化潮流相抵抗的效能（咸同时代，中国人且有“天下不乱于长发贼而乱于汉学”的诬说。平心而论，谓天下乱于汉学，固属诬说，谓汉学没有抵抗西方文化潮流的能力，则属事实）。并且在乾隆奖励学术的用心，与其说是启导民智，毋宁说是想把优秀人士的聪明才力锢蔽于故纸堆中，帝开四库全书馆，与明太祖用八股文来锢蔽民智，差不多是同样的手段。他一面开四库全书馆，一面颁布禁书令，凡明末清初有关于满汉民族消长的著述，皆称为逆书，一律销毁；由乾隆三十九年至四十六年，销毁所谓逆书凡 24 次，被销毁之书达 538 种，共 13862 部；犹恐未能禁绝，到五十三年尚严谕陆续搜禁。乾隆五十八年（即 1793 年），英国派来中国的特使马甘尼（Macartney）归述所见，说中国的科学知识远不如他国；说招待他的赵大人，看见他从衣袋中取小盒自来火擦之而燃，大为惊异；说他在热河与各大臣会见时，于欧洲各种发明物中特述轻气球一事，劝中国备置一球于北京，并劝中国宜聘用西方各种专门技师，传授各项专门学术，各大臣皆不注意他的劝告；说乾隆帝虽意气盛旺，自负心极强，诸事不欲落人后，但实际所见不远，还不及康熙帝的通达，只知道防止汉民族的活动，不知启导民智。我们看马甘尼所述，便知道当清代文教极盛的朝廷，已为西方人所轻视了。

再就政治的组织上说，此时可称为名实相符的君主专制政体。中国的君主专制政体，本是从秦汉以来几千年相承不替的；不过到了清代，组织上更为完密。我们要懂得清代后期政治势力的变化，不妨在此处将清代几种主要的政府机关，略略加以分别的说明如次：

（一）**内阁与军机处**　清代中央政府的重心，最初在内阁，到了雍正乾隆时代，完全移于军机处。但是清代所谓内阁，与现世君主立宪国的所谓内阁完全不同；内阁的阁员称某殿（如保和、文华、武英等）或某阁（如文渊、东阁、体仁之类）大学士，满汉各2人乃至6人不定；以外又有协办大学士、内阁学士等。大学士的职权，在清初除了接受各处章奏，上之皇帝，替皇帝撰拟议旨并批答奏牍外，还参与重要机务。经康雍乾三朝屡次用兵平乱，产生军机处。军机处本是专管军机秘密事情的，后来因为作军机大臣的人就是作内阁大学士的人（如乾隆时之鄂尔泰），内阁大学士的权就被军机处吸收去了。乾隆中期以后，内阁大学士不过是赏给有功大臣一种特别荣贵的头衔罢了，他的职掌除了谕旨奏牍的收发，几于别无所事了。军机大臣也是没有一定的员额（起初没有满汉并立的规定，但事实上总是满人，洪杨之役以来，渐有汉人充军机大臣的），随皇帝的意旨于皇族内阁大学士或各部尚书中选充，与皇帝最亲近。他的职权，凡政务的裁决，官吏的任免黜陟，用兵时的军事方略，无不参与。但有两点最宜注意的：一是无论内阁或军机处，都没有特别独高的首长，首长就是皇帝；二是无论内阁大学士或军机大臣，都没有向各部或各省督抚直接发命令的权，向各部或各省督抚直接发命令的，只有皇帝——就是上谕或谕旨。

（二）**六部**　清代的中央行政机关在预备立宪以前，只有吏、户、礼、兵、刑、工六部，这是沿袭前代的旧制。各部的主要人员，从清初就定为满汉二人并立（对于重要的各部有时特派皇族为管部大臣）。各部通常的长官称尚书，次官称左右侍郎，通称曰堂官。但是有最可注意的两点：一是六部虽为中央行政机关，对于各省的政务，可以核议准驳，但各部的长官，却没有向地方长官（督抚）直接发命令的权（要向督抚发命令就要以皇帝的谕旨行之）；二是尚书与侍郎，各有单独的上奏权，尚书与侍郎意见不合时，除了两方相互奏请皇帝裁决以外，别无办法，然则就中央与各省言，六部不能算作总辖全国的行政首长；就尚书与侍郎言，各部并没有统率全机关的唯一首长；无论对地方或对本机关，最后的解决也只有问皇帝。

（三）**都察院** 都察院是清代的总监察机关。它的主要职员有都御史 1 人，副都御史 2 人；所属有给事中 20 人监察御史 44 人；给事中监察京内官府，分为各科；监察御史监察地方官府，分为各道（给事中及监察御史总称之为科道官）。这些科道官虽然因处理事务上及地域上设有分界，但是他们的监察权，在性质上并无限制；无论什么阶级的官，他们都可以参劾，无论什么性质的事，他们都可以举发或反对；大小官府的陈奏，他们固然可以指摘，就是皇帝的谕旨，他们也可以拒驳；不能上奏的小官，可由他们代奏，百姓有冤抑，也可由他们代申。总括一句，国家政务的全部，无不受他们的监察。但是有几点应该注意的：甲、这种监察权的行使，不是用都察院的机关全体去行使，而是用都察院各员的官衔单独去行使，从都御史到所属各科道官，各人都有单独的参劾上奏权，并不要经过全组机关的取决；乙、这种监察官的选任，并不必要有政治或行政经验的人，也不是一种有特别保障的终身官，随时可以改任或升选，一旦作了普通官，同样要受他人监察，有特别权势的人可以暗中干涉他们的进退；丙、这种监察官自身的责任问题，全以皇帝一人的意旨为断，皇帝喜欢容纳直言的，对于他们的诬劾诬说，也不问他们的责任，倘若触犯了皇帝的私好偏爱，就是参劾的确实，也要受谴责。

（四）各省督抚 清代的总督巡抚，也是沿袭明代的旧制（在明初皆非常设之官，但是后来总督巡抚的职权性质，都渐次变了）。总督大约是兼辖两省（晚清的东三省总督兼辖三省），但也有单辖一省的；辖两省的所属有两个巡抚，总督初无直辖地；辖一省的，则以总督兼授巡抚衔，其下不别设巡抚。原来总督、巡抚的职权本不相同，依雍正即位时的上谕说："总督地辖两省，权兼文武，必使协和将吏，辑绥军民，乃为称职；巡抚则凡一省之事，察吏安民转漕裕饷，皆统摄之。"乾隆时修的《大清会典》上也说："总督统辖文武，诘治军民，巡抚统理教养刑政。"但是后来督换的职权都有变化（变化大都起于洪杨之役，此后总督、巡抚的职权，渐次无有差别），督、抚不受内阁军机处和六部的直接命令，上面已经说过，但是还有一点应该注意的：就是总督还兼一个右督御史衔，巡抚还兼一个右副都御史衔，都有单独的参劾权及上奏权；总督固然可以参劾巡抚，巡抚也可以参劾在他上面的总督；他们是地方的行政长官，也都是全体政务的监察官；督、抚意见不合时，也和六部的尚书和侍郎一样，除了相互奏请皇帝裁决以外，别无办法。所以在形式上督、抚仿佛有上下从属的关系，实际上还只有皇帝是高高在上的一个人。

就上面所说明的几种机关来看，我们可以得到下面两个结论：一、一切权都在皇帝手里，没有一个机关可以宰制别一个机关；二、无论甲机关与乙机关，就一个机关内部的甲人员与乙人员，都有互相监视、互相牵制的意味，要想保持权位，除非取得皇帝的信用，博得皇帝的欢心。所以说中国的君主专制政体到了清代，组织上更为完密了。但是这种完密的君主专制的组织，须得君主是一个雄才大略的君主，方能运用如意；若遇着一个庸主必使机关的全部失去它的重心。乾隆帝确是能运用这种机关的人，所以在乾隆时代的政治，可称为名实相符的君主专制政治。自嘉庆帝以后，“一蟹不如一蟹”，加以外力渐次侵入，于是这种最完密的君主专制政治的组织，渐有“捉襟见肘”之势了。

上面是专就政治的机关上观察。再就乾嘉时代的政治实质说；乾隆帝确是很励精图治的，在位 60 年，年纪已满 85 岁；始禅位于嘉庆帝，对于重要的政务，嘉庆帝还是须禀命而行。当乾隆帝年逾 80 时，他自诩为古来罕有的皇帝，自作《御制十全记》，叙述他十全的功绩，所谓十全，就是当他在位期中，平定准噶尔两次，平定回部一次，平定金川两次，平定台湾一次，降缅甸安南各一次，受廓尔喀之降两次，合之为十大武功。但是他的武功虽盛，终究掩盖不了他内治的弱点；他信任一个贪黩不堪的和珅达 20 年，援引许多贪黩的督、抚，如国泰王亶望、陈辉祖、郝硕、伍拉纳之徒，赃款累累，动辄数百万，在他尚未禅位的时候，已经历次发生赃贿的大狱；这些赃贿案，实际都是由和珅在内隐为驱迫而成；但是乾隆帝至死不知道这些赃案的根源所在；他的监察人员，也终究不敢触动到这个根源上。直到乾隆帝死后，嘉庆帝方把和珅处以死刑，抄没他的家产，共计 109 号，约值八万万两（当时查抄其家产金额，列为 109 号，内中已估价者仅 26 号，约占金额四分之一，计银 223 895 160 两，故其金额约为八万万两云）。当时人为之语曰："和珅跌倒，嘉庆吃饱。"因为当时中国国库岁入额，并不甚大（每岁不过七千万两上下）。和珅 20 年宰相所蓄的八万万，超过了国库岁入十年的总额。因为有这么一个贪黩的宰相在内，驱使一班贪黩的地方大吏在外搜刮，无所不至，于是民力凋敝，到嘉庆帝一即位，地方的乱事就起来了。在乾隆六十年，已有湖南、贵州红苗之变；到嘉庆元年，白莲教之乱起，蔓延及于五省，经过八九年的长时间，耗去军费二万万两，才告平定；同时海寇蔡牵等以安南为窟穴，侵扰两广闽浙各处，到嘉庆十五年才平定；天理教的李文成、林清等扰乱山东直隶，至于震动畿辅宫禁之地；到嘉庆末道光初，边境又有回部张格尔的乱事，官军大举征伐，经过七年的长时间，才告平定：这些乱事，大都是在乾隆后期已经酝酿潜伏着，到嘉庆时才陆续爆发的，所以乾隆帝的十全大功，可以说就是嘉庆以后的民乱种子。

在白莲教乱当中，清朝的政治还暴露一个大弱点，就是军备已经失了作用。清朝的所谓经制兵——即常备军，原有八旗兵与绿营两种；到嘉庆时代，这两种常备军都已腐败不能作用。当嘉庆民乱，有记述当时情形者，谓“交战时以乡勇为先锋，汉人之绿营次之，其素称骁勇绝伦之旗兵在最后，贼军亦驱难民以当锋镝，真贼在后观望；乡勇与难民交战，而官兵则与贼兵不相值。乡勇伤亡，则匿而不报，或稍得胜利，则冒为己功；然与贼会之时甚稀，惟尾追而不迎击，甚至地方村民，备粮请兵，拒而不纳，常求无贼之地以驻军。军中费用之侈，骇人听闻；有建昌道石作瑞者侵渔五十万两，皆耗于延请将帅之宴饮；尝于深菁荒麓间，供一品值五两之珍馐，一席至三四十品之多；有某尚书初至营中，得贿珍珠三斛，蜀锦一万匹，他物称是……”军纪这样腐败，所以白莲教乱，延至八九年之久。白莲教乱的平定，并不是这种常备军打平的，乱事蔓延到无可如何的时候，采用两种政策：一、坚壁清野；二、团练乡勇。坚壁清野的政策，由德楞泰建议，就是令地方市镇坚筑堡垒，不给贼以掠夺机会，待其自灭。此法初行于湖北随州，颇有效力，后乃命川陕豫各省仿行。团练乡勇的政策，由合州知事龚景瀚建议，他因为八旗官兵不可恃，所过地方受害甚于盗贼，故主张募集乡勇，给以武器，举办团练，既可替国家节省军费，又可减免地方的扰害。当时有反对此说的（陕督长麟），说团练乡勇以保乡里，虽未尝不可，但恐民间有兵，难免将来的纷扰危险；但终不能不采团练的政策，四川一省的乡勇，至有 30 万人；到了乱事平定之后，又把乡勇的兵器收回。政府的常备军既不足以平内乱，自然更没有捍御外侮的能力，所以后来一与西方武力接触，便无不失败。这是百年前中国内部的大概情形。

三、百年来中国政治变化的概要

百年前世界的趋势既如彼，中国内部情况又如此，所以鸦片战争的失败不是偶然的事。鸦片战争失败后，中国的门户既被打破，于是西方的势力节节相逼而入，造成近百年的政治局面。

百年来中国的政治变化，大概可分为三个大段落：从鸦片战争到甲午中日战争，为第一个段落；从甲午后维新变法运动，到辛亥革命为第二个段落；从民国成立到国民党由广东出师北伐为第三个段落。第一段为外力侵入，新思想酝酿的时代；第二段为革命势力进展，清皇位颠覆时代；第三段为革命势力与清残余的军阀势力斗争时代。若从这三大段中间重要的政治事变再加剖析，又可分出下列的小段落来：

第一，因为英国人扩充商场的热望，屡为清政府所阻遏，遂以鸦片问题为导火线，惹起 1840 年（道光二十年）的鸦片战争；结果于 1842 年与英国签定《南京条约》，割香港一岛，并开五口为通商口岸。是为外人打破中国门户的开始。

第二，中国自受此挫辱，一方面汉民族对于清廷的威力渐渐看破，一方面感受西方潮流的影响，到 1850 年（道光三十年）就有洪杨革命军的崛起。洪杨战役连亘十五年，至 1864 年渐告平定。是为汉民族势力复活的时期。

第三，在洪杨战役中，又有英法联军入北京，咸丰帝避难热河之事（1860 年，咸丰十年）。结果与英法结城下之盟，外力压迫的程度又进一层；并且在平定洪杨的战役中，得了外国人军事上一点助力；于是到平定洪杨以后，所谓中兴的新人物中，颇有感觉西方军事艺术优长的人，讲求所谓洋务，在造船、制械、练兵、裕饷上，尽力模仿西法；所以由同治朝到光绪中叶，可称为洋务讲求时代，亦可称为西法模仿时代。不过这种皮毛上的西法模仿，终于不能发生抵抗外力的效能，到 1885 年（光绪十一年）对于安南问题，和法国发生争议，结果模仿西法的第一根据地马尾船厂被法军破毁，失去安南的藩属地；但是皮毛上模仿西法的方针并不因此改变，到 1894 年，便有所谓甲午战争的大挫败。至此中国的弱点完全暴露。

上面是第一大段中的几个小段落。

第四，由甲午战败的刺激，惹起士大夫阶级里面一部分人对于中国政治制度的怀疑，遂有维新变法的运动；到 1898 年（光绪二十四年）的夏间，运动达于最高潮，便有所谓戊戌"百日维新"的事业。是为维新运动的初步。

第五，由百日维新的失败，西太后再行临朝；到 1900 年（光绪二十六年）因为亲贵利用拳匪争夺政权，排斥新党，惹起外国联军入京的大祸。是为维新运动反动时期。

第六，由《辛丑条约》的耻辱，清政府始感觉维新变法的必要，于是有督抚派的维新运动；到1904年（光绪三十年），日俄战争勃发，结果日胜俄败，更感觉立宪优于专制，于是有派遣五臣出洋考察宪政之举。是为维新运动再起的时期。

第七，自拳乱以后，国民对于清政府的反感，已非虚伪的立宪招牌所能缓和了；在1905年五臣出洋考察宪政时，中国同盟会在日本东京成立；自此一方面预备立宪，一方面进行革命，进于革命与立宪对抗运动的时期；立宪的虚伪，一天一天的暴露；革命的潜势力，一天一天的膨胀。到1911年秋间，便有武昌革命军的崛起。

上面是第二大段中的几个小段落。

第八，从1911年秋间武昌起义，到次年春初中华民国成立，为中国政权由清朝廷移入北洋军阀首领袁世凯手中的时期，是即由第二大段转入第三大段的关键。

第九，由1912年春间临时政府北迁，中国同盟会改组为国民党，与北洋军阀首领袁世凯开始斗争；到次年春夏间，因宋案而惹起赣宁之役，国民党失败，国会被破毁。是为国民党与北洋军阀斗争的初期。

第十，国会第一次破毁后，袁世凯图谋帝制，第一步修改约法，第二步成立筹安会；到1915年秋冬间，袁氏公然要称帝了；反帝制的各派联合奋起，与袁氏决斗，到次年夏间，卒将袁氏打倒；是为帝制运动与反帝制运动的对抗时期。

第十一，袁世凯死后，北洋军阀的势力依然不可侮，他们不利于旧约法，因是发生新旧约法的争议；结果旧约法虽然恢复了，到 1917 年因为对德宣战问题惹起国会第二次的解散，演为长期的护法战争，成为南北对立之局。在护法战争中，一方面北洋军阀分为直皖两派，他方面西南的小军阀也渐形跋扈；到 1920 年秋间，北洋军阀的直皖两派，公然打起仗来了，西南的军政府也瓦解了。是为护法运动与南北各军阀分裂的时期。

第十二，自 1920 年北方直皖两派分裂，西南军政府瓦解，护法的战争虽然尚未终了，但因南北两方都失了重心，于是进于所谓联省自治的运动。但是这种运动，徒为割据地盘的各军阀所利用，各军阀间势力扩充的斗争仍未能免；从 1920 年到 1923 年秋冬间曹锟篡窃大位时止，可称为联省自治运动与南北各军阀混战的时期。

第十三，自 1924 年春中国国民党改组，南方的新势力一天一天的充实，北方曹锟颠覆后，成立一个临时执政政府；到 1926 年春夏间执政政府消灭，国民党准备北伐的工作完成，于是北洋的军阀嫡系势力将归消灭了。是为第三大段的最后一段。

（选自李剑农著《中国近百年政治史》）

周代之“封建”

李剑农

周族战胜殷族后，国内尚未安定，周王思所以长期统治，于是封诸侯建同姓以为王室屏藩，此旧史家所称之“封建”也。实则周王之分封诸侯，仅为一重要政治措施，并非经济上即已发生变化。如前所述，殷代被支配之阶级，其一为普通之公社自由民，其他为下层之奴隶。周之代殷，被支配之阶级，本质上仍无改变。故旧史家所称之周代“封建”，可视为奴隶制下之分封制，而非奴隶社会以后之封建制也。然周代之分封，与宗法相结合，其制度之建立，固以当时社会经济为基础，而此制一经确定，遂亦影响社会经济之发展。兹先略述“封建”与宗法之意义。

一、“封建”与宗法之意义

“封建”与宗法为相因而生相辅而行之制度。为说明之便利计，请分别言之：

第一，周代诸侯为王室贵族，一面以封土领主之资格统治公社农民，一面以奴隶主之资格支配奴隶阶级。就“封建”一名之本义言，所谓“封”者初不过封土植树以明土地疆界之意云尔。金文“封”作“丯”或作“𡉚”，由此转为“封”“邦”。古“封”“邦”实为一字。就所谓“封建”制度在政治经济上之意义言，有重要之点二：一、领有此封界以内之领主，非但有政治上的直接统治权，且兼有其土地支配处分权。盖此时土地，虽仍为公社共有，然公社之上有国家，则土地亦为国有。周天子秉国之钧，以土地封给诸侯，诸侯遂有支配土地之权，于是政治权与经济权结合为一。二、耕作于此封界以内之农民，皆属领主之臣仆，因是成为土地之附属品，不能离去其所耕作之土地；故领主可以任意役使农民，亦可以加重其贡赋之剥削。

第二，宗法为由氏族部落团体演为后代家族团体之一种组织关系。氏族部落的社会，无所谓“家”制，凡同一血系所出之人员，在同一氏族团体中，除有职务上之地位分别外，其他身份财产地位皆平等；同父母之兄弟，无嫡庶贵贱之分；统治权之承继，其初本为公选，其后渐变为世袭；然初期世袭方法，尚为兄终弟及，无弟然后传子（殷人之王位继承，事实上虽已成兄终弟及以子继相辅之局，然犹存公选之余影，特其公选之方法，恒假手于鬼神而已，观卜辞中尝有“卜王”“求王”

之文可以知之），绝不认有所谓嫡长子承继之特权，故宗法之制尚未确立。自统治权变为父子相承后，于是有所谓嫡庶长幼贵贱之别，于是渐有所谓宗法。何谓宗法？《礼记·大传》曰：“别子为祖，继别为宗，继祢者为小宗，有百世不迁之宗，有五世则迁之宗。”试以一诸侯国为说明之例：假定一诸侯生有数子，其长嫡子袭为诸侯。余子不得袭者谓之别子，各自为开宗之祖，继世者谓之宗。宗有大小，大宗者，此别子之长嫡累世承袭，凡此别子所衍之子孙，皆永远宗之，为“百世不迁之宗”，小宗者例如此别子复有数子，其长嫡子继世为大宗外，余子复各自立宗，继之者谓之继祢，其所衍之宗为小宗。宗之世袭法，大小皆同；所异者，大宗则同此一祖所出之子孙，永远宗之；小宗则宗至同高祖之昆弟而止，故曰“五世则迁之宗”。如此，一诸侯若有数子，其子复有数子，世世递衍，其大小群宗之数，自然多至不可胜数；然彼诸侯实为一国群宗之所共宗；天子又为群侯及群侯国内各宗之所共宗。各群宗之于诸侯，群侯之于天子，悉统于宗法之内；故虞公称“晋为吾宗”，滕人称鲁为“宗国”，而各诸侯又称周为“宗周”。此宗法之大略也。

在宗法制度之下，统治权之承袭既归于嫡长子，则与政治支配权相结合之土地支配权，亦由嫡长子承袭之。其余之所谓“别子”者，既无承袭统治人民之权，亦无对土地之支配权；然得由承袭统治权之领主，随意分割授与之，谓之“封邑”或“食邑”或“采邑”，受得此封邑者，亦即为次层领主。继世之领主，及其子孙，皆可为同样之分割授受。凡服役于统治领主之下者，虽非同姓，亦可为此同样之分割授受。由天子诸侯以至于卿大夫士，皆统摄于此种宗法的授受组织之下，于是构成一种阶级层累的“封建”国家制度；于是所谓“国”与“家”者，但有大小范围之别，在组织的根本主义上，实无有差别；《孟子》所谓“万乘之国”，“千乘之家”，递减而下，又可称为“千乘之国”，“百乘之家”，故此种宗法的封建的国家组织，可视为王室家系的国家组织。

二、周初进入“封建”组织之史迹及其原因

周初何以演为“封建”的宗法的组织？有政治上对内对外之两种原因，并有经济上的直接原因：

第一，对内之原因，所谓泯兄弟之争也。由氏族社会后期之部落联盟进入国家组织后，原为公选之王位，既已变为兄弟相及之王位，无弟不得不传子；然弟死再无其弟可继承时，果传兄之子乎，抑传弟之子乎？事实上虽多为弟之子，然在殷代之先王世系中，亦有例外，如沃甲崩，祖辛之子祖丁立；祖丁崩，沃甲之子南庚立；南庚崩，祖丁之子阳甲立。王国维因据《史记·殷本纪》谓中丁以后九世之乱，其间当有争立之事。古史所记周初开国之经过，亦有传说之二故事：一谓文王得位，由于泰伯、虞仲之以逃让；二谓武王崩后，成王年幼，未能亲政以前，曾由周公摄居王位。此二事外表虽不相关，然

细察之，似可目为殷周两代王位继承法之蜕变。文王为季历之子，季历为泰伯、虞仲之弟。依殷制，兄终弟及，至于无弟始传子，则太王崩后，首当传位于泰伯，再由泰伯及于虞仲，次及于季历，其终亦必及于文王。因泰伯、虞仲相率逃往他所，遂以季历继太王而及于文王，文王得位但较早耳，并无所谓让也，目之为让者，此晚周儒家根据周代后期王位继承法所构成之正统观念以解释之耳。文王之子，长伯邑考，次武王发，次管叔鲜，次周公旦，若仍从殷人兄弟相及之制，管叔、周公皆与武王有继承王位之权。伯邑考未得立，古史家谓其早卒，事亦或然，兹不深辩。惟武王崩后，其位应及于管叔而后再及于周公，适值殷商初灭，遗民蠢动，大局不易应付，周公之才在管叔之上，故以周公继承王位，虽仍兄弟相及，实有择贤之意，管叔因未得立之故，与蔡叔利用其监守殷人之地位，嗾殷人以叛周，遂启兄弟阋墙之争。周公为泯内争以御外侮故，乃以王位授诸成王，以示大公无我之心，此后成王复鉴于管蔡之事变，不复以王位传之于弟，于是父子相承之局以定。然周公既居王位有年，旋复退处臣位，此为常人之所难能，亦为后世之所罕见，后世史家因有居摄之说，于是周公遂成一代开国之圣人（关于周公居摄之说，梁启超常辩之，谓“旧史称武王九十三而终，借令武王七十而生成王，则成王即位时已二十三，不可谓之幼。七八十得子，生理上虽非必不可能，然实为稀有。况吾侪据《左传》，确知成王尚有邘、应、晋、韩之四弟，成王居长嫡，下有诸弟，嗣九十三岁老父之位而犹在冲龄，岂合情理。且犹有极不可解者，《书经》《康诰》一篇，为康叔封卫时之策命；其发端云：'王若曰，孟侯，朕其弟，小子封。'此所谓'王'者谁耶？谓武王耶？卫之建国，确非在武王时。谓成王耶？康叔为成王叔父，何得称为弟而呼以小子？然则继武而践祚者，是否为成王？周公是否摄政，抑更有进于摄政者？吾侪不能不大疑。……成王若继武王而立，其年绝非幼，无须摄政。卫康叔受封时，其王又确非康叔之侄而为康叔之兄，吾侪于是可立一假说，谓继武王而立者乃周公而非成王，其时所行者乃兄终弟及制，非传子立嫡制。吾侪已知殷代诸王，兄弟相及者过半，周初袭沿殷制，亦情理之常……后此之'复子明辟'，乃其特创之新制，盖未可知耳"。见《中国历史研究法》第 133~135 页）。然以左右武王剪灭殷商之勋绩论，于周公固当首屈一指，成王势难独享其成；即对于其他同姓及异姓兄弟懿亲之有勋绩者，亦不能不有报功酬庸之典；于是周公之子封鲁，召公之子封燕，大公封齐……土地分封之制自此始，宗法之组织亦自此发展。此对内之原因也。

第二，对外之原因，则所谓广建屏藩以固王室也。武庚之叛，虽由管蔡之鼓煽，然以殷人领袖东方各氏族部落长远之历史关系，即无管蔡之变，亦未易帖然慑服，秦始皇统一集权之局势，决不能于此时造成。观武庚叛后，周公居东，伐淮践奄，灭国五十，破斧缺斨，艰难困苦之情状可以知之。故欲为久安长治之计，亦惟有令与王室有密切关系之兄弟懿亲，分据要害，俾各领有其土地人民，自为战守，间接即以固王室。于是东方被征服之民族与土地，及其一切重宝，悉成为周室兄弟懿亲瓜分之战利品。《左传》定公四年记子鱼对苌弘之言曰：

> 昔武王克商，成王定之，选建明德，以藩屏周。故周公相王室以尹天下，于周为睦。分鲁公以大路、大旂，夏后氏之璜，封父之繁弱，殷民六族：条氏、徐氏、萧氏、索氏、长勺氏、尾勺氏，使帅其宗氏，辑其分族，将其类丑，以法则周；公用即命于周，是使之职事于鲁，以昭周公之明德；分之土田陪敦，祝宗，卜史，备物典策，官司彝器。因商奄之民，命以伯禽，而封于少皞之墟，分康叔以大路，少帛，綪茷，旃旌，大吕，殷民七族：陶氏、施氏、繁氏、锜氏、樊氏、饥氏、终葵氏，封畛土略，自武父以南及圃田之北境，取于有阎之土以供王职，取于相土之东都以会王之东蒐。聃季授土，陶叔授民，命以康诰而封于殷墟，皆启以商政，疆以周索。分唐叔以大路，密须之鼓，阙巩姑洗，怀姓九宗，职官五正；命以唐诰而封于夏墟，启以夏政，疆以戎索……

观前记之词，可以想见战利品瓜分之情形矣。惟以族民与土地器物，同为分割之目的物，彼被分割之族民，在昔本为公社土地之公共所有者，今悉夷为奴隶，完全不许其有支配自己劳力与生产之权，亦难免不再起反抗。于是一面慑之以威，一面施之以较宽大而有利于领主之政策，即由领主对于被分授之族民重新分配耕地，形式上仍令被分授之族民，各保持其耕地之一部分，但以服役于新领主，受新领主之支配为条件。试观《尚书·多士》篇言：

> ……王曰，告尔殷多士，今予惟不杀尔，予惟时命有申。今朕作大邑于兹洛，予惟四方罔攸宾，亦惟尔多士攸服奔走，臣我多逊。尔乃尚有尔土，尔用尚宁干止。尔克敬，天惟畀矜尔；尔不克敬，尔不啻不有尔土，予亦致天之罚于尔躬！今尔惟时宅尔邑，继尔居，尔厥有干有年于兹洛。……

又《多方》篇亦言：

> ……告尔四国多方，惟尔殷侯尹民，我惟大降尔命，尔罔不知。……今尔尚宅尔宅，畋尔田，尔曷不惠王熙天之命。……尔乃自时洛邑，尚永力畋尔田，天惟畀矜尔……尔不克劝忱我命……我则致天之罚，离逖尔土。

此为周灭殷后告诫殷民族之词，一则曰“尔宅”“尔土”，再则曰“尔宅”“尔田”或“尔邑”，一若殷人尚皆能保持其土田居室，然须在“攸服奔走”，“克敬”，“克劝忱我命”等条件之下。意谓予周人待尔等甚为宽厚，既不加以诛戮，依旧与以居室土田。若能安居乐业，听予支配指挥，自可保持土地之收益权。若不安天命，妄思反抗，则生命亦将不保，而离逖其土地也。此对外之原因也。

第三，经济上之直接原因，则因耕作方法进步，直接耕作者，有剩余劳力，可供支配阶级之剥削。在农业生产逐步发展之基础上，周代“封建”国家之赋税制度因以建立。其制度之演进，另详附录彻助贡一文，可备参考。

由于上述三原因，周代分封制度因以确立。土地与人民既为被分割之目的物，受土者一面为政治上之统治领主，一面即为经济上之土地支配者。公有之邦土，遂同于领主之私产。除周王直辖之土田外，其分授于各诸侯者，既为各诸侯之所有，各诸侯亦得分授于所谓“别子”之诸昆弟及臣仆，以为食邑或采邑（即周王所保留直辖之土田，亦世世分授于其“别子”及所谓“卿大夫”之臣仆）。凡领有食邑或采邑之“公子”“公孙”及所谓“卿大夫”之臣仆者，又成为下层之领主。因是所谓领主与臣仆，遂有等差之别，惟实行耕作之农民，则为最下层之臣仆。臣仆与领主，遂形成一种层累的连环性的阶级状态（《左传》昭公七年，楚申无宇之言曰：“天有十日，人有十等，王臣公，公臣大夫，大夫臣士，士臣皁，皁臣舆……”观此可想见层累的阶级情态）。凡臣仆对于领主，其义务为矢忠服从，供应赋役，听其政教号令；其权利则为保持土地之收益权或耕作权。领主对于臣仆，其权利义务，则准是而反之。

（选自李剑农著《中国古代经济史稿·先秦两汉部分》）

史家对于小说之著录及论述

鲁　迅

小说之名，昔者见于庄周之云“饰小说以干县令”（《庄子·外物》），然案其实际，乃谓琐屑之言，非道术所在，与后来所谓小说者固不同。桓谭言“小说家合残丛小语，近取譬喻，以作短书，治身理家，有可观之辞。”（李善注《文选》三十一引《新论》。）始若与后之小说近似，然《庄子》云尧问孔子，《淮南子》云共工争帝地维绝，当时亦多以为“短书不可用”，则此小说者，仍谓寓言异记，不本经传，背于儒术者矣。后世众说，弥复纷纭，今不具论，而征之史：缘自来论断艺文，本亦史官之职也。

秦既燔灭文章以愚黔首，汉兴，则大收篇籍，置写官，成哀二帝，复先后使刘向及其子歆校书稀府，歆乃总群书而奏其《七略》。《七略》今亡，班固作《汉书》，删其要为《艺文志》，其三曰《诸子略》，所录凡十家，而谓“可观者九家”，小说则不与，然尚存于末，得十五家。班固于志自有注，其有某曰云云者，唐颜师古注也。

《伊尹说》二十七篇。（其语浅薄，似依托也。）

《鬻子说》十九篇。（后世所加。）

《周考》七十六篇。（考周事也。）

《青史子》五十七篇。（古史官记事也。）

《师旷》六篇。（见《春秋》，其言浅薄本与此同，似因托之。）

《务成子》十一篇。（称尧问，非古语。）

《宋子》十八篇。（孙卿道："宋子，其言黄老意。"）

《天乙》三篇。（天乙谓汤，其言殷时者，皆依托也。）

《黄帝说》四十篇。（迂诞依托。）

《封禅方说》十八篇。（武帝时。）

《待诏臣饶心术》二十五篇。（武帝时。师古曰，刘向《别录》云："饶，齐人也，不知其姓，武帝时待诏，作书，名曰《心术》。"）

《待诏臣安成未央术》一篇。（应劭曰，道家也，好养生事，为未央之术。）

《臣寿周纪》七篇。（项国圉人，宣帝时。）

《虞初周说》九百四十三篇。（河南人，武帝时以方士侍郎，号黄车使者。应劭曰：其说以《周书》为本。师古曰，《史记》云："虞初，洛阳人。"即张衡《西京赋》"小说九百，本自虞初”者也。)

《百家》百三十九卷。

右小说十五家，千三百八十篇。

小说家者流，盖出于稗官，街谈巷语，道听途说者之所造也。孔子曰：“虽小道，必有可观者焉，致远恐泥。”是以君子弗为也，然亦弗灭也，闾里小知者之所及，亦使缀而不忘，如或一言可采，此亦刍荛狂夫之议也。

右所录十五家，梁时已仅存《青史子》一卷，至隋亦佚；惟据班固注，则诸书大抵或托古人，或记古事，托人者似子而浅薄，记事者近史而悠缪者也。

唐贞观中，长孙无忌等修《隋书》,《经籍志》撰自魏徵，祖述晋荀勖《中经簿》而稍改变，为经史子集四部，小说故隶于子。其所著录，《燕丹子》而外无晋以前书，别益以记谈笑应对，叙艺术器物游乐者，而所论列则仍袭《汉书》《艺文志》(后略称《汉志》)：

> 小说者，街谈巷语之说也，《传》载舆人之颂，《诗》美询于刍荛，古者圣人在上，史为书，瞽为诗，工诵箴谏，大夫规诲，士传言而庶人谤；孟春，徇木铎以求歌谣，巡省，观人诗以知风俗，过则正之，失则改之，道听途说，靡不毕纪，周官诵训掌道方志以诏观事，道方慝以诏避忌，而职方氏掌道四方之政事与其上下之志，诵四方

之传道而观其衣物是也。孔子曰 :“虽小道，必有可观者焉，致远恐泥。”

石晋时，刘昫等因韦述旧史作《唐书》《经籍志》(后略称《唐志》) 则以毋炯等所修之《古今书录》为本，而意主简略，删其小序发明，史官之论述由是不可见。所录小说，与《隋书》《经籍志》(后略称《隋志》) 亦无甚异，惟删其亡书，而增张华《博物志》十卷，此在《隋志》，本属杂家，至是乃入小说。

宋皇祐中，曾公亮等被命删定旧史，撰志者欧阳修，其《艺文志》(后略称《新唐志》) 小说类中，则大增晋至隋时著作，自张华《列异传》戴祚《甄异传》至吴筠《续齐谐记》等志神怪者十五家一百十五卷，王延秀《感应传》至侯君素《旌异记》等明因果者九家七十卷，诸书前志本有，皆在史部杂传类，与耆旧高隐孝子良吏列女等传同列，至是始退为小说，而史部遂无鬼神传；又增益唐人著作，如李恕《诫子拾遗》等之垂教诫，刘孝孙《事始》等之数典故，李涪《刊误》等之纠讹谬，陆羽《茶经》等之叙服用，并入此类，例乃愈棼，元修《宋史》，亦无变革，仅增芜杂而已。

明胡应麟(《少室山房笔丛》二十八) 以小说繁多，派别滋多，于是综核大凡，分为六类 :

一曰志怪 :《搜神》《述异》《宣室》《酉阳》之类是也；

一曰传奇 :《飞燕》《太真》《崔莺》《霍玉》之类是也；

一曰杂录：《世说》《语林》《琐言》《因话》之类是也；

一曰丛谈：《容斋》《梦溪》《东谷》《道山》之类是也；

一曰辩订：《鼠璞》《鸡肋》《资暇》《辩疑》之类是也；

一曰箴规：《家训》《世范》《劝善》《省心》之类是也。

清乾隆中，敕撰《四库全书总目提要》，以纪昀总其事，于小说别为三派，而所论列则袭旧志。

……迹其流别，凡有三派：其一叙述杂事，其一记录异闻，其一缀缉琐语也。唐宋而后，作者弥繁，中间诬谩失真，妖妄荧听者，固为不少，然寓劝戒，广见闻，资考证者，亦错出其中。班固称"小说家流盖出于稗官"，如淳注谓"王者欲知闾巷风俗，故立稗官，使称说之"。然则博采旁搜，是亦古制，固不必以冗杂废矣。今甄录其近雅驯者，以广见闻，惟猥鄙荒诞，徒乱耳目者，则黜不载焉。

《西京杂记》六卷。《世说新语》三卷。……

右小说家类杂事之属……

《山海经》十八卷。《穆天子传》六卷。《神异经》一卷。……

《搜神记》二十卷。……《续齐谐记》一卷。……

右小说家类异闻之属……

《博物志》十卷。《述异记》二卷。《酉阳杂俎》二十卷，《续集》十卷。……

右小说家类琐语之属……

右三派者，校以胡应麟之所分，实止两类，前一即杂录，后二即志怪，第析叙事有条贯者为异闻，钞录细碎者为琐语而已。传奇不著录；丛谈辩订箴规三类则多改隶于杂家，小说范围，至是乃稍整洁矣。然《山海经》《穆天子传》又自是始退为小说，案语云："《穆天子传》旧皆入起居注类，……实则恍忽无征，又非《逸周书》之比，……以为信史而录之，则史体杂，史例破矣。今退置于小说家，义求其当，无庸以变古为嫌也。"于是小说之志怪类中又杂入本非依托之史，而史部遂不容多含传说之书。

至于宋之平话，元明之演义，自来盛行民间，其书故当甚多，而史志皆不录。惟明王圻作《续文献通考》，高儒作《百川书志》，皆收《三国志演义》及《水浒传》，清初钱曾作《也是园书目》，亦有通俗小说《三国志》等三种，宋人词话《灯花婆婆》等十六种。然《三国》《水浒》，嘉靖中有都察院刻本，世人视若官书，故得见收，后之书目，寻即不载，钱曾则专事收藏，偏重版本，缘为旧刊，始以入录，非于艺文有真知，遂离叛于曩例也。史家成见，自汉迄今盖略同：目录亦史之支流，固难有超其分际者矣。

（选自《鲁迅全集》第九卷《中国小说史略》）

忽然想到（一至四）

鲁　迅

一

做《内经》的不知道究竟是谁。对于人的肌肉，他确是看过，但似乎单是剥了皮略略一观，没有细考校，所以乱成一片，说是凡有肌肉都发源于手指和足趾。宋的《洗冤录》说人骨，竟至于谓男女骨数不同；老仵作之谈，也有不少胡说。然而直到现在，前者还是医家的宝典，后者还是检验的南针：这可以算得天下奇事之一。

牙痛在中国不知发端于何人？相传古人壮健，尧舜时代盖未必有；现在假定为起于两千年前罢。我幼时曾经牙痛，历试诸方，只有用细辛者稍有效，但也不过麻痹片刻，不是对症药。至于拔牙的所谓"离骨散"，乃是理想之谈，实际上并没有。西法的牙医一到，这才根本解决了；但在中国人手里一再传，又每每只学得镶补而忘了去腐杀菌，仍复渐渐地靠不住起来。牙痛了两千年，敷敷衍衍的不想一个好方法，别人想出来了，却又不肯好好地学：这大约也可以算得天下奇事之二罢。

康圣人主张跪拜，以为“否则要此膝何用”。走时的腿的动作，固然不易于看得分明，但忘记了坐在椅上时候的膝的曲直，则不可谓非圣人之疏于格物也。身中间脖颈最细，古人则于此斫之，臀肉最肥，古人则于此打之，其格物都比康圣人精到，后人之爱不忍释，实非无因。所以僻县尚打小板子，去年北京戒严时亦尝恢复杀头，虽延国粹于一脉乎，而亦不可谓非天下奇事之三也！

一月十五日。

二

校着《苦闷的象征》的排印样本时，想到一些琐事——

我于书的形式上有一种偏见，就是在书的开头和每个题目前后，总喜欢留些空白，所以付印的时候，一定明白地注明。但待排出寄来，却大抵一篇一篇挤得很紧，并不依所注的办。查看别的书，也一样，多是行行挤得极紧的。

较好的中国书和西洋书，每本前后总有一两张空白的副页，上下的天地头也很宽。而近来中国的排印的新书则大抵没有副页，天地头又都很短，想要写上一点意见或别的什么，也无地可容，翻开书来，满本是密密层层的黑字；加以油臭扑鼻，使人发生一种压迫和窘促之感，不特很少“读书之乐”，且觉得仿佛人生已没有“余裕”，“不留余地”了。

或者也许以这样的为质朴罢。但质朴是开始的“陋”，精力弥满，不惜物力的。现在的却是复归于陋，而质朴的精神已失，所以只能算窳败，算堕落，也就是常谈之所谓“因陋就简”。在这样“不留余地”空气的围绕里，人们的精神大抵要被挤小的。

外国的平易地讲述学术文艺的书，往往夹杂些闲话或笑谈，使文章增添活气，读者感到格外的兴趣，不易于疲倦。但中国的有些译本，却将这些删去，单留下艰难的讲学语，使他复近于教科书。这正如折花者，除尽枝叶，单留花朵，折花固然是折花，然而花枝的活气却灭尽了。人们到了失去余裕心，或不自觉地满抱了不留余地心时，这民族的将来恐怕就可虑。上述的那两样，固然是比牛毛还细小的事，但究竟是时代精神表现之一端，所以也可以类推到别样。例如现在器具之轻薄草率（世间误以为灵便），建筑之偷工减料，办事之敷衍一时，不要“好看”，不想“持久”，就都是出于同一病源的。即再用这来类推更大的事，我以为也行。

一月十七日。

三

我想，我的神经也许有些瞀乱了。否则，那就可怕。

我觉得仿佛久没有所谓中华民国。

我觉得革命以前，我是做奴隶；革命以后不多久，就受了奴隶的骗，变成他们的奴隶了。

我觉得有许多民国国民而是民国的敌人。

我觉得有许多民国国民很像住在德法等国里的犹太人，他们的意中别有一个国度。

我觉得许多烈士的血都被人们踏灭了，然而又不是故意的。

我觉得什么都要从新做过。

退一万步说罢，我希望有人好好地做一部民国的建国史给少年看，因为我觉得民国的来源，实在已经失传了，虽然还只有十四年！

二月十二日。

四

先前，听到二十四史不过是“相斫书”，是“独夫的家谱”一类的话，便以为诚然。后来自己看起来，明白了：何尝如此。

历史上都写着中国的灵魂，指示着将来的命运，只因为涂饰太厚，废话太多，所以很不容易察出底细来。正如通过密叶投射在莓苔上面的月光，只看见点点的碎影。但如看野史和杂记，可更容易了然了，因为他们究竟不必太摆史官的架子。

秦汉远了，和现在的情形相差已多，且不道。元人著作寥寥。至于唐宋明的杂史之类，则现在多有。试将记五代，南宋，明末的事情的，和现今的状况一比较，就当惊心动魄于何其相似之甚，仿佛时间的流驶，独与我们中国无关。现在的中华民国也还是五代，是宋末，是明季。

以明末例现在，则中国的情形还可以更腐败，更破烂，更凶酷，更残虐，现在还不算达到极点。但明末的腐败破烂也还未达到极点，因为李自成、张献忠闹起来了。而张李的凶酷残虐也还未达到极点，因为满洲兵进来了。

难道所谓国民性者，真是这样地难于改变的么？倘如此，将来的命运便大略可想了，也还是一句烂熟的话：古已有之。

伶俐人实在伶俐，所以，决不攻难古人，摇动古例的。古人做过的事，无论什么，今人也都会做出来。而辩护古人，也就是辩护自己。况且我们是神州华胄，敢不“绳其祖武”么？

幸而谁也不敢十分决定说：国民性是决不会改变的。在这“不可知”中，虽可有破例——即其情形为从来所未有——的灭亡的恐怖，也可以有破例的复生的希望，这或者可作改革者的一点慰藉罢。

但这一点慰藉，也会勾销在许多自诩古文明者流的笔上，淹死在许多诬告新文明者流的嘴上，扑灭在许多假冒新文明者流的言动上，因为相似的老例，也是“古已有之”的。

其实这些人是一类，都是伶俐人，也都明白，中国虽完，自己的精神是不会苦的，——因为都能变出合式的态度来。倘有不信，请看清朝的汉人所做的颂扬武功的文章去，开口“大兵”，闭口“我军”，你能料得到被这“大兵”“我军”所败的就是汉人的么？你将以为汉人带了兵将别的一种什么野蛮腐败民族歼灭了。

然而这一流人是永远胜利的，大约也将永久存在。在中国，惟他们最适于生存，而他们生存着的时候，中国便永远免不掉反复着先前的运命。

“地大物博，人口众多”，用了这许多好材料，难道竟不过老是演一出轮回把戏而已么？

（选自《鲁迅全集》第三卷《华盖集》）

随便翻翻

鲁　迅

我想讲一点我的当作消闲的读书——随便翻翻。但如果弄得不好，会受害也说不定的。

我最初去读书的地方是私塾，第一本读的是《鉴略》，桌上除了这一本书和习字的描红格，对字（这是做诗的准备）的课本之外，不许有别的书。但后来竟也慢慢的认识字了，一认识字，对于书就发生了兴趣，家里原有两三箱破烂书，于是翻来翻去，大目的是找图画看，后来也看看文字。这样就成了习惯，书在手头，不管它是什么，总要拿来翻一下，或者看一遍序目，或者读几页内容，到得现在，还是如此，不用心，不费力，往往在作文或看非看不可的书籍之后，觉得疲劳的时候，也拿这玩意来作消遣了，而且它也的确能够恢复疲劳。

倘要骗人，这方法很可以冒充博雅。现在有一些老实人，和我闲谈之后，常说我书是看得很多的，略谈一下，我也的确好像书看得很多，殊不知就为了常常随手翻翻的缘故，却并没有本本细看。还有一种很容易到手的秘本，是《四库书目提要》，倘还怕繁，那么，《简明目录》也可以，这可要细看，它能做成你好像看过许多书。不过我也曾用过正经工夫，如什么“国学”之类，请过先生指教，留心过学者所开的参考书目。结果都不满意。有些书目开得太多，要十来年才能看完，我还疑心他自己就没有看；只开几部的较好，可是这须看这位开书目的先生了，如果他是一位糊涂虫，那么，开出来的几部一定也是极顶糊涂书，不看还好，一看就糊涂。

我并不是说，天下没有指导后学看书的先生，有是有的，不过很难得。

这里只说我消闲的看书——有些正经人是反对的，以为这么一来，就“杂”！“杂”，现在又算是很坏的形容词。但我以为也有好处。譬如我们看一家的陈年账簿，每天写着“豆腐三文，青菜十文，鱼五十文，酱油一文”，就知先前这几个钱就可买一天的小菜，吃够一家；看一本旧历本，写着“不宜出行，不宜沐浴，不宜上梁”，就知道先前是有这么多的禁忌。看见了宋人笔记里的“食菜事魔”，明人笔记里的“十彪五虎”，就知道“哦呵，原来‘古已有之’。”但看完一部书，都是些那时的名人轶事，某将军每餐要吃三十八碗饭，某先生体重一百七十五斤半；或是奇闻怪事，某村雷劈蜈蚣精，某妇产生人面蛇，毫无益处的也有。这时可得自己有主意了，知道这是帮闲文士所做的书。凡帮闲，他能令人消闲消得最坏，他用的是最坏的方法。倘不小心，被他诱过去，那就坠入陷阱，后来满脑子是某将军的饭量，某先生的体重，蜈蚣精和人面蛇了。

讲扶乩的书，讲婊子的书，倘有机会遇见，不要皱起眉头，显示憎厌之状，也可以翻一翻；明知道和自己意见相反的书，已经过时的书，也用一样的办法。例如杨光先的《不得已》是清初的著作，但看起来，他的思想是活着的，现在意见和他相近的人们正多得很。这也有一点危险，也就是怕被它诱过去。治法是多翻，翻来翻去，一多翻，就有比较，比较是医治受骗的好方子。乡下人常常误认一种硫化铜为金矿，空口是和他说不明白的，或者他还会赶紧藏起来，疑心你要白骗他的宝贝。但如果遇到一点真的金矿，只要用手掂一掂轻重，他就死心塌地：明白了。

"随便翻翻"是用各种别的矿石来比的方法，很费事，没有用真的金矿来比的明白，简单。我看现在青年的常在问人该读什么书，就是要看一看真金，免得受硫化铜的欺骗。而且一识得真金，一面也就真的识得了硫化铜，一举两得了。

但这样的好东西，在中国现有的书里，却不容易得到。我回忆自己的得到一点知识，真是苦得可怜。幼小时候，我知道中国在"盘古氏开辟天地"之后，有三皇五帝，……宋朝，元朝，明朝，"我大清"。到二十岁，又听说"我们"的成吉思汗征服欧洲，是"我们"最阔气的时代。到二十五岁，才知道所谓这"我们"最阔气的时代，其实是蒙古人征服了中国，我们做了奴才。直到今年八月里，因为要查一点故事，翻了三部蒙古史，这才明白蒙古人的征服“斡罗思”，侵入匈奥，还在征服全中国之前，那时的成吉思还不是我们的汗，倒是俄人被奴的资格比我们老，应该他们说“我们的成吉思汗征服中国，是我们最阔气的时代”的。

我久不看现行的历史教科书了，不知道里面怎么说；但在报章杂志上，却有时还看见以成吉思汗自豪的文章。事情早已过去了，原没有什么大关系，但也许正有着大关系，而且无论如何，总是说些真实的好。所以我想，无论是学文学的，学科学的，他应该先看一部关于历史的简明而可靠的书。但如果他专讲天王星，或海王星，虾蟆的神经细胞，或只咏梅花，叫妹妹，不发关于社会的议论，那么，自然，不看也可以的。

我自己，是因为懂一点日本文，在用日译本《世界史教程》和新出的《中国社会史》应应急的，都比我历来所见的历史书类说得明确。前一种中国曾有译本，但只有一本，后五本不译了，译得怎样，因为没有见过，不知道。后一种中国倒先有译本，叫做《中国社会发展史》，不过据日译者说，是多错误，有删节，靠不住的。

我还在希望中国有这两部书。又希望不要一哄而来，一哄而散，要译，就译他完；也不要删节，要删节，就得声明，但最好还是译得小心，完全，替作者和读者想一想。

（选自《鲁迅全集·且介亭杂文》）

历史研究法（节选）

吕思勉

为什么要研究历史？

历史到底是怎样一种学问？研究了它，有什么用处？

提出这一个问题，我知道多数人都能不待思索而回答道：历史是前车之鉴。什么叫做前车之鉴呢？那就是：从前的人所做的事情，成功的，大家认为好的，我们可奉以为法，照着他做；失败的，大家认为坏的，我们当引以为戒，不照着他做。姑无论成功失败，不尽由于做法的好坏；众人所谓好坏，不足为准；即置二者于弗论，世事亦安有真相同的？执着相同的方法，去应付不同的事情，哪有不失败之理？在社会变迁较缓慢之世，前后的事情，相类似的成分较多，执陈方以医新病，贻误尚浅，到社会情形变化剧烈时，就更难说了。近代世界大通，开出一个从古未有的新局面，我们所以应付之者，几于着着失败，其根源就在于此。所以愤激的人说道：历史是足以误事的。因为不读历史，倒还面对着事实，一件新事情来，要去考察它的真相，以定应付的方针；一有了历史知识，先入为主，就会借重已往的经验，来应付现在的事情，而不再去考察其真相；即使去考察，亦易为成见所蔽，而不能见其真相了。如咸丰十年，僧格林沁把英、法兵打败了，薛福成的文集里，有一篇文章记载其事，深致惋惜之意。他说："咸丰八年，业经把英、法兵打败了，这一次如能再打一个胜仗，则他们相去数千里，远隔重洋，不易再来第三次，时局就可望转机了。"近代世界交通的情形，是否英、法再战败一次，即不易三来？当日清朝腐败的情形，是否再战胜一次，时局即可望转机？我们在今日看起来，可谓洞若观火，而在当日，号称开通的薛福成竟不能知，这也无怪其然。当日英、法的情形，自非薛氏所能洞悉。然使薛氏而毫无历史知识，倒也不会作英、法再败即不易三来的推测。有了历史知识，照历史上的成例推测，相去数千里，远隔重洋，而要兴兵至于三次、四次，确是不容易的，无怪薛氏要作此推测了。据此看来，历史知识足以误事之言，并不能说它不对。然而没有历史知识，亦未尝不误事。当袁世凯想做皇帝时，先由筹安会诸人列名发出通电，说要从学理上研究中国的国体问题，到底君主民主，孰为适宜？当时大家看见这个通电，就说：袁世凯想做皇帝了。我却不以为然。我说：这其中必然别有缘故，深曲隐蔽，不可轻于推测。为什么呢？我以为生于现今世界，而还想做皇帝；还想推戴人家做皇帝；除非目不识丁，全不知天南地北的人，不至于此，以此推测袁世凯和筹安会诸人，未免太浅薄了，所以我有此见解。然而后来，事情一层层披露出来，竟尔不过如此，这不是一件奇事么？此无他，还是缺乏历史知识而已。据这件事情看来，历史知识是不会误事的，所以误事，还是苦于历史知识的不足。这话怎样讲呢？须知道世界上是没有全无历史知识的人的。我们和人家谈话，总听得他说：从前如何如何，这就是历史知识。所谓历史，原不过是积从前如何如何而成，所以此等人和专门的史学家，其知识之相去，亦不过程度之差而已。袁世凯和筹安会中人，想做皇帝，想推戴人家做皇帝时，亦何尝没有他们的历史知识？在中国历史上，皇帝是如此做成的；推戴人家做皇帝，是如此而成功的；岂能说是没有？以当时的情形而论，反对的人，自然不会没有的，然而据历史上的成例推测，岂不可期其软化？即有少数人不肯软化，又岂不可望其削平？这个，据着他们仅有的、一偏的历史知识推测，自亦可以作此断案，自不免于希冀侥幸。倘使他们再多读一些近代的外国历史；倘使他们的心思再能用得深一点，知道历史上的事情前后不符的甚多，未可轻易地执着前事以推断后事；他们自然不至于有此失着了。所以说：误事的不是历史知识，只是历史知识的不足。

历史上成功的，大家所认为好的事情，既不能摹仿；据历史上的成例，以推断事情，又易陷于错误；而没有历史知识，又要误事；然则如何是好呢？须知道：应付事情，最紧要的，是要注意于学与术之别。学是所以求知道事物的真相的，术则是应付事物的方法。浅薄的人往往说：我能够应付就得了，事物的真相，管它干么？殊不知你知道了事物的真相，应付的方法自然会生出来，只有浅薄的应付方法，则终必穷于应付而后已。浅近些说：我们要做一张桌子、一张椅子，这自然是有成法可循的，然而木料之类，有时而不凑手，怎样办呢？倘使你只会按照一定的样子做，就要束手无策了。如你明于原理，那就可以随时变化。桌面上是要安放东西的，所以要是个平面，只要是平面，其形状是正方的，长方的，正圆的，椭圆的，甚而至于都不是的，却不是顶紧要的条件。普通的桌、椅，总是四只脚，那是求其安放得牢，然则只要安放得牢，三只脚也未尝不可以；倘使只有一根粗的木材，能够撑定在中间，也未尝不可以；又何必定要四只脚呢？这是举其两端为例，其余可以类推。做桌、椅是最呆板的事，尚且如此，何况较活动的事？何况所应付的是人而不是物呢？然则事物的真相，如何能够知道呢？那史学家有一句名言道："现在不能说明现在。"为什么现在不能说明现在呢？那是由于一切事物，有其"然"，必有其"所以然"，不知其所以然，是不会了解其然的性质的。我们要用一个人，为什么要打听他的出身？为什么要打听他的经历？岂不以一个人的性格、才能等等，就是他的出身、经历等等造成的。我们试再反躬自省：我为什么成为这样子的我，岂不和我所生长的家庭，我所肄业的学校，我所交往的朋友，我所从事的职业，都有很大的关系？倘使我生在别的家庭里，在别的学校里肄业；我所交往的朋友，换过一班人；我所从事的职业，也换成别一种；我岂能成为现在的我？我们再放眼纵观：我们所认得的人，为什么成为他现在这个样子？读书的人多少有些迂腐气；做官的人多少有些官僚气；生意人多少有些市侩气；白相人多少有些流氓气；这是为什么？他们是生来如此的么？然则中国的社会，为什么和欧洲不同？欧洲的社会，为什么和日本不同？甚而至于英国和美国不同；日本和朝鲜不同；就中国的社会，南北风气亦不能尽同；其故安在？就可以深长思了。寻常人对于一切事物，大都不甚深求，所以觉得不成问题。其实略加思考，任何事物，所以如此，莫不有很深远的原因在内；深求其故，无不可以追溯至于极远之世的。固然，我们对于一切事物，总不能真正寻根究底，然而多知道一些，毕竟要好一些，然则历史怎好不研究呢？

有人说：你的话是对了。可是已往的事情多着呢，我们如何能尽记，亦且如何能尽知？这话不错。一天的新闻纸所载，奚啻社会上所发生的事情的几万万万分之一；历史的所载，又奚啻新闻纸的几万万万分之一；我们能知道什么？历史又何从谈起呢？且慢，我们现在是怎样的一个人？你在社会上，占如何一种位置？人家如何应付你？你没有不明白的。我们所以能够明白这些，岂不由于已往的记忆？然而我们已往的事，我们亦何尝能尽记？然则我要明白我之所以为我，正不必把已往的事情全记牢，只要记得其“足以使我成为现在的我的事情”就够了。在人如此，社会亦何独不然？又何至于要把已往的事情全记呢？然而问题就在这里了。

历史的历史

任何一件事，非追溯其已往，不能明白其现在；任何一件事，求其原因，都可以追溯到极远；而又不必把已往的事情全记。这种说法，看似微妙，其实是容易明白的。问题就在：“对于已往的事情，要把其使现在成为现在的，挑选出来，而我们现在所挑选的是否得当呢？”这话就很难说了。须知，历史亦只是在一定的环境中，自然发生、成长之物，并不是自始即照着理想做的；更不是人类自始就有什么高远的理想。说到此，则我们不能不一一考究所谓历史的历史了。

用普通人的眼光看起来，历史的起源是很远的，所以一开卷，就是些荒诞不经、渺茫难考的话。其实历史比起人类的年龄来，是很小的。人类的年龄，假定为五十万年，则历史的年龄，大约不过其百分之一；而且比较可靠的，还至少要打一个对折。我们对于已往的知识，自不甘以此为限。所以在没有历史的时代，也要想法子把它补作起来。因此，有所谓历史时代和先史时代。所谓历史时代，是当时的人，有意把它当时或以前的事，记载下来，传给后人，而其所传者，至今还有存留的。所谓先史时代，则这种遗留之物，已无所有，所有的一切，都是后人补作出来的。历史的流传，原不以语言和文字为限，然由语言或文字流传的，究居其极大部分；语言和文字，从广义上说起来，原即一物，文字不过是语言的扩大而已，然语言非借文字，不能传诸久远；所以从大体上说，亦可以说：历史时代，大略和有文字的时代相当，先史时代，则属于未有文字的时代。

历史时代所流传下来的，是些什么东西呢？据我们所见到的，可以分为下列几种：（一）国家所设立的记事之官，即所谓史官所记的。其中又分为：（1）记事之史。其书之存于现在者为《春秋》。（2）记言之史。其书之存于现在者为《尚书》（此系就整部的体例言，若记事、记言之史，零碎材料存于古书之中的，则不可胜举。又《春秋》为记事之史，《尚书》为记言之史，亦系就其大体言之，其中亦自有不能划一之处，如《禹贡》即并非记言之体。总之，古书编纂错乱，体例总不能尽纯，不可十分拘泥）。（3）古代的法、令、章程之类。其书之存于现在者为《礼》（小的为一事的仪式，如《仪礼》所记是；大的则可以关涉国家行政机关的组织及法令的全般，古人亦称为礼，如《周礼》是。后世之《唐六典》，即系仿《周礼》而作的，明、清《会典》，又系仿《唐六典》而作的）。（4）贵族的世系，古称为帝系、世本，简称为系、世，但世本亦是它的通名（所以《世本》这部书，内容亦兼记帝王的统系。系、世的记载，据《周礼》，系小史之职）。（5）古人自记其功勋，或记其先世功勋之作，即所谓金石刻（金属的寿命，尤较石为悠久，故古器物存于后世的，以金为尤多。）（二）私人所传述的故事，或伟大人物的言行。以其起于口耳相传，故其后虽笔之于书，而仍称为语（传述一件故事或一个人的言行的，都谓之语。前者如武王克商之事，《礼记·乐记》称为《牧野之语》是。后者如《国语》，是分国编纂的语；《论语》论同伦，类也，此书乃孔子及孔门弟子的言行，被分类编纂的。《史记》的列传，其原本实称为语，所以在他篇中述及，尚称之为语，如称《淮阴侯列传》曰《淮阴侯语》是）。大抵士大夫所传述的，其所关涉之事较大，其说亦较近情理；农夫野老所传述的，则正相反。但要考见当时社会的情况，以及较古的情况，反宜于后者求之，一入士大夫口中，就被其以“言不雅驯”四字删去了（四字见《史记，五帝本纪赞》）。中国的神话，颇觉贫乏，其原因即由于此（中国的神话，惟《山海经》及《楚辞》的《离骚》《天问》等篇，包含较多。其见于纬书的，看似丰富，然多出后人伪造，至少曾经过改造，不甚可信）。

历史的缘起，从心理方面说来，可以说（一）属于理智方面。因为人类有求知的欲望，所以（1）属于无可解释之事，亦要给它一个解释，神话的起源即如此。（2）要记录已往之事，以做将来办事的根据或参考，国家设立史官的根源，就在于此。（3）要记录已往的事，以作后人的法戒，其说已如第一章所述。（二）属于情感方面。不论什么人，都有一个恋旧而不忍忘记之感情，所以要把自己的经历，或他人的事情，是他认为有意义的，传述下来，留给后人。有这两种动机，历史就诞生出来了。但是古人对于主客观的分别，不甚清楚。所以（一）其所流传，真正的事实，和自己的意思，往往混合不分，甚至全篇的话，都是以意构造的，和现在的小说一般，而亦用记事的形式，流传下来，此即所谓寓言，最易使事实淆混（古代所谓小说，乃谓其出于街谈巷议，而不出于士大夫，说见《汉书·艺文志》。事实出于虚构，如后世之小说者，古人谓之寓言。后世的小说，情节虽经理想化，事实或有根据，然其人名地名等，则必非真实，故不易与事实相混。古代之寓言，则正相反。情节出于虚构，而人地名则多用真者，如《庄子·盗跖》篇，欲寓其“秀才遇着兵，有理讲不成”的理想，乃捏造一孔子欲说服盗跖，反为所大骂，几至遇祸之事，即其一例）。（二）更古的人，则连生物和无生物、人和动植物的区别，都弄不清楚了，所以又有所谓神话。（三）就是述及制度，也是如此的，孰为当时实有的制度？孰为传述者的理想？二者并不分开（记制度者，以儒家之书为最多。儒学分今古文两派，今文言制度者，以《礼记》的《王制》篇为总汇，古文以《周礼》为大宗，皆系如此。诸子书言制度者，以《管子》为最多，亦系如此）。所以古代的史实特别模糊。这种性质，大概秦汉之际，是一个界限。在汉朝初年以前，历史所传的，如赵高指鹿为马之事，如流俗所谓鸿门宴的故事（见《史记·秦本纪》及《项羽本纪》），都是说得天花乱坠，极有趣味，而细想一想，就知道其万无此理的。其可信的程度，决不会超出后世的《三国演义》之上。秦汉之际，尚且如此，前乎此者，就更不必说了。所以所谓古史，实当别为一科，专门研究（因为研究的人，各有专长，而古史的研究，有需于特别技术者尤多。至某书或某书的某部分，是否当属于古史的范围，则当以其是否具有此种性质而定，不能执时代为断）。从汉朝统一天下以后，文化发达，传述者的程度骤然提高；可靠的材料，流传下来的亦多（前乎此者，采取不足信的材料，亦不能为其人咎。因为历史是不能造作的，断不能以自己推想所信的作为史实。流传下来的，只有这样的材料，自只能照其原样，传给后人。而采取它的人，原并不以为可信，所以既采取之，而又加以辨正者亦甚多），历史便焕然改观了。

史学的发达，不能不为物力所限。古代作书的材料，简牍笨重，缣帛价贵，而书写又烦难，于是乎（一）著作难；（二）材料之搜辑亦不易。所以能成立一部巨著的，非依靠国家，得其助力不可。司马谈、迁父子世为史官，即其一例。但自隋以前，作史的人，虽借国家的助力，而其事则仍系私人的事业。虽然有时候编成某一朝的历史，系出于国家的命令，亦都就有志于此，或业已从事于此者而命令之，国家不过给以某种助力而已。时代愈后，则（一）材料愈多；（二）所关涉的范围亦愈广，从分量和门类两方面而论，都非一人之力所克胜，唐时遂开集众纂修之例，此后就沿为故事了（可参看《史通》的《古今正史》《史官建置》两篇。其唐以后的事，可以参看本书的《史通评》）。向来论史学的人，多数偏袒私家著述，而贱视集众修纂，这亦是一偏之见，其实二者是各有所长的（如《晋书》系集众所修，其纪、传的凌乱和琐屑，诚不能为讳，然志却是好的，即由聚集各专家，各用其所长之故）。况且一人独著，事实上已陷于不可能，那也不必去追慕它了。

著述的人，都要靠国家的助力，其事自然和政治接近了，因书写材料之笨重和昂贵，以致书写艰难，流传不易的情形，自造纸术成功而一小变，至印刷术发明而一大变。然而从事于作史的，都是所谓士大夫，士大夫是以政治为职业的，所以历史注重政治的情形，始终无甚变动。政治方面的现象，昔人所重视的有两种：（一）随时发生的事情，如某年月日太子生，某年月日旧君死，新君立，某年月日某外国入寇之类，这是无从豫知的。（二）则政治上豫定一个办法，以处理某种事务，此即所谓政治制度。其能行与否，诚未可知；行之而能历多久，亦未可知；然既定为制度，总是期其行之永久，至少亦是期其行之于某一时期之中的。这两种政治现象，马端临的《文献通考·总序》中，各给了它一个名目，称前者为理乱兴亡，后者为典章经制。历代的史籍，实以此二者为记载的中心。所谓正史，它的体裁，大体上有纪、传、表、志四种（《史记》

尚有世家一体，乃系记载未统一前的列国的，后世已无其物，故诸史皆不用，欧阳修《新五代史》，袭用其名，实属无谓；《晋书》有载记一体，源于《东观汉记》;《东观汉记》用以记开国时的群雄,《晋书》则用以记割据诸国，然亦可以不必别立名目，故他书亦总称为列传)，本纪、列传，是所以记前一类的事实的，志是所以记后一类的事实的，表则二者皆可用。因其体例，于此两种事实，能够包括无遗，所以历代功令，定为正史。但纪、传之意，虽在于记事，而以人为单位，于事实未免割裂，不便观览（此不能为司马迁咎，因古代的纪、传，事实多不相关涉；其相关涉的，材料性质亦各有不同，不能合并也。但后世袭用之，则使史事割裂)，所以又有取别种体裁的书，与之并行。其记前一类事实，而以时间为条理系统的，谓之编年；挑选若干大事，逐事详其始末的，谓之纪事本末。记后一类事实的，有的通贯列代，如《通典》和《文献通考》是；有的专详一代，如《两汉会要》是。其随意记载，并无一定的范围，或并无条理系统的，则称为杂史（又有稗史、野史等名。其体例与正史同，而未列为正史的，清《四库书目》称为别史)；专以人为主，而记其事迹的，则称为传记（包括年谱等。传记有专记一人的，亦有并列多人的，后者如《高僧传》《耆献类征》等都是)。从前的历史，所取编纂的方式，重要的，大抵不外乎此。此外地理应当独立为一科。旧时书目，亦入史部之中，乃因（一）从前的地理偏于考古，论其性质，大部分系读史地理，不能独立为一科；（二）又旧时书籍，以经、史、子、集为四大部，地理不能归入经、子、集，势不得不附于史部之中。目录学的归入史部，亦可说是出于后一个理由。此外如诏令奏议职官等门，则只可说是未经编纂的历史材料而已。时令亦列入史部，最为无理，即以旧时的分部论，亦应列入子部天文家之中。史评一门，内容分为（一）考证、评论史事；（二）论作史之法；二者同用一名，亦为未妥。有史时代的史材，大致如此。

先史时代的史材，则不是求之于书，而是取之于物的。其物，从性质上言之，可分为三类，即：（一）人类的遗骸。（二）古物。此门包括极广，不论食物、衣服、用具、建筑物、道路及天产品等都属之。能得实物固佳，如不能得，则得图画、模型，亦较但用文字说明者为亲切明白。惜乎从前绘画之技不甚精，辗转传抄或翻刻，更易失其原样；仿制之物，亦多以牟利为动机（如古钱便是）。不尽可信而已。书籍，自其又一方面观之，亦为实物，如宋版、元椠，可观其纸墨、字体，而知当时制造及印刷的技术是。他种实物，更不待论，如钟鼎，一方面可观其铭刻，又一方面，即可观其冶铸的技术，其重要，实有过于根据其文字以考史事。中国从前科学不发达，不甚知道实物的价值，属于古物，偏重其有文字者，以致作伪者亦以此为务（如殷墟甲骨文，据中央研究院历史语言研究所报告，伪造者确有其人，且有姓名及每伪造一片的价格）。今后实不可不翻然改图。（三）为法、俗。法、俗二字，乃历史上四裔传中所用的。这两个字实在用得很好。法系指某一社会中有强行之力的事情，俗则大家自然能率循不越之事，所以这两个字，可以包括法、令和风俗、习惯；而衣、食、住、行等物质生活，在古代，亦皆包括于俗之中；所以这两个字的范围很广，几于能包括一个社会的一切情形。（1）法、俗的变迁，有的很迟，所以古代的法、俗，还存于现在，这固不啻目击的历史。（2）又其变迁，大抵有一定的途径，所以业经变迁之后，考察现在的情形，仍可推想已往的情形。（3）社会进化的阶段，亦往往相类。所以观察这一群人现在的情形，可以推测别一种人前代的情形。社会学之所以有裨于史学，其根源实在于此。此种材料，有的即在地面上，有的则须掘地以求之。大概时代愈远，则其有待于发掘者愈多。历史的年代，是能追溯得愈远愈好，所以锄头考古学和史学大有关系。

史学进化的几个阶段

不论哪一种学问，都是逐渐进步的，史学将来的进步未知如何，这或者连它所要走的方向，亦非现在所能预知。若回顾既往，则其进步，有历历可指的。我现在把它分做几个阶段，这可以看出史学发达的情形，而史学研究的方法，亦即因此而可知。

中国史学的进化，大略可以分做四个阶段：

第一个阶段，可以把司马谈、迁父子做代表。他父子俩才有意网罗一切史材，做成一部当时的世界通史。（所谓世界，总系以当时的人所知道的为界限，在近世世界大通以前，西洋人的所谓世界，亦系如此。所以《史记》实在是当时的世界史，而不是本国史。不但《史记》，即中国历代的正史，称为其时的世界史，亦无不可，因为它已经把它这时代所知道的外国，一概包括在内了）。在他以前，固非没有知道看重历史的人，所以有许多材料，流传下来；还有一部无名氏所作的《世本》，史学家称它为《史记》的前身（《世本》亦有本纪，有世家，有传；又有谱，即表的前身；有《居篇》，记帝王都邑；有《作篇》，记一切事物创作之原；为书之所本。所以洪饴孙作《史表》，把它列在诸史之前）。然总还是片段的、部分的保存而已，重视历史的观念，总还觉得未臻于圆满，到他父子俩，就大不相同了。所以他父子俩，可说是前此重视史学的思想的结晶，亦可说是后世编纂历史的事业的开山。这种精神，这种事业，可以说是承先启后。后来许多史学家的著作，都是从此基础之上发展出来的。

第二，自司马迁以后，史学界有许多名家。不过觉得史料要保存，要编纂，以诒后人而已，编纂的方法如何，加以研究的很少。到唐朝的刘知幾，才于此加以检讨。据《唐书》的《刘知幾传》，和他同时，怀抱相类的思想的，有好几个人，可见这是史学上进化自然的趋势，刘知幾只是一个代表。他著了一部《史通》，对于古今的史籍，加以批评。他先把史籍分成正史和非正史两种，评论其可称为正史的，共有几家；其体裁适用于后世的，共有几种（见《史通》之《六家》《二体》《杂述》三篇。《六家》系刘知幾认为正史的；《二体》则六家之中，刘氏谓其可行于后世的，所以其《古今正史》篇所述，亦以此二体为限；《杂述》则其所认为非正史的）。对于材料的去取，以及编制的方法，文辞的应当如何，都一一加以研究。实为作史方法的一个大检讨。

第三，刘知幾的《史通》，不过遵守前人的范围，对其作法加以研究而已。所谓范围，就是何种材料，当为史家之所取，何种材料可以置诸不问，刘知幾和他以前的人，意见实无大异同，即可说他史学上根本的意见，和他以前的人，亦无大异同。到宋朝的郑樵，便又不同了。他反对断代史而主张通史，已经是史法上的一个大变。这还可说是《史记》的体例本来如此，而郑樵从而恢复之。其尤为重要的，则他觉得前人所搜集者，不足于用，而要于其外另增门类。他在《通志》的《总序》中，表示这种意见，而其所作的二十略，门类和内容亦确有出于前人之外的（据《总序》自述：《氏族》《六书》《七音》《天文》《地理》《都邑》《谥》《器服》《乐》《艺文》《校雠》《图谱》《金石》《灾祥》《昆虫草木》十五略，都出自胸臆，不袭汉、唐诸儒，此就内容而言。若以门类而论，则《六书》《七音》《校雠》《图谱》《金石》《昆虫草木》，乃全为郑氏所新立），这可说是史学上的一个大变革了。

第四，以从前的人所搜辑的范围为太狭，而要扩充于其外；这种见解，从史学知识当求其完全、广博而论，是无人能加以反对的，但是仅此门类，史料日日堆积，业已不胜其烦，不可遍览了，何况再要扩充于其外呢？如此，岂不将使历史成为不可观览之物么？然而要遏止这个趋势，把材料加以删除，却又不可。这事如何是好呢？于此，中国的大史学家章学诚出来，乃想得一个适当处置之法。他把史材和作成的史籍分为两物。储蓄史材，务求其详备；而作史则要提要钩玄，使学者可读。因史料的详备，史家著述才有确实的根据，和前此仅据残缺的材料的不同。亦惟史材完备保存，读者对于作者之书有所不足，乃可以根据史材而重作（一人的见解，总不能包括无遗，所以每一种历史，本该有若干人的著作并行）。其大体完善，而或有错误、阙略之处，亦可根据史材，加以订补。因其如此，所以作史者可以放大胆，实行其提要钩玄，而不必有所顾虑。从前并史料和作成的史籍为一谈，一部书修成后，其所根据的材料，即多归于散佚（此亦系为物力所限，今后印刷术发达，纸墨价格低廉，此等状况可望渐变）。作史的人觉其可惜，未免过而存之，往往弄得首尾衡决，不成体例；而过求谨严，多所刊落，确亦未免可惜；知章氏之说，就可以免于此弊了。章氏此种见解，实可谓为史学上一大发明。其他精辟的议论还多，然其价值，都在这一发明之下。

第五，史材务求详备，作史则要提要钩玄。这在现今的史学家，立说亦不过如此。然则章学诚的意见，和现在的史学家有何区别呢？的确，章学诚的意见，和现在的史学家是无甚异同的。他的意见，和现代的史学家只差得一步。倘使再进一步，就和现在的史学家相同了。但这一步，在章学诚是无法再进的。这是为什么呢？那是由于现代的史学家，有别种科学做他的助力，而章学诚时代则无有。现代史学的进步，可说所受的都是别种科学之赐。史学所要明白的，是社会的一个总相，而这个总相，非各方面都明白，不会明白的。要求各方面都明白，则非各种科学发达不可。所以现在史学的发达，实得力于各种专门史的竞出。各种专门史日益进步，而普通史乃亦随之而进步。专门史，严格论起来，是要归入各该科学范围之内，而不能算入史学范围内的。所以说史学的发达，是受各种科学之赐。然则各种专门史发达达于极点，普通史不要给它分割完了么？不。说明社会上的各种现象，是一件事，合各种现象，以说明社会的总相，又是一件事，两者是不可偏废的。社会是整个的，虽可分科研究，却不能说各科研究所得的结果之和，就是社会的总相。社会的总相，是专研究一科的人所不能明白的。倘使强作说明，必至于鲁莽灭裂而后已。所以各种科学发达，各种专门史日出不穷，普通史，即严格的完全属于史学范围内的历史，只有相得而益彰，决不至于无立足之地。史材要求详备，作史则要提要钩玄，是了，然史材要求详备，不过是求作史根据的确实；而各项史材，非有专门家加以一番研究，为之说明，是不能信为确实的。详备固然是确实的一个条件，然非即可该确实之全，所以非有各种科学以资辅助，史学根据的确实，亦即其基础的坚固，总还嫌其美中不足；而其所谓提要钩玄的方法，亦不会有一客观的标准，倘使各率其意而为之，又不免要聚讼纷纭，莫衷一是了。所以章学诚高尚的理想，必须靠现代科学的辅助，才能够达到。所以说：他和现代的新史学，只差了一步，而这一步，却不是他所能达到的。这不是他思力的不足，而是他所处的时代如此。如以思力而论，章氏在古今中外的史学界中，也可算得第一流了。

思想的进步，是因乎时代的。第一阶段，只觉得史料散佚的可惜，所以其所注意的在搜辑、编纂。第二阶段，渐渐感觉到搜辑、编纂如何才算适当的问题，所以其所注重的在史法。第三阶段，则因知识的进步，感觉到史学范围的太狭，而要求扩充，这可说是反映着学术思想的进步。第四阶段，因史籍堆积甚多，再图扩充，不免要使本身膨胀破裂，而割弃则又不可而起，虽未说及分科，然一人的才情和精力、时间，既不能兼容并包；而各个门类，以及每一门类中的各种材料，又都不容割爱；则势非提倡分科不可。所以史学若从章学诚的据点上，再行发展下去，亦必提倡分科研究；各种专门史亦必渐次兴起；不过现在既和外国的学术思想接触，自不妨借它的助力罢了。所以学问的进化，自有一个必然的趋势，而现在所谓新史学，即作为我们自己发展出来的一个阶段，亦无不可。

史学和文学，系属两事。文学系空想的，主于感情；史学系事实的，主于理智。所以在人类思想未甚进步，主客观的分别不甚严密的时代，史学和文学的关系，总是很密切的，到客观观念渐次明了时，情形就不同了。天下的人，有文学趣味的多，而懂得科学方法的少，所以虽然满口客观客观，其实读起记事一类的书来，是欢迎主观的叙述的。喜欢读稗史而不喜欢读正史；在正史中，则喜欢四史等而不喜欢宋以后的历史；和其看现在的报纸，喜欢小报而不喜欢大报，正是同一理由。殊不知四史等的叙述，全以主观为主，时代愈后，则客观的成分愈多，作者只叙述事实的外形，而其内容如何，则一任读者的推测，不再把自己的意思夹杂进去了，这亦是史学的一个进步。

研究历史的方法

历史的性质，及其发展的经过，和现在的观点，已经大略明白了，那我们就可以进而谈历史的研究方法了。

现在要想研究历史，其第一个条件，就是对于各种科学，先得要有一个常识。治史学的人，往往以为社会科学是紧要的，自然科学则不甚重要，实亦不然。有许多道理，社会科学和自然科学是相通的。如演变的观念，若不知道生物学，就不能知道得真确。又如治历史，要追溯到先史时代，则史家对于地质学，岂能茫无所知？这是举两端为例，其余可以类推。所以治史学的人，对于现代的科学，都不能不略知大概。否则用力虽深，也和一二百年前的人无以异了，安足称为现代的学问家？固然，各种社会科学，如政治学、法律学、经济学、人生哲学等，和史学的关系更为密切。然只能谓治史学者，对于此等学科，更须有超出常识以外的知识，而不能说此外诸学科，可以并常识而不具。现在再把治史学的人所宜特别加意的几种学科，略说其关系如下：

治史学第一要留意的，就是社会学了。历史是研究整个社会的变迁的，任何一种事件，用别种眼光去解释，都只能得其一方面，惟社会学才可谓能揽其全。而且社会的变迁发展，是有一定的程序的，其现象似乎不同，其原理则无以异。明白了社会进化的法则，然后对于每一事件，都能知其在进化的长途中所具有的意义；对于今后进化的途径，自然也可以预测几分。如蛮族的风俗，昔人观之，多以为毫无价值，不加研究。用社会学的眼光看起来，则知道何种社会有何种需要，各种文化的价值，都是平等的，野蛮民族的文化，其为重要，正和文明民族一样。而且从野蛮时代看到文明时代，更可知道其变迁之所以然。所以我曾说：近代的西人，足迹所至既广，他们又能尊重科学，为好奇心所驱迫，对于各种蛮族的风俗，都能尽量加以研究，这个对于史学的裨益，实非浅鲜。因为它在无意中，替我们把历史的年代延长了（现代蛮族的情形，和我们古代的情形相象，看了它，就可追想我们古代的情形了，所以说是历史年代的延长），就是使我们的知识加几倍的广博。这亦是举一端为例，其余可以类推。

把历史的年代延得更长的，就是考古学了。史学家说：“假定人类的出生，有24万年，我们把一日设譬，则每小时要代表2万年，每一分钟要代表333年，最古的文化，在11点40分时候才出现；希腊文化，离现在只有7分钟；蒸汽机的发明，则只有半分钟而已。所以通常所谓古人，觉得他和我们相离很远的，其实只是同时代的人。”这种说法，所假定的人类出生的时期，为时颇短，若取普通的说法，很有加长一倍的可能，那我们历史上的文化，更浅短得不足道了。然即此假定，亦已足以破除普通人的成见了。

自然科学中，对于历史关系最密切的，自然是地理学。这因为人类无一息之间，能不受自然的影响，而地理学是一切自然条件的总括。这种道理，在现今是人人知道的，无待再说。但在历史上，地理形势不必和现在相同，把现在的地理情形，去解释史事，就要陷于误谬了。所以治史学者，对于历史地理，不能不有相当的知识。其中最重要的，就是要知道各时代地面上的情形和现在不同的，因以推知其时的地理及于其时人类的影响和现在的不同。（钱君宾四曾对我说，有意做这样一部书，这是极紧要极好的事情，然此事恐不易成。）不可如从前人但偏于兵事上的研究。

治史学的人，虽不是要做文学家，然对于文学，亦不可不有相当的了解。其中（一）是训诂。这在治古史，是人人知其重要的，然实并不限于此。各时代有各时代的语言，又有其时的专门名词，如魏、晋、南北朝史中之宁馨、是处、若为，《宋史》中的推排、手实、称提等都是。（宁馨犹言这个。是处犹言处处。若为即如何的转音。推排是查轧的意思。手实是按一定的条件，自行填注。称提乃纸币跌价，收回一部分，以提高其价格之意。）这些实该各有其专门的辞典。（二）文法，亦是如此。这个在古代，读俞樾的《古书疑义举例》可知，后世亦可以此推之。（三）普通的文学程度，尤其要紧。必能达到普通的程度，然后读书能够确实了解，不至于隔膜、误会。况且在古代，史学和文学关系较深，必能略知文学的风味，然后对于作史者的意旨能够领略。晚出《古文尚书》的辨伪，可谓近代学术界上的一大公案。最初怀疑的朱子，就是从文学上悟入的。他说："《今文尚书》，多数佶屈聱牙，《古文尚书》则无不平顺易解，如何伏生专忘掉其易解，而记得其难解的呢？"清朝的阎若璩，可说是第一个用客观方法辨《古文尚书》之伪的人，到他出来之后，《古文尚书》之为伪作，就无复辩解的余地了，而他所著的《古文尚书疏证》中有一条，据《胤征》篇的"每岁孟春"句，说古书中无用每字的，因此断定其为魏、晋后人的伪作。宋朝的王应麟，辑鲁、齐、韩三家《诗》，只辑得一薄本，清朝的陈乔枞所辑得的，却比他加出十倍。陈乔枞的时代，后于王应麟有好几百年，只有王应麟时代有的书，陈乔枞时代没有，不会有陈乔枞时代有的书，王应麟时代没有的，巧妇难为无米之炊，陈乔枞有何异术，而能所得的十倍于王应麟呢？那是由于古书有一种义例，为陈乔枞所知，而王应麟所不知。原来自西汉的今文经学以前，学术的传授，都是所谓专门之学，要谨守师法的。（这所谓专门之学，与现在所谓专门之学，意义不同，非以学问的性质分，而以其派别分。）所以师徒数代相传，所说的话，都是一样。我们（一）固可因历史上说明甲系治某种学问，而因甲所说的话，以辑得某种学问的佚文，（二）并可以因乙所说的话和甲相同，而知道乙亦系治某种学问。如是再推之于丙、丁等等，其所得的，自非王应麟所能及了。然则甲、乙、丙、丁等所说的话的相同，并不是各有所见，而所见者相同，还只是甲一个人所说的话。我们治古史，搜罗证据，并不能因某一种说法主张者多，就以为同意者多，证据坚强，这亦是通知古书义例，有益于史学的一个证据。

讲学问固不宜预设成见，然亦有种重要的观念，在治此学以前，不可不先知道的，否则就茫无把握了。这种重要的观念，原只是入手时的一个依傍，并没叫你终身死守着他，一句不许背叛。现在就史学上的重要观念，我所认为读史之先，应该预先知道的，略说几条如下：

其中第一紧要的，是要知道史事是进化的，打破昔人循环之见。有生命之物，所以异于无生物；人所以特异于他种生物，就在进化这一点上。固然，世界上无物不在进化之中，但他种物事，其进化较迟，在一定的时期中，假定它是不变的，或者尚无大害。人类的进化，则是最快的，每一变动，必然较从前有进步（有时看系退步，然实系进步所走的曲线）。这种现象，实在随处可见。然人类往往为成见所蔽，对于这种真理不能了解。尤其在中国，循环的观念入人甚深。古人这种观念，大概系由观察昼夜、寒暑等自然现象而得，因为此等现象，对于人生，尤其是农、牧民族，相关最切。这其中固亦含有一部分的真理，然把它适用于人类社会就差了。粒食的民族，几曾见其复返于饮血茹毛？黑格尔的哲学，徒逞玄想，根脚并不确实；而且不免偏狭之见；有何足取？然终不能不推为历史哲学的大家，而且能为马克思的先导，就是因为他对于历史是进化的见解，发挥得透彻呀！

第二，马克思以经济为社会的基础之说，不可以不知道。社会是整个的，任何现象，必与其余一切现象都有关系，这话看似玄妙，其实是容易明白的，佛家所说的“帝网重重”，就是此理。（帝字是自然的意思，帝网重重，犹言每一现象，在自然法中，总受其余一切现象的束缚，佛家又以一室中同时有许多灯光，光光相入设譬，亦是此意。）然关系必有亲疏（亲疏，就是直接、间接），影响亦分大小。地球上受星光之热亦不少，岂能把星光的重要，看作和太阳光相等？把一切有关系的事，都看得其关系相等，就茫然无所了解，等于不知事物相互的关系了。如此，则以物质为基础，以经济现象为社会最重要的条件，而把他种现象，看作依附于其上的上层建筑，对于史事的了解，实在是有很大的帮助的。但能平心观察，其理自明。

第三，近代西洋科学和物质文明的发达，对于史事是大有影响的。人类最亲切的环境，使人感觉其苦乐最甚的，实在是社会环境，这固然是事实，然而物质环境既然是社会组织的基础，则其有所变动，影响之大，自更不容否认。在基础无甚变动时，上层建筑亦陈陈相因，人生其间的，不觉得环境有何变动，因亦认为环境不能使之变动，于是“世界是不变的”；“即有变动，亦是循环的”；“一切道理，古人都已发现了”；“世界永远不过如此，无法使之大进步，因而没有彻底改良的希望”；这种见解，就要相因而至，牢不可破了。科学发达了，物质文明进步了，就给这种观念以一个大打击。惟物质文明发达，而人类制驭自然之力始强，人才觉得环境可以改变；且可用人类的力量使之改变，人类因限于物质所受的种种苦痛，才觉得其有解除的可能。惟物质文明发达，而社会的组织亦随之而大变，人才觉得社会的组织亦是可变的，且亦可以用人类的力量使之改变的。又因物质文明进步所招致的社会变迁，使一部分人大感其痛苦，人才觉得社会实有加以改革的必要。惟物质文明发达，才能大变交通的情形，合全球为一家，使种种文化不同的人类合同而化。惟科学发达，人才不为浅短的应用主义所限，而知道为学问而学问的可贵，而为学问而学问的结果，则能有更精深的造诣，使人类的知识增加，而制驭事物之力，亦更因之而加强。人类的观念，毕竟是随着事物而变的。少所见多所怪的人，总以为西洋和东洋有多大的差异，闻见较广的人，就不然了，试将数十年以前的人对于外国的见解，和现在人的见解，加以比较便知。然不知历史的人，总还以为这小小的差异，自古即然，知道历史的人，见解就又不同了。西洋现在风俗异于中国的，实从工业革命而来，如其富于组织力，如其溺于个人的成功都是。前乎此，其根本的观念，原是无大异同的。所以近代西洋科学及物质文明的发达，实在是通于全世界划时期的一个大变。

第四，崇古观念的由来及其利弊，亦不可不加以研究的。人人都说：中国人崇古之念太深，几以为中国人独有之弊，其实不然。西洋人进化的观念，亦不过自近世以来。前乎此，其视邃古为黄金时代；其谓一切真理皆为古人所已发现；亦与中国同。而且不但欧洲，世界上任何民族，几乎都有一个邃古为黄金时代的传说，这是什么理由呢？崇古的弊病，是很容易见得的。民国三十四年之后，只会有三十五年，决不会有三十三年；然而三十四年的人，是只会知道三十三年以前，决不会知道三十五年以后的。所以世界刻刻在发展出新局面来，而人之所以应付之者，总只是一个旧办法。我们所以永远赶不上时代，而多少总有些落伍，就是为此。这固然是无可如何的事，然使我们没有深厚的崇古观念，不要一切都以古人的是非为标准；不要一切都向从前想，以致养成薄今爱古的感情，致理智为其所蔽；总要好得许多。然而人却通有这种弊病。这是什么理由呢？难道崇古是人类的天性么？不，决不。人类的所以崇古，是有一个很深远的原因的。人类最亲切的环境是社会环境，使人直接感觉其苦乐，前文业经说过了。在邃古之世，人类的社会组织是良好的，此时的社会环境亦极良好。后来因要求制驭自然的力量加强，不得不合并诸小社会而成为大社会，而当其合并之际，没有能好好的随时加以组织，于是人类制驭自然之力逐步加强，而其社会组织，亦逐步变坏，人生其间的，所感觉的苦痛，亦就逐步加深了。人类社会良好的组织，可以说自原始的公产社会破坏以来，迄未恢复。而其从前曾经良好的一种甜蜜的回忆，亦久而久之未曾忘掉。于是大家都觉得邃古之世，是一个黄金时代，虽然其对于邃古的情形并不清楚。这便是崇古主义的由来。是万人所共欲之事，终必有实现的一日的，虽然现在还受着阻碍。明乎此，则知今日正处于大变动的时代之中，但其所谓变动，必以更高的形式而出现，而非如复古主义者之所想象，这便是进化的道理。

以上所述，自然不免挂一漏万，然而最重要的观念，似亦略具于此了。社会科学，直至今日，实在本身并没有发现什么法则。一切重要观念，多是从自然科学中借贷而来的。（并非说全没有，但只是零碎的描写，没有能构成条理系统。）前叙循环等观念，根本是从观察无生物得来的无论矣，近代借径于生物学等，似乎比古人进步了，然亦仍有其不适用之处。无论其为动物，为人，其个体总系有机体，而社会则系超机体，有机体的条例，亦是不能适用于超机体的。如人不能恒动不息，所以一动之后，必继之以一静；社会则可以这一部分休息，那一部分换班工作，所以一个机关可以永不停滞，这便是一个例。所谓社会科学，非从感情上希望其能够如何，更非从道德上规定其应当如何，而是把社会的本身，作为研究的对象，发现其本身是如何、可以如何的问题。这便是第一章所说的学，而指导其应该如何，则只是第一章中所说的术。术是要从学生出来的，而我们自古至今，对于社会的学，实在没真明白过，所以其所谓术，也从来不能得当。一般对于社会的议论，非希望其能够如何，则斥责其不当如何，热情坌涌，而其目的都不能达到，如说食之不能获饱，试问竟有何益？社会学家说得好：“社会上一切事都是合理的，只是我们没有懂得它的理。”这话深堪反省。努力研究社会，从其本身发现种种法则，实在是目前一件最为紧要的事，而这件事和史学极有关系，而且非取资于史学，是无从达其目的的，这便是史学的最大任务。

人的性质，有专门家和通才之分。在史学上，前者宜为专门史家，后者宜为普通史家。人固宜善用其所长，然亦不可不自救其所短。专门家每缺于普遍的知识，所发出来的议论，往往会荒谬可笑。这是因为一种现象的影响，只能达到一定的限度，而专门家把它看得超过其限度之故。普通史家自无此弊。

然普通史的任务，在于综合各方面，看出一时代一地域中的真相，其所综合的，基础必极确实而后可，如专门的知识太乏，又不免有基础不确实的危险。所以治史学者，虽宜就其性之所长而努力，又宜时时留意矫正自己的所短，这亦不可不知。

读历史的利益何在呢？读了历史，才会有革命思想。这话怎样讲呢？那就是读了历史，才知道人类社会有进化的道理。从前的人，误以为读了历史，才知道既往，才可为将来办事的准则，于是把历史来作为守旧的护符，这是误用了历史的。若真知道历史，便知道世界上无一事不在变迁进化之中，虽有大力莫之能阻了。所以历史是维新的证佐，不是守旧的护符。惟知道历史，才知道应走的路；才知道自己所处的地位；所当尽的责任。

有人说："历史上的因果关系，是很复杂的，怕非普通人所能明白，而普通的人对于历史，也不会感觉兴味。"这话亦不尽然。今日史事的所以难明，有些实在由于因果关系的误认。譬如政治久已不是社会的原动力了，有些人却偏要说：国家的治乱兴亡，全由于政府中几个人措置的得失，这种似是而非的话，如何能使人了解？如其是真实的："现代机械的发明，到底足以使人的生活变更否？""机械发明之后，经济组织能否不随之而起变化？""资本主义，能否不发达而为帝国主义？""这种重大的变化，对于人类的苦乐如何？""现在的社会，能不革命否？"这些看似复杂，而逐层推勘，其实是容易明白的，何至于不能了解？都是和生活极有关系，极切近的事情，何至于没有兴味？

（选自吕思勉《吕著史学与史籍》）

中国史籍读法（节选）

吕思勉

史学之用安在

史学究竟有用没有用？这个问题提出来，听者将哑然失笑。既然一种学问，成立了几千年，至今还有人研究，哪得会无用？问题就在这里了。既然说有用，其用安在？科举时代的八股文，明明毫无用处；然在昔日，锢蔽之士，亦有以为有用的（他们说：八股文亦有能发挥义理的。这诚然，然义理并不要八股文才能加以发挥，创造八股文体，总是无谓的。这并不但八股，科举所试文字，论、策外实皆无用，而论、策则有名无实，学作应举文字的人，精力遂全然浪费，而科举亦不足以抡才了。然人才亦时出于其中，右科举者恒以是为解。正之者曰：若以探筹取士，人才亦必有出于其中的；此乃人才之得科举，而非科举之得人才，其说最通。所以一种无用之物，若以他力强行维持，亦必有能加以利用者，然决不能因此遂以其物为有用）。可见一种事物，不能因有人承认其有用，而即以为有用；其所谓有用之处，要说出来在事理上确有可通。然则历史之用安在呢？

提出这个问题来，最易得，而且为多数人所赞同的，怕就是说历史是前车之鉴。何谓前车之鉴？那就是说：古人的行事，如何而得，则我可取以为法；如何而失，则我当引以为戒。这话乍听极有理，而稍深思即知其非。天下岂有相同之事？不同之事，而执相同之法以应之，岂非执成方以治变化万端之病？夫安得而不误！他且勿论，当近代西方国家东侵时，我们所以应付之者，何尝不取鉴于前代驭夷之策（其中诚然有许多纯任感情、毫无理智的举动和议论，然就大体观之，究以经过考虑者为多）。其结果怎样呢？又如法制等，历朝亦皆取鉴前代，有所损益。当其损益之时，亦自以为存其利而去其弊，其结果又怎样呢？此无他，受措施之社会已变，而措施者初未之知而已（此由人之眼光，只会向后看，而不会向前看。鉴于前代之弊，出于何处，而立法以防之；而不知其病根实别有在，或则前代之弊，在今代已可无虞，而弊将出于他途。此研究问题，所以当用辩证法也。譬如前代赋役之法不能精详，实由记账之法不能完善。明初鉴于前代，而立黄册与鱼鳞册，其记账之法，可谓细密了；然记账之事，则皆委之地主、富农之流，此辈皆与官吏通同作弊之人，法安得而不坏？此为历代定法总深鉴于前代，而其结果依然不能无弊一个最深切明显之例。其他若深求之，殆无不如此。此理，方正学的《深虑论》，有些见到，但仅作一鸟瞰，粗引其端，未及详细发挥而已)，所以治史学，单记得许多事实，是无用的。早在希罗多德，就说治史之任务有二：(一) 在整理记录，寻出真确的事实；(二) 当解释记录，寻出那些事实间的理法 (据李大钊在上海大学所讲演的《研究历史的任务》。希罗多德 (Herodotos)，希腊最早之史学家，生于公元前四八四年，即入春秋后之二百三十五年)。而在中国，亦以为道家之学，出于史官，“历记成败、存亡、祸福”，所以能“秉要执本”了 (《汉书 · 艺文志》)。然则史学之所求，实为理而非事。“事不违理” (借用佛家语)，这本无足为奇，然而问题又来了。

学问决没有离开实际的，离开实际的，只是“戏论” (亦借用佛家语。佛家譬诸“龟毛、兔角”，谓想象中有其物，而实际则无之也)。譬如马克思的学说，观鉴社会的变迁，因以发明其发展之由，推测其前进的方向，而决定因应及促进之法，这自然是最有用的了。然则这种学问，究竟是从读史得到的呢，还是从身所接触的事物得到的呢？这个问题提出，我们知道：马克思虽已长往，果能起诸九泉而问之，其答语，必是说：看了被压迫阶级的苦痛，深知其与社会组织相关，然后求之于史，而知其变迁、发展之由；必非于当代之事茫无所知，但闭户读书，铢积寸累，而得一贯串全史可以用诸当代的新发明。

读旧史宜注意之点

中国史家，既以作史惟恐其不出于人为宗旨，所以其所最尊重的，为其所根据的材料的原文；不但带有原始材料性质的正史如此，即根据正史等书而编纂的史籍，亦系如此。譬如编年史，在前一卷中，还称旧朝的君主为帝，于新朝的君主，则但称其名；到后一卷中，就可改称新朝的君主为帝，而于旧朝的君主，则改称为某主子。此其最大的理由，固为所谓“穷于辞”；然在前一卷中，所用的还多系前朝的史料，在后一卷以后，则所用的多系后朝的史料，必如此，原文的多数，乃易因仍，亦不失为一种理由。这似乎滑稽，然细思之，称号原无关褒贬，亦无甚可笑也（近人好将前代帝王的谥号撤去，改称其姓名，如称汉武帝为刘彻是。此实甚无谓。无论谥法或庙号，均不含有尊重或褒美之意；而汉武帝是一个皇帝，则不可以不知。称之为汉武帝，则就其名称，已使人知其为某一朝的一个皇帝矣。若其名为彻，则即不知之，亦无甚妨碍，正不必徒劳人之记忆也）。旧史作者，多须改入自己的口气，因此，虽极尊重原文，终不能无改动；但其改动亦有一定的体例，读书多者，自能知之。

昔人作史的体例如此，所以旧时史籍，多不能作编纂的人的话看，而只能作其所根据的原文的作者的话看；而史籍的性质，是随时代而不同的，于此，就重烦读者的注意了。

怎样说史籍的性质随时代而不同呢？原来孤见最难传播。所以一个时代，史事传之后来的，必系其时多数人所能接受的一种说法，而其说多非真相。然则事实的真相，有没有知道的人呢？那自然是有的。然在口说流行的时代，对人无从谈起，即或谈起，亦无人为之传述；在使用文字的时代，未必皆笔之于书，即或笔之于书，其书亦少人阅读。经过一个时期，此等较近真相的说法，就随其人之衰谢而烟消云散；而其流传下来的，只是西洋史学家所谓“众所同意的故事”了。所以历史的内容，实和其时的社会程度很有关系，此点最宜注意（或谓其时社会的程度既然甚低，何以其时的人机械变诈，曾与后世无异？殊不知为机械变诈之事者乃个人，传历史则群众之力：个人之突出者，各时代皆有之；社会之进化，则自有其一定之程序也）。

从大体上分划，过去的历史，可以分做三个时代，即：

（一）神话时代。这时候，人们还未知道人与物的区别，其文明程度，自然是很低的。然而其时代却是很早的。邃古的史料，大都隐藏于其中。这种材料，在中国人所认为正式的史籍中，似乎不多。因为众所共认为最早的正式的史籍为《史记》，当其编撰之时，社会的文明程度已颇高，故于此等说法，多不之取。《五帝本纪》说“百家之言黄帝者，其文不雅驯”，而所取者专在《大戴礼记》《尚书》一类书，即其明证。然最早的史事，实无不隐藏于神话中；不过经过程度较高的人的传述，逐渐把它人事化，读者不觉其诡异，就共认为雅驯罢了。如能就此等人事化的材料，加以分析，使之还原，还是可以发现其神话的素质的。如《诗经·商颂》说“禹敷下土方”，《书经·禹贡》亦说“禹敷土”，读来绝不见有何神怪之迹；然若将《山海经·海内经》“鲧窃帝之息壤，以湮洪水”，作为敷土的注脚，即可见其中原含有神秘的成分，不过传《诗》《书》的人，不复注重于此，仅作为一句成语传述，而不复深求其中的意义罢了。此等分析的工作，近来所谓疑古派，曾做了一些，虽其说不尽可信，亦于史学有相当的益处。但神话真的有价值；伪造的则转足淆乱史实，用之不可不极谨慎而已（将中国神话保存得最多的为《山海经》。此书非《汉志》所著录的《山海经》，《汉志》所著录的《山海经》，乃讲建设之书，即古所谓“度地居民”之法，读《汉志》原文可见；今书盖汉以前方士之记录，荟萃成编者，二书偶然同名耳。次则《楚辞》，其中《离骚》《天问》等篇，亦多含古代神话。纬书似系神话渊薮，然出汉人造作，多失原形，用之须极谨慎。道家书中，亦保存一部分神话，则又承纬书之流，其可信的程度更低了）。

（二）传奇时代。这时代流传下来的史迹，都系人事而非神事，似乎其可信的程度增高了。然其所传的，离奇怪诞实甚，而真相反极少，所以运用起来，要打的折扣还很大。譬如西周，确实的情状，我们虽不知之；然其文明程度，决不至十分低下，则无疑义。而自幽王灭亡以后，百余年间，其地为戎、狄所据（幽王被杀，事在公元前七七一年。其后秦文公收岐以西之地，岐以东仍献之周，事在公元前七五〇年，然周实不能有；至秦穆公乃东境至河，则已在公元前七世纪中叶了），把其文明摧毁殆尽。直至战国时，东方诸侯还说秦人杂戎、狄之俗，摈之使不得与于会盟之列。而秦地所以土旷人稀，使秦人能招三晋之人任耕，而自以其民任战者，亦由于此。然则西周的灭亡，是何等大事；然其真相，我们乃绝无所知，所知者则一褒姒的物语而已。此与蒙古自遁入漠北后，至于达延汗之再兴，只传得一个洪郭斡拜济的物语何异？（见《蒙古源流考》。）蒙古自遁入漠北以后，至达延汗再兴以前，其自己所传的历史，实远不如《明史》所著者之翔实也。回纥自漠北走西域，《新唐书》所载，事迹颇为明白；而回纥人自己，却仅传唐人凿破其福山，以致风水被破坏，自此灾异迭起之说，亦同此例。（见《元史·亦都护传》。）以此推之，《左氏》所载夏姬的事迹，亦宁非此类？不过其粉饰的程度较高而已。此等性质的传说，至汉初实尚不乏，断不容轻信为事实（试举俗所谓鸿门宴之事为例。按当时反动之思想正盛，其视列国并立，转为常局，一统转为变局，所欲取法者，则东周之世，天子仅拥虚名，实权皆在霸主之局。不过战国时七国之君，皆已易公侯之称而为王，所以当时之人，所拟临制诸王之名为帝。齐湣王与秦昭王并称东西帝；秦围赵之邯郸，魏又使辛垣衍间入围城，劝赵尊秦为帝是也。戏下之会，以空名奉义帝；而项羽以霸王之称为诸王之长，即系实现战国以来此种理想。在当时，安有一个人想据有天下，再做秦皇帝之理？其后汉虽灭楚称皇帝，然其下仍有诸王，则与秦始皇的尽废封建，仍异其局。在当时，人人之思想，皆系如此；蒯彻劝韩信中立于楚、汉之间，韩信不听，《史记》说由韩信自信功高，汉终不夺我齐。韩信再老实些，也不会相信汉高祖是个知恩报恩、不肯背信弃义的人；不过自当时想来，皇帝任意诛灭诸王，实不能有此事耳，此乃自古相传之国际法也。汉高祖尽灭异姓诸王，乃系半靠阴谋，半靠实力，并非法律上的权利。而灭异姓诸王后，亦不能不改封同姓，仍不能一人据之，恢复秦始皇之旧局面也。汉帝对诸王权力之增大，乃由灭异姓、封同姓，中央与列国间，有宗法上统属的关系，亦非自古相传天子之国对诸侯之国的权利。然则，当秦朝甫灭之时，安有一人敢萌据有天下、继承秦皇帝之地位之想？范增说：与项王争天下者必沛公，岂是事实？且军门警卫，何等森严，安有樊哙能撞倒卫士，直达筵前，指责项王之理？古人筵宴，中间诚有离席休息之时，且或历时颇久，然亦必有一个限度；乃汉高祖可招张良、樊哙等同出，与哙等脱身回向本军，张良度其已至，然后入谢，筵宴间的特客，离席至于如此之久而无人查问；带有敌意的宾客，与数人间行出军，亦无人盘诘，项羽的军纪，有如此之废弛者乎？张良献玉斗于范增，范增受而碎之，骂项王“竖子不足与谋”，且当场言“夺项王天下者，必沛公也，吾属今为之虏矣”。增年已七十，素好奇计，有如此之鲁莽者乎？种种事迹，无一在情理之中。然则汉高祖与项羽此一会见，真相殆全然不传；今所传者，亦一则想象编造的故事也。此等传说，在秦、汉间实未易枚举。且如指鹿为马之说，又岂可以欺孩稚邪？）

（三）传说时代。此期的史实，其最初的来源，仍为人口中的传说，但其所说很接近事实，绝非如传奇时代的离奇怪诞了；然仔细思之，其中所含的文学成分仍不少。譬如《史记》的《魏其武安侯列传》，详述魏其的外高亢而内实势利，喜趋附；武安的器小易盈，骄纵龌龊；以及灌夫的粗鲁任气，以一朝之忿而忘其身，可谓穷形尽相。这断不能凭空杜撰，自然其中多含史实。然观其篇末说武安侯死时，竟有冤鬼来索命，即可知篇中所言，亦仍不可尽信了。此类材料，在唐、宋史中，实尚不免，试观《旧唐书》《旧五代史》及《宋史》，多载时人评论之辞可知。至《元史》以后，则渐少了。

口传较之书面，易于变动，所以史事出于传述的，无意之中，自能将无味的材料删减，有趣的材料增加。这正如《三国演义》，其原始，实系说书先生的底本，不过抄撮历史事实，以备参考，其内容，实和正式的史籍，无甚同异；然到后来，逐渐将说时所附会增益的话，亦行写入，与旧来抄撮的材料，混杂一处，久之遂稍离其真，又久之则面目全非了。试观其愈说得多的部分，离真愈远；而说得少或不甚说及的部分，则仍和正式史籍无甚异同可知。史籍来源出于传说的，其性质实亦如此，不过程度不同罢了。天下有文学好尚的人多，有史学好尚的人少。史学要推求事实的真相；文学则必求复杂的事情简单化，晦暗的事情明朗化。从前军阀纷争的时候，彼此之间，日日钩心斗角，使政治日益紊乱，社会大受影响，这自然是人民所深切关心的。然而多数人，都喜读其时所谓小报，其中内幕新闻之类最受欢迎；而于大报，则能认真阅读者较少。此无他，大报多记事实的外形，其所以然之故，须据事实推求；小报则说得头头是道，如指诸掌，不徒使人相说以解，并可作茶余酒后的谈助而已，然其所言乃无一得实。此其故何哉？人之做事，无不受环境的制约。（利用环境，虽可驯服环境，然必能利用，乃能驯服之，即其受环境的制约。）所以对于某一个人的行为，苟能熟知其环境者，自易明了其所以然，正不必从幕后窥测，然要熟悉各方面的情势甚难。若将某一个人的行为，归之于其人的性格，或则云由于某一策士的阴谋，或又云由于某一事件的挑动，则其说甚易了解。如此，复杂的事情就简单化，晦暗的事情就明朗化，合乎多数人的脾胃了。这种情况，距今不过数年，总还是我们所亲历，至少是得诸“所闻”的。其来源靠得住么？然而历史事实的来源，如此者亦不乏。

任何人都有一种感觉，读古代的历史，了解及记忆均较易；时代愈后则愈难，因此薄今而爱古。其实适得其反。这正和人们喜欢读小报而不喜欢读大报相同。历史的材料有两种：一种自始即为记录，偏于叙述事情的外形，官文书为最，私家所作碑、铭、传、状等次之；一种则原始出于口传，经过若干岁月，始著竹帛，野史、小说等之来源，大率如此。官文书所说的，固然是官话；碑、铭、传、状等，亦多谀辞。然其夸张、掩饰，自有一定的限度，能伪事之内容，不能伪事之外形（如为贪官污吏作传者，可云其未曾贪污，不能云其未曾作官吏；可讳饰其激成民变之事，不能云民未曾变也），而且极容易看得出来。将这一部分剥去，所剩下来的，就是事实了。用此等材料所作的历史，将仅剩一连串事实的外形；于内容则全未涉及，而要由读者去推测，最使人感觉苦闷。且读者之推测，乃系后世人的猜想，似不能如并时之人观察所得者的精确。然其结果多正相反。这实由后人的推测，在其事实完全暴露之后，易于原始要终，加以推论；并时的观察家，则无此便利（史事有一般情形，有特殊事件。一般情形，后人所知者，总不能如当时人之多且确。如今之北京、上海，是何情形？将来史家虽竭力考索，总不能如今日身居北京、上海之人是也。特殊事件，则正相反。身处其时者，往往于其真相全属茫然，有所推测，亦多误谬；而将来之人，则洞若观火。实因事实的全部，悉行暴露；则其中一枝一节之真相，自然明了，不待推求，且甚确实也），枝节悉行明了，全体亦无遁形矣。而其物亦本系今内幕新闻之流也（非必著述者有意欺人，其所闻者固如是也）。读史者于此义，亦必不可以不知（《啸亭续录》“国史馆”条云：“国初沿明制，惟修列圣实录，附载诸臣勋绩、履历、官阶。康熙中，仁庙钦定《功臣传》一百六十余人，名曰《三朝功臣传》，藏于内府。雍正中，修《八旗通志》，诸王公大臣传始备，然惟载丰、沛世家；其他中州士族，勋业懋著者，仍缺如也。所取皆凭家乘；秉笔词臣，又复视其好恶，任意褒贬，皆剽窃碑版中语。纯庙知其弊，乾隆庚辰，特命开国史馆于东华门内，简儒臣之通掌故者司之，将旧传尽行删薙，惟遵照实录、档册所载，详录其人生平功罪，案而不断，以待千古公论，真修史之良法也。后又重修《王公功绩表传》《恩封王公表传》《蒙古、回部王公表传》等书，一遵是例焉。”按列传以碑版、家乘为据，旧有是法，初非修史者敢任其好恶；然清高宗犹以是为未足，而只许依据实录、档册，盖不许天下之人有是非，而欲其一遵当朝之是非，其无道可谓甚矣。然详录其事，案而不断，以待后人论定，则比次之法，固应如是，不能以其出于清高宗之私意而非之。近代修史、立言务求有据，记事侧重外形，固为众所共趋之鹄，亦非清高宗一人之私意所能为也）。

说到此，则并可略论今后作史的方法。现在史学界所最需要的，实为用一种新眼光所作的史钞。史钞之钞，非今所谓照本钞誊之钞。今所谓照本钞誊之钞，昔人称为写、录等，不称为钞。昔人所谓钞，乃撮其精要，而刊落其余之谓。史钞之作，晋、南北朝时最多，读《隋书·经籍志》可见；唐以后就渐少了，这亦可说为史学衰替之一端。史学上的需要，随时代而不同；而每逢学术上的趋向幡然大变之时，则其变动尤剧。今日读昔人所作的历史，总觉得不能满意者以此。编撰新历史，以供今人的阅读，人人能言之。然其所作之书，多偏于议论，并未将事实叙明。此在熟于史事的人，观其议论则可；若未熟史事的人，欲因此通知史事，则势有所不能。此实可称为史论，而不可称为史钞；而其所发的议论，空洞无实，或于史事全未了解，但将理论硬套者，更无论矣。

史钞合作，必将前人所作的历史，（一）仍为今人所需要者因仍之；（二）其不需要者略去；（三）为今人所需要，而前人未经注意者，则强调之使其突出，乃足以当之而无愧。至其文字的体裁，则最好能因仍原文，不加点窜；而自己的意见则别著之，使读者仍能与我们所根据的原材料相接触。如此，分量易多，怕只宜于专门研究的人，而不适于普通的读者。供普通读者阅览之作，怕不能不入自己的口气重作。但根据某书某篇，最好一一注明，使人易于查核；而其改易原文，亦最好有一定的体例，使读者即不查核，亦易分别。此亦为编撰最要之义，不可不注意及之。

至于搜集材料，则目前最紧要之事，实为作史料汇编。除史部固有之书外，更宜将经、子、集三部中有关史事的材料，大举搜集，分为两部分：（一）属于记事的，即前所云足以证明、补充、订正史事的，与史部的记载，相辅而行；（二）为昔人有关史事的见解，此不必论史之作，凡涉及社会、政治，而其中包蕴史事者，皆当采取。因为此等作品，一方面表现昔人对于社会、政治的见解；一方面亦即表现其对于史学的见解。史学的有用，正在于此。使治史学者能多与此等材料接触，自然胸次恢廓，眼光远大，虽性近章句之士，亦不至流于拘泥、琐碎了。这于史学的进步，实在是大有关系的（更推广言之，则编纂大类书，实为今后的急务。学术本须分类，况自专门变为通学，一人的著作中，可以无所不有，则每治一门学问者，势非读遍天下之书不可，夫岂事所可能？故必合群力，举一切书籍，按学术分门，编成大类书，以供治学者之取材而后可。此其分门固极难确当；所辑得者，亦仅限于普通人所能见得，非有特别之眼光不能搜得者，所遗必多；然苟能尽普通人之力，忠实为之，已足为治学者省无限精力矣。编辑大类书，需要很大的物力，势非政府不能为。历代之政府，亦多行之者。最早者如魏世之《皇览》；最近者如明代之《永乐大典》、清代之《图书集成》是也。然政府所办之事，恒不免官僚主义，故如《大典》《集成》，均不见佳。今日的情势，已与往时不同，甚望文化高潮来临之日，政府能以此为当务之急也。史学所涉甚广，好的史料汇编，有时亦可供治他学者之用）。

附录一：古书名著选读拟目

向来古书名著选读等，系专读一两部书。现拟试改一法：于多种书籍中，选读若干篇，俾学生知识较广，如欲深研，亦可多识门径。选读之书，随所想到，举例如下：

《礼记·王制注疏》(《注》与《疏》须全读)

孙星衍《尚书今古文注疏》(择读一篇，以见清儒疏释之法)

陈立《白虎通义疏证》(择读一篇，以见古典制)

陈寿祺《五经异义疏证》(择读一篇，以知今古文异义所在)

《管子》(择有关典制者，与《轻重》各读一两篇)、《老》《庄》《荀》《墨》(《间诂》)、《韩》《商》《孙》。

《吕氏春秋》(择读一两篇，以见古人政论)、《淮南》。

《史记》(选读与经学有关者。《本纪》与《汉书》对读。《世家》，此合《春秋》与《系世》而成。《高祖列传》随体例选读若干篇)

《汉书》(除与《史记》对读者外，再读《志》一两篇)

《后汉书》(与《三国志》择同一人之传，读一两篇，以见史例简严、恢廓之异)

《晋书》(择读一两篇，以见史家多采杂说之例)

《宋》《齐》《梁》《陈》《魏》《齐》《周书》(与《南、北史》对读一两篇，一以见《南、北史》删削之例及其弊，二以见《南、北史》以私史增补官书处)

新、旧《唐书》的《昭宗纪》(对读，以见宋后立例

修史者与前此但整齐官书者之异例。《四裔传》中选一两篇对读，以见新书之增事及其妄改文字）

《宋、明史》（择读一两篇，以见晚近凭官书传状修史之例）

《通鉴》（择读一两卷，必须连胡《注》《考异》读）

《纲目》（随《通鉴》读，以见二书体例之异）

《通考》（择读一两门）

《通志》（就《二十略》中择读一二）

《经世文编》（择读一两卷，此章实斋重文征之意，俾知奏议文集之重要）

《宋儒学案》《明儒学案》（择读一二）

《四库书目提要》（读数卷，以启目录学之门径）

《日知录》《二十二史札记》（读数卷，以见读书之贯穿事实及钩考有关致用之问题。《十七史商榷》中亦可选数条）

《十七史商榷》《二十二史考异》（钩考一事者，随选读之史翻阅）

《癸巳类稿》（此书为经生中最有思想者，又多治杂书，可选读一二）

以上系随意举例。教授时除指示阅读方法外，即与学生于阅后讨论，或竟破除寻常上课形式亦可。学生人数不能多。

此项科目于历史系自最有益。他科（大体以社会科学为限）欲取材于中国旧籍者亦次之。国文系学生修习者，可以植根底于经、子、史之中，不致但就文论文。又有志学文者，亦可专辟一部分时间，就文学方面讲授或讨论。

附录二：关于正史（上）

[名称之由来]《史通》有《六家》《二体》篇，《隋志》只认其一，今沿用之，此体称纪、传、表、志体，简称纪传体。

正史之名，系在所载的史事较重要、较完全、较正确之观念下成立。

何种史事为较重要的？就旧日之观念言之，可以马端临《文献通考·总序》之言为其代表，即（一）理乱兴衰；（二）典章经制。

正史皆借政府之力而成。即纂述出于私人，材料亦必得自政府。自南北朝以前，皆由（一）私人，（二）政府委任私人撰述，故其性质为独修；唐以后皆由政府设局，合多人之力编纂，故其性质为众修。二者各有所长，但至后世，因材料日多，独修已成为不可能。

正史最重要之性质为保存材料。编纂者之才、学、识，固有高下之不同，然大体皆知注意于此。

因此，正史本不能看做一人之著述，即独撰者亦然。

古人之著作，原可两说并存，史家尤然，如《旧唐书·高宗王皇后传》为其最显著之例，故后人讥古人矛盾，古人不应负责处甚多。

凡正史皆非极精审之作，甚至系不精审之作，仅就某一时期所能得之材料，加以编纂而已。此中又分两问题：（一）材料不全，此撰述者不能负责；（二）编纂草率，此则撰述者应负其责，而其中最重要之关键为未作长编。

正史并非最原始的史料；但作正史时所据材料，十九不存，故正史在大体上即为原始的史料。

在正史材料的预备中，国家所设立的史官，作用极大，欲知其略，可看《史通·古今正史篇》及拙撰《史通评》中此篇之评。

中国史学家之见解，大体可分三期，皆因事势而变：（一）初期：注重搜辑史料，加以编纂。此期所欲讨论者，为去取编纂之法，刘子玄之《史通》，为其代表。（二）感觉前人所搜史料范围太狭，力求推广。看郑樵《通志·总序》，可知此等见解。（三）第二期之见解仍在，但书籍日多，感觉其不胜读，乃分（甲）比次史材与（乙）著述为两事。前者所以供作史者之取材；后者则以供阅读。前者愈多愈好，故并要有增加材料的办法（亦可谓之保存）。而撰述既成，所据材料仍须保存勿失，以便他人可以校勘或重作。章实斋之《文史通义》，涉史学者，几于全部发挥此思想。

正史所根据之材料，自《汉书》以下，大致相同，即皆以史官所记为本，此显而易见，不待论。惟《史记》所据，较为难明，以鄙意观之，重要者有四：（一）左史，《春秋》类，记事；（二）右史，《尚书》类，记言，其流为“语”，如《国语》《论语》，此类书由记言扩及记行，为列传所本；（三）《系世》，合此及左史，大致为本纪、世家所本；（四）典志，八书所本，表原于古代的谱，乃一种著述的体例，内容无定。

凡正史，愈后愈近于客观，因所据者：（一）愈多书面而非口说，难于走样；（二）愈多官书，注重事之外形，而不以意测度其内容；即私家著述，亦因史学程度之增高，大体上后代较前代为翔实，但欧、宋改作文字有失真处为例外。

以为正史文字古奥难解，此乃误解。反之，正史均甚接近其时之口语。晋、南北朝、隋、唐之史，虽所载文字颇多靡丽，叙事处亦不然。欧、宋为例外，然宋之文为涩体，欧亦不然。读正史所应谨慎者，特在其中多时代语、方俗语、官书语，或难解，或易误解也。

正史非初治史学者急读之书，因其以人为系统，将事实拆散。初学最要者，读《通鉴》及在《文献通考》中择读切于政治经济者十余门，此最为基本，《通鉴》须连

《考异》与胡注读。昔人论史之书如《日知录》《二十二史考异》《二十二史札记》《十七史商榷》等，可泛滥，略见昔人治史之法。

关于正史(下)

表——表之为用甚广，后世国史亦均用之，约举如下：

表

- 表世系者——如《史记・三代世表》。
- 表国者——如《史记・六国表》《唐书・方镇表》《辽史・属国表》。
- 表事者——如《辽史・游幸表》《金史・交聘表》。
- 表地者——如《五代史・职方表》。
- 表人者——如《辽史・王子表》《公主表》《元史・后妃表》。
- 表官者——如《汉书・百官公卿表》。

书所以记载典章制度，《史记》中凡八篇，《汉书》以下概称志，志之重要者：

志

- 河渠（沟洫）
- 地理（郡国、州郡、地形、郡县）
- 平准（食货）
- 刑法（刑罚）（刑）
- 艺文（经籍）
- 百官（职官）（《魏书》官氏）
- 选举
- 兵（《辽史》营卫、兵卫）

以上各志河渠地理，治历史地理者必读，其余则普通治史者，皆不可不读也。

世家以记有土之君，但其德行功业甚高，本身虽非诸侯，而子孙受爵荣誉，可比一国之君者，亦列世家，《史记·孔子世家》是也。除《史记》外，后世用之者甚少，《晋书》之载记，亦可称世家之变例。

列传载帝王君主以外之人，可分两种：

（一）依时代之先后，顺次编排，不另立名目者，是为类传。此例亦起于《史记》，如《刺客列传》《货殖列传》是也。后世沿用其例者甚多，普通如《儒林传》《文苑传》等是，特殊者如《五代史》之《伶官传》《元史》之《释老传》等是。类传与普通之传不同者，以其不与时代先后编排也。但普通之传，虽不立名目，亦有具类似之性质者，如开国时群雄之传，必排在最前，叛臣逆臣必排在最后是也。此外以同类相从者尚多，但仍以时间先后为标准耳。

传中最特别者，为外国传。普通之传，皆以传人，外国传，则以传国。《晋书》另载记，亦可称外传之变例也。正史者列于学官之史也，立于学官，本汉人语。汉时“官”与“宫”通立于学宫之意，即当时学校中所刊之课本也。后世学校仅存其名，然在法律上，课程有常所习之书，亦有规定应科举者亦然。经之立于学官者，谓之正经，史之立于学官者，谓之正史，正史之名，由是而起也。

立于学官之史，原不必拘定体裁，但在事实上所立，皆为《史》《汉》等一种体裁之史。正史固立于学官之名，非体裁之名也。以体裁名之者，或谓之表志纪传体；世家少，故略去。但正史二字沿用已久，表志纪传之名，又轻累重，故用者甚少。立于学官之史，何故专取此一种体裁乎？厥故有二：

一向来史家纪事，注重理乱兴衰、典章经制两种现象。（马端临《文献通考·自序》说，此非马氏之私言，足以代表一般人之意见。）我国历史记载者，除正史外，尚有编年、纪事本末、政书三者，但各有所偏，即编年史以时为系统，纪事本末以事为系统，专记理乱兴衰，政书专记典章经制是也。惟表志纪传之史，两者兼赅。立于学官之书，必求完备，不容偏于一方面，此专取此种体裁之故一也。

二读史当然以最初之本为佳，与其读第二、第三次所编订者，毋宁读第一次原本。盖第二、第三次所编之史，必以第一次之原本为根据，故原本实为原料，原则上原料恒不误也。吾国习惯后一朝必修前一朝史，所修皆为表志纪传体，故原料之史，恒属此体，此亦其得立于学官之一因也。

读旧史入手的方法

我这一次的讲演，初意拟以实用为主，卑之无甚高论的；然一讲起来，仍有许多涉及专门的话。这实缘不读旧史则已，既欲读旧史，则其性质如此。天下事不讲明其性质，是无从想出应付的方法来的，所以不得不如此。“行远自迩，登高自卑”，讲到入手的方法，我们就不能不从最浅近、最简易的地方着眼了〔大抵指示初学门径之书，愈浅近、愈简易愈好，惟不可流于陋耳。陋非少之谓，则不陋非多之谓。世惟不学之人，喜撑门面，乃胪列书名，以多为贵，然终不能掩其陋也。当一九二三、一九二四年时，胡适之在北京，曾拟一《最低限度的国学书目》，胪列书名多种，然多非初学所可阅读；甚至有虽学者亦未必阅读，仅备检查者。一望而知为自己未曾读过书，硬撑门面之作。梁任公评之云：“《四史》《三通》等，中国的大学问都在此中，这书目一部没有；却有《九命奇冤》。老实说，《九命奇冤》，我就是没有读过的。我固然深知我学问的浅陋，然说我连最低限度都没有，我却不服。”（因原载此评的杂志已毁，无原文可以查检，语句不尽相符，然大致必不误）真可发一噱。任公亦自拟一通，就好得多〕。

旧时史部之书，已觉其浩如烟海；而如前文所述，欲治史者，所读的书，还不能限于史部；而且并没有一个界限，竟把经、子、集三部的书都拉来了。这更使人何从下手呢？且慢，听我道来。

欲治史者，所读的书，因不能限于史部，然仍宜从史部为始；而且在史部之中，要拣出极少数、极紧要的书来。

此事从何着手？

旧史偏重政治，人人所知；偏重政治为治史之大弊，亦人人所知。然（一）政治不可偏重，非谓政治可以不重；（二）而政治以外的事项，亦可从政治记载之中见得（如旧史的食货志，虽偏重财政，然于社会经济情形，亦多涉及。又如百官志，似乎专谈政治，然某一朝的政府，对于某种经济、文化事业，曾设官加以管理，某一朝却放弃了，亦可于其中见得。举此两端为例，其余可以类推），此二义亦不可不知。所以旧时史家视为最重要的部分，仍为今日读史极重要的部分，而宜先读。

旧时史家视为最重要的部分，是哪一部分呢？这个问题，我们可以读马贵与先生的《文献通考·总序》而得到解答。他把史事分为两大类：一曰理乱兴衰，一曰典章经制。前者是政治上随时发生的事情，今日无从预知明日的；后者则预定一种办法，以控制未来，非有意加以改变，不会改变（此就形式言，其实际有效与否，另是一回事）。故前者可称为动的史实，后者可称为静的史实。历史上一切现象，都可包括在这两个条件之中了。

正史之所以被认为正史：即因其有纪、传以载前一类的史实；有志以载后一类的史实。然纪、传以人为主，把事实尺寸割裂了，不便观览（这一点，是不能为太史公咎的。因为后世的历史，纪、传所纪之事，多系同一来源，而将其分隶各篇，所以有割裂之弊。若《史记》则各篇之来源各别，如前说，古人本不使其互相羼杂，亦不以之互相订补也）；所以又有编年体，与之并行。编年体最便于通览一时代的大势（任何一件事情，都和其四周的情势有关系，不考其四周的情势，则其事为无意义。然欲将四周情势叙述完备甚难；过求完备，又恐失之过繁；而时间为天然的条理，将各事按其发生之先后排列，则每一事之四周情势，及其前因、后果，均可一目了然，此编年史之所以似繁杂而实简易也。现在学生读史的，往往昧于一时代的大势，甚至有朝代先后亦弄不清楚的。这固由于其人的荒唐，然亦由所读的历史，全系纪事本末体，各事皆分开叙述之故。倘使读过一种编年史，就不至于此了。此供学习用的历史，所以贵诸体并行也。编年史在统一的时代要，在列国并立或统一后又暂行分裂的时代为尤要。欧洲历史分裂时长，又较中国为要。现在世界大通，中外史事互有关系，则追溯从前，亦宜知其相互间之关系；即无直接关系，亦宜将其彼此间的情势，互相对照。然则合古今、中外，而用编年体作一简要的新史钞，实于史学大有裨益也。编年史有两种体裁：一如《通鉴》，逐事平叙，与单看《左传》同。一如《纲目》，用简单之语提纲，其笔法如《春秋》经，事情简单的，其下即无复文字；繁复的，则于下文详叙，低一格或双行书之，谓之目。纲、目合观，恰如将《春秋》与《左传》合编一简。编年史年代长者，一事在于何时，不易检索。因此，温公作《通鉴》，曾自撰《目录》。然《目录》实不完全，且别为一编，检索仍觉不便。若《纲目》，则阅览时可兼看其目；检索时可但看其纲，而所检索者即系本书，尤较另编目录为便利。朱子创此体以救《通鉴》之失，实为后胜于前，不能以其编纂不如《通鉴》之完善而并訾之也。读《通鉴》时，宜随意取一两年之《纲目》，与之并读，以见其体裁之异同），且最适于作长编（作史必先搜集材料，材料既多，势必互有异同，互相重复，故必依一定之条理，将其编排，则同一之材料，自然汇合到一处；重复者可去，异同者亦不待考校而是非自见；其或仍不能判，即可两说并存矣。条理如何，初无一定，要必依其事之性质，实即其事所自具也。时间为最普遍的条理。无他种条理可用时，时间的条理必仍存。即按他种条理分类，每一类之中，时间之先后，仍不可不顾也）。在历史年代不长时，得此已觉甚便，一长就不然了。一事的始末，往往绵亘数十百年，其伏流且可在数百千年以上，阅至后文，前文已经模糊了，要查检则极难。所以又必有纪事本末体，以救其弊（必时间长乃觉有此需要，此纪事本末一体，所以必至袁枢因《通鉴》而始出现也）。有此三者（谓纪传、编年、纪事本末三体也。纪传体以人为主，固不免将事实割裂；然人亦自为史事一重要之因素，非谓其能创造时势，乃谓其能因应时势，代表时势之需要耳。故钩求理乱兴衰一类的事实者，非有编年、纪事本末两体以补经传体之缺不可，而纪传体又卒不能废也），理乱兴衰一类的事实，可谓很有条理系统，编纂者都能使之就范了。然典章经制，亦宜通览历代；而正史断代为书，亦将其尺寸割裂。于是又有政书以弥其憾。有此四者，而旧日史家所重视的政治事项，都能俯就编纂者的范围了。

读书宜先博览而后专精。世界上一切现象，无不互相关联。万能博士，在今日固然无人能做，然治学者，（一）于普通知识，必宜完具；（二）与本人专治的学问关系密切的科目，又宜知之较深；（三）至于本科之中各方面的情形，自更不必说了。所以要治史学者，当其入手之初，必将昔人认为最重要之书，先作一鸟瞰（一切事无不互相关联，所以专治一事者，于他事亦不可茫无所知。近来有伪造唐初钞票以欺人者，人亦竟有受其欺者，即由近人之治学门径太窄之故。若于唐代社会经济、货币、官制、印刷术等方面的知识稍形广阔，即知无论从哪一方面立论，唐初决不能有钞票也）。然以中国史籍之多，即将最重要的部分作一鸟瞰，已经不容易了。于此，我们就要一个“门径之门径，阶梯之阶梯”（张之洞《輶轩语》中语。《輶轩语》者，张之洞任四川学政时，教士子以治学门径之作也）。

于此，我以为学者应最先阅览的，有两部书：（一）《通鉴》。此书凡二百九十四卷，日读一卷，不及一年可毕。读时必须连《注》及《考异》读。《注》中关系官制、地理之处，更应留心细读。这两门，是胡身之用功最深处，可见得古人治学之细密。凡治史，固不必都讲考据，然考据之门径，是不能不知道的；于注释亦应留意；否则所据的全系靠不住的材料，甚至连字句都解释错了，往往闹成笑柄〔如胡适之，昔年疑井田制度时，称之为豆腐干式，将昔人设法之谈（设法，谓假设平正之例）认为实事，已可笑矣，犹可说也。后乃误古书之方几里者为几方里。不但振振有辞，且于纸角附以算式。逮为胡汉民指出，乃曰：我连《孟子》都忘了。其实此乃根本没有懂，无所谓忘也。旋又据今日之经纬度而疑《汉书·西域传》所载各国道里为不实，作为古书数字不确之证。不知《汉书》所载者，乃人行道里；经纬度两点间之直线距离，则昔人谓之天空鸟迹；截然两事，明见《尚书·禹贡疏》。不读《禹贡疏》，甚而至于不读《孟子》，本皆无足为奇；然欲以史学家自居而高谈疑古则谬矣。其说皆见昔年之《建设杂志》。）（二）次为《文献通考》（论创作的精神，自以《通典》为优；然《通考》所分门类，较《通典》更密，不可谓非后起者胜。且马君所附考证，议论亦不乏，非徒能排比也。章实斋讥为策括之流，盖于此书实未细读，后人附和之，非知言也。《通志》二十略中，《六书》《七音》《校雠》《图谱》《金石》《昆虫》《草木》等，为旧时史志及《通典》《通考》所无，然非初学所急。故但就《通考》中裁取若干门类〕。可择读以下诸门：《田赋考》七卷，《钱币考》二卷，《户口考》二卷，《职役考》

二卷，《征榷考》六卷，《市籴考）六卷，《土贡考》一卷，《国用考》五卷，《选举考》十二卷，《学校考》七卷，《职官考》十一卷，《兵考》十三卷，《刑考》十二卷，《封建考》十八卷；共一百零四卷，日读一卷，三个半月可毕。（三）此外，章实斋在其所著《文史通义》中，竭力强调别编文征，以补后世有关系的文字太多，正史不能备载之缺。此即予所言治史宜兼考集部中不属于记载部分之理。凡纂辑历代文字者，如《全上古三代秦汉三国六朝文》等，固均有此作用。然其时代最近，读之易于了解，且易感觉兴味者，要莫如贺耦庚的《经世文编》（此书题贺耦庚之名，实则魏默深先生所辑。续编有数种，内容之丰富，皆不逮之），可随意泛览数卷，以见其体例。前人读史，能专就一事，贯串今古，并博引史部以外的书籍，以相证明（此可见其取材之广）。而深求其利弊的，莫如顾亭林的《日知录》（亭林此书，就所搜集之材料观之，似尚不如今人所作专题论文之广，然昔人之为此，意不在于考据，故于材料，必有关论旨者然后取之，余则在所吐弃，非未曾见也。严格论之，必如此，乃可称为著述；徒能翻检钞录，终不离乎比次之业耳），可先读其第八至第十三卷。其包孕史事、意在彻底改革，最富于经世致用的精神的，莫如黄梨洲的《明夷待访录》，卷帙无多，可以全读。清代考据家之书，钱辛楣的《二十二史考异》，最善校正一事的错误；王西庄的《十七史商榷》，长于钩稽一事的始末；赵瓯北的《二十二史札记》，专搜集一类的事实，将其排比贯串，以见其非孤立的现象而发生意义；均宜随意泛览，以知其治学的方法。此等并不费时间。然则我所举第一步应读之书，苟能日读一卷，不使间断，为时不过一年余耳。必有人讥议我所举的不周不备。既读《通鉴》，如何不读《续通鉴》《明通鉴》或《明纪》呢？既读《通考》，如何不读《续通考》《清通考》《续清通考》呢？难道所知者只要限于五代、宋以前么？殊不知我所言者，乃为使初学者窥见旧时史籍体例起见，非谓以此使其通知史实。若要通知史实，则所求各有不同，人人宜自为之，他人岂能越俎代庖，一一列举？老实说，所谓门径，是只有第一步可说；第二步以下，就应该一面工作，一面讲方法的。方法决不能望空讲，更不能把全部的方法一概讲尽了，然后从事于工作。譬如近人教人读史时，每使之先读《史通》《文史通义》。此两书诚为名著，然其内容，均系评论前人作史的得失；于旧史全未寓目，读之知其作何语？讲亦何从讲起？所以我所举初学应读之书，就不之及了（史部书目分类，历代各有不同，然大致亦相类。今试举最后的清代四库书目为例，则我所指为史部重心的，实为正史、编年、纪事本末、政书四类。居今日而治史学，重要者固不尽于此；然此四者，仍不失其最重要的性质，说已具前。四类书中，我所举者，仅及编年、政书两类。因正史事实割裂，初学不易读；纪事本末，则读《通鉴》时可以翻阅其目录，知一时代之中共有几件大事，而欲查检前文时，亦可于此中求之，则不待读而已可通知其体例矣。此四类之外，曰别史，系体裁与正史相同，而未列为正史者；曰杂史，则体例与正史相异，而所纪事实，与之相类者；曰诏令奏议，则文征之一部分耳；曰传记，专考一人之行事，正史中之列传，尚且从缓，此自暂可搁置；曰载记，系记偏方诸国之事者，少数民族之历史，或包含于其中，于研究此问题者，甚为重要，初学亦难遽及；曰时令，此本不应入史部，讲经济史者，于治农家之书时，可供参考耳；曰职官，既从《通考》中知其大略，一时自不必求详；曰目录，治学术史时宜求之，此时亦可不及；曰史评，最要者为《史通》《文史通义》两书，此时之不能读，正文中已言之矣。惟地理一门，知其大概，亦颇切用。昔人于此，均先读《读史方舆纪要》。此书之观点，太偏于军事，然在今日，尚无他书可以代之。学者若能取其《总论历代州域形势》九卷，与一种州郡名较完全的读史地图对照；于各省，则取其论封域及山川险要者，及各府下之总论，粗读一过，费时亦不过月余耳。史部之书，初学第一步当读者，略尽于此。虽简易，似不失之陋。亦从工作中求门径，非空讲方法也。经、子之学，于治古史者关系最大，别见下节。子部中之医家、天文、算法、术数、艺术等，治专门史者乃能读之。较普通者，为关涉农、工二业之农家、谱录两类，亦非初学所及也）。

凡读书，决无能一字一句，无不懂得的。不但初学如此，即老师宿儒，亦系如此。吾乡有一句俗话说："若要盘驳，性命交托。”若读书必要一字一句都能解说，然后读下去，则终身将无读完一部书之日，更不必说第二部了。其实，有许多问题，在现时情形之下，是无法求解的；有些是非专门研究，不能得解；即能专门研究，得解与否，仍未可知的；有些虽可求解，然非读下去，或读到他书，不能得解，但就本文钻研，是无益的；并有些，在我是可不求甚解的。不分轻重缓急，停滞一处，阻塞不前，最为无谓。所以前人教初学读书，譬诸略地，务求其速，而戒攻坚。但定为应读的，略读则可，越过则不可；因为越过是不读，非略读耳。

治古史的特殊方法

上节所说，乃系指普通欲读中国旧史者而言；如性喜研究古史的，则更须有一种特殊的预备工作。

此所谓古史，古近之分，大略以周、秦为界。史事必凭记载，有无正式的记载，实为历史上一道鸿沟。我国在秦及汉初所传的史实，固多根据传说，全不可信。然史实的来源，虽系传说，而作史者所根据的材料，则多系记载；且其记载多系为记载而记载，而非凭借别种著述流传下来。当此时期，我们就算它有正式的记载了〔史公所记汉兴时事，《汉书·司马迁传赞》谓其出于《楚汉春秋》，此非指陆贾所著；春秋二字，为古史籍之通称，盖凡记楚、汉间事者皆属焉。其书既可总括称为春秋，必系为记事而作；非发表主观见解，引史事为佐证，甚或出于虚构者矣。秦、汉间史迹，仍有带此等性质者。如《史记·李斯列传》载斯在狱中上二世书，论督责之术以求免，盖儒家诋毁法家者所为。《娄敬传》载敬说汉高祖移都关中，其辞全为儒家之义（见《吕览·恃君览》），盖亦儒家所附会也。然此等渐少，故论史籍原料者，有书籍为据，与有史籍为据，仍系两事也〕。这种转变，大体以周、秦为界。所以治周以前的历史，即所谓先秦史者，是有一种特殊的方法的，但知道普通读史方法还嫌不够。

读古史的方法如何？即治经、子的方法而已。因为古史的材料，都存于经、子之中。所以治古史的，对于治经、子的方法，是不必如治经、子之学者之深通，亦宜通知至足以治古史的程度。史事前后相因，后世之事，无不导源于古。所以治古史之法，但欲读普通史者，亦不可全不知道；不过较专治古史者，又可浅近一些而已。因其方法特殊，所以别为一节论之。读者可视其对于古史兴味的深浅，以定其对于本节所说用功的深浅。

把书籍分为经、史、子、集四部，乃系后世之事；在古代则无集而只有子，说已见前。现存最古的书目，实为汉时刘向、刘歆父子所定的《七略》。《汉书·艺文志》，即本此而成。此为汉时王室藏书的目录。其所藏庋颇富，故据之以论古代学术的流别，最为完全（近人讲古代学术流别，多喜引《庄子·天下》《荀子·非十二子》《淮南子·要略》，及《史记·自序》载其父谈论六家要旨之辞，此等诚皆极宝贵之材料，然皆不如《汉志》之完全）。因其时代较早，学术尚守专门；所以书籍的分类，和学术的分类，大致相合，深为后人所景仰。其实此乃时代为之，不关编次者之本领也。《七略》中的《辑略》，仅总论编辑之意，其中并无书目。《六艺略》即群经，因汉人特尊儒家，乃别之于诸子之外，其实儒家亦诸子之一，说已见前。《兵书》《数术》《方技》，各为专家；因校雠者异其人，所以书亦各为一略，以学术流别论，自当列为诸子之一。《诗赋略》专收文辞、记事之书，并不别为一类。今之《史记》,《汉志》称为《太史公书》，特附《春秋》之末而已。然则就心理根据言之，其时根于记忆的记载，尚未与根于理智的学术分张，而特与根于情感的文辞对立也。《诗赋略》中的书，后世亦多入子部。然则欲治古史者，其材料，信乎都在经、子之中了。

经、子，我们本平等相看，然自汉以后，儒家之学盛行，（一）其书之传者独多；（二）而其训释亦较完备。借径于治经以治子较易，而独立以治子，则殆不可能。所以要治古史的，于经学，必不可不先知门径。

治经的门径如何？第一先须细读经的本文。凡书经熟读，则易于了解，而治之不觉费力，且随处可以触发。从前读旧书的人，小时都熟诵经文，所以长大了要治经较易。现在的学子，这一层功夫都没有了，再要补做，既势不可能，而亦事可不必。因为一一熟诵，本来亦属浪费也。但古经、子究较后世之书为难解，读时用力稍多，则势不能免。所以对于古史有兴味的人，最好能于群经中先择一种浅近的注解（此只求其于本文不太扞格，可以读下去而已。既非据为典要，故任何注释皆可取，总以简明易看为主），阅读一过。觉得其有用而难解之处，则多读若干遍，至读来有些习熟，不觉费力为止。群经本文无多，昔人言读注疏虽不甚费力，亦一年可毕（谭仲修语），况于择取浅近的注？为时不逾一载，可以断言。第二须略知训诂。读古书须通古代的言语，人人所知。训诂本身，亦为一种学问，治古史者，自不必如治小学者之专精；只须通知门径，遇不应望文生义之处，能够知道，能够查检而已。其第一部应读之书，仍为《说文解字》（无论钟鼎、甲骨文字，考释者均仍以篆书为本。不知篆书，不徒自己不能解释；即于他人之解释，亦将不能了解也）。此书看似枯燥，但其中的死字可以看过便弃；熟字只有固定意义的，亦不必究心；（如鲤字是。虎字同为动物名；然有虎虎有生气等语，其含义便较广）只其有引申、假借的，须注意以求通知其条例（字之妙用，全在引申、假借。若每字只有一义，则单字必不够用。若有一义即造一字，则单字将繁极不堪，不可复识矣。且文字所以代表语言，语言以音为主，音同义异，而各别造字，而义之同异，各人所见不同，益将纷然淆乱矣。一种言语内容的丰富，固恃复音之辞之增多，亦恃为复音之辞之基本之单字含义之丰富。单字含义之丰富，则一由引申，一资假借。引申者，同一语言，而含多义，自不必别造一字；假借者，本系两语，而其音相同，于其不虞混淆者，亦即合用而不别造，皆所以限制单字之数者也）。如此，则全书字数虽有九千余，其所当注意者，实不过数百而已。全书十四篇，加《序》一篇，以段懋堂的《注》和王箓友的《句读》，同时并读（《说文》一书，久不可读，清儒始创通条例，其首出者实为段懋堂，故段《注》虽专辄、错误处多，必不可以不读。王菉友于《说文》，亦功力甚深，《句读》系为初学而作，简浅而平正，且可附带知古书句读之法，故亦宜一读），假令半个月读一篇，为时亦不过七个半月而已。又凡字都无十分固定的意义，随着应用而都小有变化。此不能于训诂之书求之，非读书时涵泳上下文不能得。此法至清代高邮王氏父子而始精，且几乎可说，到他们而后创通。所以王伯申的《经传释词》，必须一读。不求记忆，而但求通知其条例，阅览甚易。全书十卷，日读一卷，可谓绝不费力。

经的本文既经熟习，训诂亦有相当门径；要研究古史的，自可进而阅读各种注、疏（疏谓注之注，非专指汇刻之《十三经注疏》言）。但在阅读注、疏以前，尚宜有一简单的预备。因为解经大别有汉、宋二流，讲义理别是一事，治史则旨在求真，汉人之说，自较宋人为胜（汉儒理解之力，远逊于宋儒。但宋儒喜据理推论，而不知社会之变迁，多以后世情形论古事，每陷于错误；汉儒去古近，所知古事较多，其言有时虽极可笑，究于古事为近真）；而汉学中又有今、古文两派，对于经文的解释，甚至所传经文的本身，都时有异同，亦必须通知其门径也。学者于此，当先读陈恭甫的《五经异义疏证》。此书乃许慎列举今古文异义，加以评骘，而郑玄又对许氏加以驳正者，今古文异义重要的，略具于此（今古文说，初非每事俱异。朱希祖曾在《北京大学月刊》撰文，欲依“立敌共许”之法，取经文为今古文家所共认者，立为标准，然后据以评定其异义。不知异义之存，皆用此法不能评定者也。不然，从来治经者，岂皆愚騃，有此明白简易之法而不之取邪？况就今学立场论，经文并不重于经说，因经学所重在义，义多存于口说中；且经文亦经师所传，经师所传之经文可信，其所传之经说亦可信，所传之经说不可信，则所传之经文亦不可信。朱氏偏重经文，即非立敌共许之法也）。次则《白虎通义》，为今文经说的荟萃。此书有陈卓人《疏证》，浏览一过，则于经学中重要的问题，都能知道一个大概，然后进而求详，自然不觉费力，且可避免一曲之见。（廖季平的《今古文考》现在不易得。此书论今古文之异，原于一为齐学，一为鲁学，实为经学上一大发明。又前此分别今古文者，多指某书为今文，某书为古文；其细密者，亦不过指某篇为今文，某篇为古文。至廖氏，始知古书编次错乱，不但一书之中，今古杂糅；即一篇之中，亦往往如此。分别今古文者，宜就其内容互相钩考，方法可谓最密。廖氏中年以后，学说渐涉荒怪，然不能以此累其少作。此书如能得之，可以一览，卷帙甚少，不费时也。）经、子所重，都在社会、政治方面，此于治经、子者固为重要；于治史者实更为重要也。《异义》三卷，《通义》十二卷，日读一卷，不过半个月；合诸前文所举，历时亦仅两年耳。

经学既有门径，同一方法，自可推以治子。治子第一步工夫，亦在细读子之本文。古子书重要的有，《老子》二卷，《庄子》十卷（《列子》系晋张湛伪造，中亦间存古说，初学可暂缓）《荀子》二十卷，《墨子》十五卷，（名家之学，道原于墨，见其书中之《经》上、下、《经说》上、下及《大取》《小取》六篇。至惠施、公孙龙等而恢廓，见《庄子·天下》篇。名家之书，今有《公孙龙子》。其书《汉志》不著录，必非古本；但辞义古奥，不似伪造，盖古人辑佚之作，初学可从缓），《管子》二十四卷，《韩非子》二十卷，《商君书》五卷，《孙子》一卷（《吴子》一卷，《司马法》一卷，亦出辑佚，无甚精义，可从缓。《六韬》，论者以其题齐太公撰而指为伪。然古书用作标题之人，本不谓书系其人手著，特谓其学原出此人耳。此说并亦不足信，然与书之真伪无关，因此乃古人所谓“名其学”，当时学术界有此风气也。《六韬》决非伪书，然多兵家专门之言，初学亦可暂缓），《吕氏春秋》二十六卷，《淮南子》二十一卷（此书虽出汉世，多述古说，与先秦诸子无异），其《周书》十卷（此书世多称为《逸周书》。逸乃儒家所用之名词，诗、书等不为儒家之经所取者，则谓之逸。不站在儒家之立场上，实无所谓逸也。此书与儒家所传之《尚书》，体裁确甚相似，然述武王灭殷之事，即大不相同，可见古所谓书，亦春秋、战国时人作，其原出于古记言之史，然决非当时史官原作也)，《战国策》三十三卷，旧入史部，然《周书》实兵家言，《战国策》实纵横家言（《鬼谷子》伪书，且无价值），并诸子之一；《山海经》十八卷，旧亦入史部；《楚辞》十七卷，则入集部，二书中藏古神话最多，且最真，说已见前，并宜阅读。诸书合计二百二十卷，日读一卷，费时亦不及两年也。注释可择浅近易晓者读之，亦与读经同。

读古史必求之经、子，可试举一事为例。秦始皇之灭六国，实变诸侯割据的封建国家为中央集权的封建国家，其事在公元前221年，距今（1954年）不过2175年耳。自此以前，追溯可知的历史，其年代必尚不止此。中国以中央集权成立之早，闻于世界，然其与诸侯割据之比尚如此，足见其事非容易。此自为历史上一大转变，然其事迹，求诸古代的记载，可见者甚少；而求诸古人学说之中，则反有可见其概略者。经书中言封建之制：今文为公、侯皆方百里，伯七十里，子、男五十里，不能五十里者，不达于天子，附于诸侯，曰附庸（《礼记·王制》《孟子·万章下》篇）。古文则公方五百里，侯四百里，伯三百里，子二百里，男百里。《周官·大司徒》。诸子之说，大致皆同（诸子书《管子》多同古文，因其与《周官》同为齐学也。余皆同今文。观诸子书不与今同，即与古同，即可知其非无本之说也）。古书所言制度，非古代的事实，而为学者所虚拟的方案，理极易明，无待辞费。然思想亦必有事实为背景；而向前看，非向后看之理，昔人不甚了解，故其思想，又必较时代为落后。然则今文家的学说，盖出春秋时，而其所欲仿行者，为西周初年的制度；古文家的学说，盖出战国时，而其所欲仿行者，为东周初年，亦即春秋时的制度。何以言之？按《榖梁》说："古者天子封诸侯，其地足以容其民，其民足以满城而自守也。"（襄公二十九年）此为立国自有其一定的大小，不容强事扩张，亦不容强加限制的原因。《左氏》说夏少康"有田一成"（哀公元年），此语当有所本。《易·讼卦》："其邑人三百户。"《疏》云："此小国下大夫之制。"《周礼·小司徒》："方十里为成，九百夫之地，沟渠、城郭、道路，三分去一，余六百夫，又以不易、一易、再易，定受田三百家。"《吕览》谓"海上有十里之诸侯"（《慎势篇》），《论语》谓管仲"夺伯氏骈邑三百"（《宪问篇》），正指此。然则夏代的名国，在东周时，仅为小国下大夫之封了，可以见其扩张之迹。方百里之地，划为一政治区域，在中国行之最久。此其形势，盖确定于春秋时。方七十里、五十里及不能五十里之国，在西周时，盖尚当获厕于会盟、征伐之列；然至东周之世，即寖失其独立的资格，而沦为人之私属（如《左氏》襄公二十七年弭兵之会，齐人请邾，宋人请滕，以为私属，二国遂不与盟)，而其时的大国，却扩充至五百里左右(《礼记·明堂位》说:“成王封周公于曲阜，地方七百里”;《史记·汉兴以来诸侯年表》说:周封伯禽、康叔于鲁、卫，地各四百里;太公于齐，兼五侯地。皆后来开拓的结果，说者误以为初封时事);据此形势而拟封建方案者，就起于百里而终于五百里了。然大于百里之国，初非将百里的区域撤销，而改组为二百里、三百里、四百里、五百里的区域;乃系以一较大的区域，而包含若干个方百里的区域于其中。观楚灭陈、蔡，以之为县(《左氏》昭公十二年);晋亦分祁氏之田为七县，羊舌氏之田为三县(《左氏》昭公二年);商君治秦，亦并小都、乡、邑聚以为县(《史记·商君列传》);而秦、汉时之县，仍大率方百里可知(《汉书·百官公卿表》)。此一基层的官治单位，迄今未有根本的改变，所以说行之最久。而五百里左右的政治区域，则为郡制成立的根源。此为郡县制度发生于割据时代的事实，亦即中央集权的封建制度，孕育于诸侯割据的封建制度之中。至于方千里之国(《左氏》襄公三十五年，子产说其时的大国，“地方数圻”，圻、畿一字，则又大于方千里。盖以其幅员言之如此;其菁华之地，则不过方千里而已，犹后世内地与边郡之别也)，则今、古文家同谓之王，在周以前，从无封国能如此之大，亦从无以此等大国而受封于人的，所以拟封建方案者，并不之及了(楚、汉之际及汉初封国，有大于此者，然只昙花一现而已)。古人立说，主客观不分，将自己所拟的方案，和古代的事实，混为一谈，遂使人读之而滋疑；然苟能善为推求，事实自可因之而见。且如今文家说巡守之制：岁二月东巡守，至于岱宗；五月南巡守，至于南岳；八月西巡守，至于西岳；十有一月北巡守，至于北岳。这无论其都城在何处，巡完一方后回到都城再出，抑或自东径往南，自南径往西，自西径往北，以古代的交通论，都无此可能，其说似极不可信。然《孟子·梁惠王下》篇载晏子说巡守之制云："春省耕而补不足，秋省敛而助不给"，则后世知县之劝农耳，何来不及之有？古人所拟方案，皆本于此等小规模的制度而扩大之，而其方案遂实不可行；使其纯出虚构，倒不至于如此不合情理了。足见其中自有事实，可以推求也。举此一事为例，其余可以类推（今古文异说，今文所代表的，恒为早一期的思想，其中即隐藏着早一期的事实；古文则反是。如言兵制，古文的兵数，即多于今文）。

职是故，刘子玄所谓"轻事重言"之说，不得不常目在之，而利用经、子中材料的，不得不打一极大折扣。因为随意演说的，往往将其事扩大至无数倍也〔如禹之治水，如今《尚书·禹贡》等所说，在当时决无此可能。此在今日，已无待辞费。《书经·皋陶谟》（今本分为《益稷》），载禹自述之辞曰："予决九川距四海，濬畎、浍距川。"九者，多数。川者，天然之河流。四海之海，乃晦字之义，四境之外，情形暗昧不明之地，则谓之海；非今洋海之海也。畎、浍者，人力所成之沟渠。然则禹之治水，不过将境内的沟渠，引导到天然的河流中；而将天然的河流，排出境外而已。《孟子·告子下》篇：白圭自夸其治水“愈于禹”；孟子讥之，谓禹之治水，“以四海为壑，今吾子以邻国为壑”，而不知禹之所谓四海，正其时之邻国也。白圭盖尚知禹治水之真相。《论语·泰伯》篇：孔子之称禹，亦不过曰“尽力乎沟洫”而已。此等皆古事真相，因单辞片语而仅存者，一经随意推演，即全失其原形矣〕。又因主客观不分，所以其所谓“寓言”者，明系编造之事，而可以用真人名（如《庄子·盗跖》篇载孔子说盗跖之事）；又可将自己的话，装入他人口中。如本书所引娄敬说汉高祖之事即是。所重之言如此；而其所轻之事，则任其真相湮没（凡单辞片语未经扩大者，其说皆可信，然其详则不传）。因此，读古书的，于近人所谓“层累地造成”之外，又须兼“逐渐地剥落”一义言之，方为完备。而编次错乱一端，尚不在内。其方法，就不得不极其谨严了。但古人的思想，所走的系两极端。一方面，自己立说的，极其随便；一方面，传他人之说的，又极谨严。此即前所云传信传疑，及所据的材料、来源不同，不使其互相羼杂，亦不以之互相订补之例。书之时代愈早者，其守此例愈严。太史公的《史记》，所以胜于谯周的《古史考》、皇甫谧的《帝王世纪》者以此，此义亦决不可以不知。

以上的工夫既已做过，即可试读《史记》的一部分，以自验其能否了解、运用。中国所谓正史，必须以读古史的方法治之者，实惟此一部也。说到此，则又须略论史籍的起源。按古无史部之书，非谓其无历史的材料；相反，历史的材料正多，特其时的人，尚未知尊重客观的事实，莫能编纂之以行世耳。史料的来源，可分为史官记录、民间传说二者；民间传说，流传的机会较少；传世者实以史官所记录为多，说已见前。此等情形，乃系逐渐造成，在古代则又有异。古所谓史官，最重要者为左、右史。“左史记事，右史记言，言为《尚书》，事为《春秋》”（《礼记·玉藻》说：“动则左史书之，言则右史书之。”郑《注》说：“其书，《春秋》《尚书》其存者。”《汉书·艺文志》说：“右史记事，左史记言”，左右二字怕互讹。《礼记·祭统》说：“史由君右，执策命之”，亦右史记言之证也），这说法，大约是不错的。《春秋》的体例，盖原于邃古，其时文字之用尚少，而事情亦极简单，因之记事的笔法，亦随之而简单；尔后相沿未改，其为物无甚兴味，所以传述者不多。而《尚书》一体，因记言扩及记行，遂成为后来的所谓“语”，与古代社会口说流行的风习相结合，其体遂日以扩大（语之本体，当系记人君的言语，如今讲演之类。其后扩而充之，则及于一切嘉言；而嘉言之反面为莠言，亦可存之以昭炯戒。记录言语的，本可略述其起因及结果，以备本事；扩而充之，则及于一切懿行；而其反面即为恶行。如此，其体遂日以恢廓了。《国语》乃语之分国编纂者，《论语》则孔子之语之分类编纂者也。《史记》的列传，在他篇中提及，多称为“语”，如《秦本纪》述商鞅说孝公变法曰“其事在《商君语》中”是也。《礼记·乐记》述武王灭殷之事，亦谓之“牧野之语”）。此外记贵族的世系的，则有《系》《世》，出于《周官》的小史及瞽矇。又凡一切故事，官家具有记录的，总称为“图法”，即后世的典志。（《吕览·先识览》：“夏之亡也，太史终古抱其图法以奔商；商之亡也，太史向挚抱其图法以奔周。”）自战国以前，历史的材料，大致如此。秦始皇的烧书，尸古书亡灭的总咎，实则其所烧者，不过官家所藏；若私家所藏，即所谓“诗书百家语”者，烧之必不能尽。然在战国以前，除《世本》一书外，殆未有能编辑史官所记以行世者，故经始皇一烧而即尽，说已见前所引《史记·六国表》。《世本》一书，盖私人所编辑，已在民间所藏“诗书百家语”之列，故为秦火所不及。然则以《世本》为最早的历史，为《史记》之前驱者，其说殆不诬也（洪饴孙撰《史表》，即以《世本》列于《史记》之前，居正史之首）。《世本》的体裁，见于诸书征引者，有本纪，有世家，有传，其名皆为《史记》所沿；有谱，则《史记》谓之表；有居篇、作篇，则记典章经制一类的事实，为《史记》所谓书，而《汉书》以下改名为志者。《世本》原书已不可见，就《史记》而推其源，则本纪及世家，出于古左史及小史；表源于谱；传者，语之异名，排列多人，故称列传（《列女传》者，列女人之传也。女、传二字相属，列、女二字不相属。后人以列女为一名词，实误），此盖源于右史；书则图法之类也。

今人每喜凿言古之某书出于更古之某书；某人之学说源于较早的某人，或受其并时某人的影响。其实书阙有间，此事甚难质言（如《孟子·万章上》篇说尧、舜禅让，与《史记·五帝本纪》同，谓之同用孔门《书》说则可；近人凿言史公用《孟子》，即无据）。然某书出于某书不可知，而其本源为古代某一类之书则可知；某说出于某人不可知，而其所据为某一派之说则可知（如晚出之《古文尚书伪孔传》，断言其为王肃所造，并无确据，然其为肃一派之学说则无疑）。明于此义，则于现存之书，可以考见其本源，读之更易明了；并可推考较现存之书更早一时期的学术状况了。

自疑古之说既起，人多以为古书之久经行世者，必多窜乱、伪造，其新发现者必真；书籍或不可信，实物则无可疑。因此，特重古物及新发现的古书。其言似极有理，然疑古亦有条理，不能执空廓之论硬套；而古物及新发现的书籍，亦尽多伪品，有所偏主而轻信之，有反上其当者。如汲冢所发现之古书，当时虽实有其物，然不久即悉行亡佚，无一传诸后世。所谓《竹书纪年》，出于明人者固伪；即后人所辑之古本，亦未尝不伪。〔可参看拙撰《晋南北朝史》第二十三章第八节（页一四五四至一四五九），又《先秦史》第四章（页三九）及第七章第四节（页七六）。又如近代所谓甲骨文，其中伪物亦极多。（可参看拙撰《先秦史》第二章（页二一）。〕此等材料，取用不可不极谨慎。至于古物，新发现者自不易欺人；其久经流传者，真伪亦极难辨。章太炎曾谓：必（一）发现、流传、收藏，确实有据；（二）又其物巨大，牟利者不肯为，好事者不耐心为之者，乃为可信，自属稳健之说。予又益以发现、流传、收藏，在古物不值钱之时、之地，较之在值钱之时、之地者，可信的程度较高。持此鉴别，亦庶几寡过也。

（选自吕思勉《吕著史学与史籍》）

怎样读中国历史

吕思勉

幼时读康南海的《桂学答问》，就见他劝人阅读全部正史。去年（1934 年）章太炎在上海各大学教职员联合会演讲，又有这样的话："文化二字，涵义至广，遽数之，不能终其物。方今国步艰难，欲求文化复兴，非从切实方面言之，何能有所成功？历史譬如一国之账籍，为国民者岂可不一披自国之账籍乎？以中国幅员之大，历年之久，不读史书及诸地方志，何能知其梗概？史书文义平易，两三点钟之功，足阅两卷有余，一部二十四史，三千二百三十九卷，日读两卷，一日不脱，四年可了，有志之士，正须以此自勉。"

诚然，中国的正史材料是很丰富的，果能知其梗概，其识见自与常人有异，然康、章二氏之言，究系为旧学略有根底者言之。若其不然，则（一）正史除志以外，纪传均以人为单位，此法系沿袭《史记》（此体创自《史记》，实不能为太史公咎，因其时本纪、世家、列传材料各有来路，不能合并，且本纪、世家与列传实亦不甚重复）。而后世史事的范围扩大了，一件较大的事，总要牵涉许多人，一事分属诸篇，即已知大要的人，尚甚难于贯穿，何况初学？（二）即以志论，典章制度，前后相因，正史断代为书，不能穷其因果，即觉难于了解。况且正史又不都有志，那么一种制度，从中间截去一节，更觉难于了解了。所以昔人入手，并不就读正史。关于历代大事，大抵是读编年史的，亦或读纪事本末。至于典章制度，则多读《通考》及《通志》之《二十略》，此法自较读正史为切要。惟（三）现在读史的眼光和前人不同了。前人所视为重要的事，现在或觉其不甚重要，其所略而不及的事，或者反而渴望知道它。所以现在的需要和前人不同，不但是书的体裁，即编纂方法问题，实亦是书之内容，即其所记载的事实问题。

如此则但就旧日的书而权衡其轻重先后，实不足以应我们今日的需要了。然则学习中国历史，应当怎样进行呢？

现在人的眼光和前人不同之处，根本安在？一言以蔽之，曰：由于前人不知社会之重要。一切事，都是社会上的一种现象。研究学问的人，因为社会上的现象太复杂了，而一个人的精力有限，乃把他分门别类，各人研究一门，如此即成为各种社会科学。为研究的方便，可以分开论，然而实际的社会，则是一个，所以各种现象仍是互相牵连的，实在只是一个社会的各种“相”。非了解各种“相”，固然无从知道整个的社会；而非知道整个的社会，亦无从知道其各种“相”，因而史学遂成为各种社会科学的根柢，而其本身又待各种社会科学之辅助而后明。因为史学有待于各种科学之辅助而后明，史乃有专门、普通之分。专门的历史，专就一种现象的陈迹加以研究；普通的历史，则综合专门家研究所得的结果，以说明一地域、一时代间一定社会的真相。严格言之，专门的历史还当分属于各科学之中，惟普通的历史乃是称为真正之历史。因为史学的对象，便是整个的过去的社会，但是专门的研究不充分，整个社会的情形亦即无从知道。而在今日，各个方面的历史情形实尚多茫昧，因此，专门及特殊问题的研究极为重要，史家的精力耗费于此者不少。

以上所述为现代史学界一般的情形。至于中国历史，则材料虽多，迄未用科学的眼光加以整理，其紊乱而缺乏系统的情形，自较西欧诸国为尤甚。所以（一）删除无用的材料；（二）增补有用的材料；（三）不论什么事情，都要用科学的眼光来加以解释，实为目前的急务。但这是专门研究家所有之事，而在专门研究之先，必须有一点史学上的常识，尤为重要。

研究学问有一点和做工不同。做工的工具，是独立有形之物，在未曾做工以前，可先练习使用。研究学问的工具则不然，他是无形之物，不能由教者具体地授与。对学者虽亦可以略为指点，但只是初步的初步，其余总是学者一面学，一面自己体会领悟而得的。善教的人，不过随机加以指导。所以研究手段的学习，即是学问初步的研究。当然，手段愈良，做出来的成绩愈好，亦惟前人所做的成绩愈好，而其给与我们的手段乃愈良。前此的历史书，既然不能尽合现在的需要，我们现在想藉此以得研究历史的工具，岂不很困难？然而天下事总是逐渐进步的，我们不能坐待良好的历史书，然后从事于研究，此前的历史书虽明知其不尽合于今日我们的需要，而亦不能不藉以为用，所以当我们研究之先，先有对旧日的史部作一鸟瞰之必要。

历史书有立定体例、负责编纂的，亦有仅搜集材料以备后人采用的。关于前者，其范围恒较确定，所以驳杂无用的材料较少；在彼划定的范围内，搜辑必较完备，所采用的材料亦必较正确。后者却相反。所以读历史书，宜从负责编纂的书入手。其但搜辑材料以备后人来择用的书，则宜俟我们已有采择的能力，已定采择的宗旨后，才能去读。昔人所视为重要的事项，固然今人未必尽视为重要，然而需要的情况不能全变，其中总仍有我们所视为重要的，即仍为今日所宜读。然则昔时史家所视为最重要的，是什么呢？

关于此，我以为最能代表昔时史家的意见的，当推马端临《文献通考序》。他把历史上的重要现象，概括为（一）理乱兴衰；（二）典章经制两端，这确是昔时的正史所负责搜辑的。不过此处所谓正史是指学者所认为正史者而言，不指功令所定。我们今日的需要，固然不尽于此，然这两端，确仍为今日所需要。把此项昔人所认为重要而仍为我们今日所需要的材料，先泛览一过，知其大概，确是治中国历史者很要紧的功夫。

但是今日所需要，既不尽同于昔人所需要，则今日所研究，自不能以昔人所认为重要者为限，补充昔人所未备，又是今日治中国历史者很紧要的功夫。

固然研究的工具，是要随着研究而获得的，但是当研究之前，所谓初步的门径，仍不可不略事探讨，这又是一层功夫。

请本此眼光，以谈论阅读中国历史书的具体方法：

关于第一个问题，正史暂可缓读。历代理乱兴衰的大要，是应首先知道的。关于此，可读《资治通鉴》《续通鉴》（毕沅所编）、《明纪》或《明通鉴》。此类编年史，最便于了解各时代的大势。如虑其不能贯串，则将各种纪事本末置于手头，随时检查亦可。但自《宋史纪事本末》以下，并非据《续通鉴》等所作，不能尽相符合而已。清代之史，可姑一读萧一山《清朝通史》，此书亦未出全，可再以近人所编中国近世史，近百年史等读之。典章经制，可选读《文献通考》中下列十三门：（一）田赋，（二）钱币，（三）户口，（四）职役，（五）征榷，（六）市籴，（七）土贡，（八）国用，（九）选举，（十）学校，（十一）职官，（十二）兵，（十三）刑。如能将《续通考》《清通考》、刘锦藻《续清通考》，均按此门类读完一遍最好。如其不然，则但读《通考》，知道前代典章经制重要的门类，然后随时求之亦可。此类史实，虽然所记的多属政事，然而社会的情形，可因此而考见的颇多。只要有眼光，随处可以悟入。若性喜研究这一类史实的人，则《通志·二十略》除六书、七音、草木昆虫、氏族，为其所自创，为前此正史之表及《通典》《通考》所无外，余皆互相出入，亦可一览，以资互证。

历史地理，自然该知道大略。此事在今日，其适用仍无逾于清初顾祖禹的《读史方舆纪要》的。此书初学，亦可不必全读。但读其历代州郡沿革，且可以商务《历代疆域形势一览图》对读。此图后附之说，亦系抄撮顾书而成，次读其各省各府之总论，各县可暂缓。

历代的理乱兴衰，以及典章经制，昔人所认为最重要的，既已通知大略，在专研历史的人，即可进读正史。因为正史所记，亦以此两类事为最多。先已通知大略，就不怕其零碎而觉得茫无头绪了。正史卷帙太繁，又无系统，非专门治史的人，依我说，不读也罢。但四史是例外。此四书关涉的范围极广，并非专门治史的人也有用，读了决不冤枉。至于专门治史的人，则其不可不读，更无待于言了。工具以愈练习使用而愈精良。初读正史，原只能算是练习。四史者，正史中为用最广，且文字优美，读之极饶兴趣，又系古书，整理起来，比后世的书略难，借此以为运用工具的练习，亦无不可的。既读四史之后，专治国史的人，即可以进读全史。全史卷帙浩繁，不可望而生畏，卷帙浩繁是不足惧的，只要我们有读法，倒是太简的书不易读。读法如何，在乎快，像略地一般，先看一个大略。

这是曾涤生读书之法。专门治史的人，正史最好能读两遍，如其不然，则将《宋书》《齐书》《梁书》《陈书》《魏书》《北齐书》《北周书》和《南史》《北史》，分为两组；《新唐书》《旧唐书》《新五代史》《旧五代史》亦分成两组，第一遍只读一组亦可。《宋书》《齐书》《梁书》《陈书》《魏书》《北齐书》《北周书》和《南史》《北史》大体重复，《新唐书》《旧唐书》《新五代史》《旧五代史》实在大不相同。正史包含的材料太多，断不能各方面都精究，总只能取其所欲看。看第一遍的时候，最好将自己所要研究的用笔圈识；读第二遍时再行校补。如此读至两遍，于专治国史的人受用无穷。正史的纪传太零碎了，志则较有条理。喜欢研究典章经制的人，先把志读得较熟，再看纪传，亦是一法。因为于其事实，大体先已明了，零碎有关涉的材料自然容易看见了。陈言夏的读史即用此法。正史中无用的材料诚然很多，读时却不可跳过，因为有用无用，因人的见解而不同。学问上的发明，正从人所不经意之处悟入，读书所以忌读节本。况且看似无用，其中仍包含有用的材料，或易一方面言之，即为有用。如《五行志》专记怪异，似乎研究自然科学如天文、地质、生物、生理等人才有用，然而五行灾异亦是一种学说，要明白学术宗教大要的人，岂能不读？又如《律历志》似更非常人所能解，然而度量衡的制度，古代纪年的推算，都在《汉书·律历志》中；而如《明史·历志》则包含西学输入的事实，亦岂可以不读？近来所出的正史选本，我真莫名其是据何标准，又有人说，正史可以依类刊行，如《食货志》归《食货志》，《四裔传》归《四裔传》之类，经人辩驳之后，则又说可将各类材料辑成类编，那更言之太容易了。

关于第二个问题。昔时史部的书不能专恃，必赖他部或近来新出之书补正的，莫如古史和四裔两门。古史的初期本与史前时代衔接，这时候本无正确的历史，只有荒渺的传说，非有现代科学的知识，断乎无从整理，所以宜先读社会科学的书。如文化人类学、社会进化史等等。古史较晚的材料，多存于经子中。经子虽卷帙无多，然解释颇难，合后人注疏考订之书观之，则卷帙并不算少，且颇沉闷。而且经学又有今文、古文等派别，《书经》又有《伪古文》，如不通晓，则触处都成错误，所以因治古史而取材于经子，对经子的本身，仍有通晓其源流派别之必要。关于此，拙撰《经子解题》，入手时似可备一览。为治古史而读经子，第一步宜看陈立《白虎通义疏证》、陈寿祺《五经异义疏证》。前者是今文家经说的结晶，而亦是古史的志。后者则今古文两家重要的异点已具于是。读此之后，再细读《礼记·王制》一篇和《周官》全部的注疏，则于今古文派别已能通晓，古代的典章经制亦可知其大要，并古代的社会情形亦可推知其大概了。大抵古代学问，多由口耳相传，故其立说之异同，多由学派之歧异，往往众说分歧，实可按其派别分为若干组。若能如此，则残缺不全之说，得同派之相证而益明，而异派立说之不同，亦因此而易于折中去取。派别之异，最显而易见的，为汉代之古今文经说，然其说实导自先秦，故此法不但可以治汉人的经说，并可以之治经之正文，不但可以治经，并可推之以治子。分别今古文之法，以廖季平先生为最后而最精，其弟子蒙文通乃推之以治古史，其所撰《经学抉原》《古史甄微》两种必须一览。其结论之可取与否，是另一问题，其方法则是治古史的人必须采取的。

编纂周以前历史的人，自古即很多，但于今多佚。现存的书，以宋罗泌的《路史》所包含的材料为最富，刘恕的《通鉴外纪》亦称精详。清代马骕的《绎史》亦称详备，可备翻检而助贯串。因其书系用纪事本末体。

外国有自己的历史。从前中国和他们的交通不甚密切，所传不免缺漏错误，此等在今日，不能不用他们自己的记载来补正，无待于言。亦有并无历史，即靠中国历史中的资料以构成他们的历史的，其中又有两种：一种是他们全无正式史籍的，另一种是虽有而不足信，反不如中国所存的材料的。此一部分中国历史实为世界之瑰宝，其材料虽旧，而研究的方法则新——不用新方法，简直可以全无所得。这方面现代人的著作，也不可以不读，此等著作以外国人的为多，这是因为设备和辅助的科学，外国的研究家所掌握的较为完全之故。近多有译本，其目不能备举，可自求而读之。

关于学术史。昔时专著颇乏，可以学案补之。宋、元、明学案，大略完备。如尚嫌零碎沉闷，拙撰《理学纲要》亦可备一览。清代则有江藩《汉学师承记》和梁启超《清代学术概论》。经学史则皮锡瑞《经学历史》颇为简要。佛学另系专门，如以史学眼光读之，则欧阳潮存所译《原始佛教思想论》、蒋维乔《中国佛教史》、吕澄《印度佛教史略》《西藏佛学原论》，似可依次一览。先秦学术，近人著作甚多，但只可供参证，其要还在自读原书。

关于第三个问题。读史的方法，亦宜参考现代人的著述。现代史学的意义，既和前代不同，研究的方法当然随之而异。生于现代，还抱着从前的旧见解，就真是开倒车了。论现代史学和史学研究法的书，其中强半是译本；自著的亦多系介绍外人之说。惟梁启超《中国历史研究法》及《补编》系自出心裁之作，对于史学的意义，自不如外国史学家得科学的辅助者之晶莹，而论具体的方法则较为亲切。商务所出论史学及历史研究法之书，大致都可看得，不再列举其名，其中《历史教学法》一种——美国约翰生·亨利著，何炳松译——虽编入现代教学名著中，却于初学历史之人很有裨益，因其言之甚为详明，所以特为介绍。中国论史学的学问，当推刘知幾的《史通》、章学诚的《文史通义》。前书大体承认昔人作史之体裁，但于其不精密处加以矫正，读此对于昔人评论史裁之言，可以易于了解，且可知自唐以前史学的大概情形及唐代史学家的意见。章氏书则根本怀疑昔人的史裁，想要另行创造，其思想颇与现在的新史学接近。其思力之沈鸷，实在很可钦佩。这是中国史学史上很值得大书特书的事情。关于此两部书，我很想用现代史学的眼光加以批评比较，再追溯到作者的时代，而解释其思想之所由来。前者已成，名《史通评》，现由商务印行。后者尚未着手，然亦很想在最近把它完成。

研究的方法必须试行之后，方能真知。抽象的理论，言者虽属谆谆，听者终属隔膜，无已，则看前人所制成的作品，反而觉得亲切。昔人诗："鸳鸯绣出凭君看，不把金针度与人。"又有替他下转语的说："金针线迹分明在，但把鸳鸯仔细看。"这两句诗也真觉亲切而有味。此项作品，我以为最好的有两部：（一）顾亭林（炎武）的《日知录》卷八之十三。（二）赵瓯北（翼）之《二十二史札记》。前者贯串群书，并及于身所经验的事实。后者专就正史之中提要钩玄组织之，以发明湮晦的事实的真相，都为现在治史学的好模范。

于此还有一言。目录之书，旧时亦隶史部。此类之书，似乎除专治目录学者外，只备检查，无从阅读。尤其是初学之人无从阅读。但是旧时读书有一种教法，学童在读书之初，先令其将《四库书目提要》阅读一过，使其于学术全体作一鸟瞰，此项功夫我小时尚做过（但集部未能看完），自信不为无益。《四库书目提要》固然不足．尽今日之学术，但于旧学的大概究尚能得十之八九，而此书亦并不难读，如能泛览一过，亦很有益的。

以上所论，都系极浅近之语，真所谓门径之门径，阶梯之阶梯。在方家看来，自然不值一笑，然而我以为指示初学的人，不患其浅，但患其陋耳，若因其言之浅，恐人笑其陋而不敢说，则未免拘于门面矣。我的立说虽浅，自信初学的人，或可具体应用。大抵浅而不陋之言，虽浅亦非略有工夫不能道，若乃实无工夫，却要自顾门面，抄了一大篇书目，说了许多不着边际的话，看似殚见洽闻，门径高雅，而实则令人无从下手，此等习气则吾知免矣。

（选自《吕思勉经典文存》）

论文史

吕思勉

一

近来刘大杰先生写信给我，颇叹息于青年肯留意于文史者太少，这确亦是一个问题。

文学，即旧日所谓辞章之学，讲朴学和经世之学的人，本都有些瞧它不起，以为浮华无实。这也不免于一偏，但他们不过不愿意尽力于文学而已，对于旧书的文义，是能够切实了解的，现在就很难说了。还记得二十余年前，章行严先生说过一句话：现在的文字，只要风格两样一些，就没有人能懂得了。这句话，确使人闻之痛心。

所谓风格，直接些说，就是俗话所谓神气。我们对于一个人的意思的了解，不但是听他说话，还要领略他的声音笑貌等等，文字就是语言的扩大，然这些辅助的条件都没有了，所以其了解要难些。然于文字不能确实了解，即不能得作者的真意。所以要了解旧书，旧文学不能没有相当的程度。

对于旧书，喜新的人，或者以为不值得留意。但它毕竟是材料的一部分；比外国的材料，还要亲切些，这如何能够不留意呢？

二

说到本国的材料，比来自外国的要亲切一些，就可因文而及于史了。我现在且随意举几个例，如：（一）外国人有肯挺身作证的风气，所以其定案不一定要用口供，中国就颇难说了。任何罪案，在团体较小，风气诚朴，又法律即本于习惯之时，罪名的有无轻重，本来可取决于公议。《礼记·王制》篇说"疑狱泛与众共之"，还是这种制度的一个遗迹。外国大概和这风气相去还近，所以能有陪审制度，中国又较难说了。举此两端，即可见中国研究法学的人，不能但凭外国材料。（二）又如农民，大都缺乏资本，不能无藉于借贷。王安石的青苗法，现在大家都知道其立意之善了，然其办法不甚合宜，也是不能为讳的。其最大的病根，即在以州县主其事。人民与官不亲，本金遂借不出去，而官吏又欲以多放为功，遂至弊窦丛生。现在的农贷，主其事者为农民银行，与其人民隔绝，自不致如地方官之甚，然其于地方情形的不熟悉，亦与官吏相去无几，至少在他初办时是如此，然亦欲以多放为功，就有土豪劣绅，蒙蔽银行，伪组合作社，以低利借进，以高利转借给农民等的弊窦了。他如现在的游击队，固然和从前的团练不同物，然其理亦未尝无相通之处。又如复员，战士或者要归耕，其事亦非今日始有。此等处，本国已往的情形，亦必较外国的材料更为亲切。大家都知道研究外国学问，不可不先通其语文，如何研究中国材料，对于本国文字，反而不求甚解呢？

三

文字是要经长久使用，然后才会精深的，这是因为语言和文化，每相伴而发达。金世宗是民族成见最深的人，他不愿女真人和中国同化，于是竭力提倡女真文字，以之开科，以之设学。然他深病女真文字，不如中国的精深，曾以此意问其臣下。有一个对道：再多用些时候，自然要精深些。这话亦颇含真理。从前有个学生留学德国，一次有个德国人问他道：你看法文与德文孰难？他说：法文似乎要难些。这个德国人大为不悦，和他力辩，说德文并不容易，这事见于二十年前《时报》的欧洲通信上。此时语体文初兴，这位通讯员说："现在一班人，还敢以艰深为中国文字之病么？"案文字要求通俗易解，亦自有一种道理，这位通讯员的话，也未免于一偏。然要通俗易解是一事，要传达精深的学术，亦是一事，这位通讯员的话，亦代表一方面的真理。

要研究中国学问，必须要看古书，这和要研究外国学问，必须读其名家专著一样，单读些近来人所著的书籍，是无用的。因为著书者必有其所悬拟的读者。近人所著的书，非不条理明备，语言朗畅，而且都站在现在的立场上说话，绝无背时之病。然其所悬拟的读者，大都是普通人，其标准较低，极精深的见解，不知不觉，遂被删弃。终身读此等书，遂无由和最大的思想家最高的思想接触。若昔人所著的书，但求藏之名山，传之其人者，则多并不求普通人的了解，所以其内容虽极驳杂，而精深处自不可掩。这亦是治中国学问者对于本国文字不能不有相当程度的原因。

文史本是两种学问。但在今日研究史学，而欲求材料于中国的旧史，则和文学关系殊深。这原不是史学一门，一切学问，要利用中国的旧材料，都是如此的。但是史部中材料特别多，所以其关系也更密切罢了。

（选自《吕思勉论学丛稿》）

历史的使命

蒋梦麟

我自从到台湾以后，因为担任社会上的实际工作，演讲的机会很少，同时我也不大喜欢演讲。我在台担任的实际工作，是农村复兴委员会（简称农复会）。农复会在台的工作对象是农村，目的是在使农村增加生产，和改善农民的生活，俾使农民能达到安居乐业的境地。但是我今天不想谈农复会的实际工作情形而是要向诸位来讲“历史的使命”。这有两个原因：第一，农复会在台工作已相当成功，并且已见诸事实，农民生活水准普遍提高，农村方面表现了一种崭新的气象。这种事实的表现，美国派来的专家也承认，他们对农复会的工作都深具信心。现在美国对东南亚的农村改进已采用农复会在台湾所推行的方法，在东南亚各国办理美援的人们，如缅甸、安南、暹罗等地都愿意派专家来台考察。以台湾推行的情形，作为他们改进农村工作计划的蓝本。至于我们的农村复兴工作，应该怎样来办，同时如何才能办得好，这就要了解以往的史实和历史发展的方向，这样才能切合农村实际需要，使农村受益。第二，世界局势瞬息万变，将来前途如何大家都不免感到彷徨，在个人方面，也难免对出路感到烦闷。要解答这些问题，我们可否从历史上得到启示？用历史方法来考验和接受历史的教训，以为我们今日行动的借镜，是十分需要的。不过谈到历史，本人既非历史专家，况且台大有历史学系，所以我不想从历史的发展上细说。但我是很喜欢读历史的一个人，现在我准备把我个人在史实的了解上，对现代局势和将来发展的趋势，提出四点和诸位讨论。

一、我们要明白过去，才能认识现在。我们要知道今日局势为何演变至此？就必须知道近至几十年远至百年千年中国历史的演变，以及近百年西洋史的发展，所谓“博古通今”，就是这个意思。就台湾的史实来说，若不知台湾以往的历史，只看到眼前的山水房屋道路，是无法了解今日的台湾的。譬如说台湾有七百多万人口，他们怎样来台，何时来台？假如我们研究历史的话，就知道他们大部来自福建的南部，和广东的东部。现在台湾人讲的台湾话，就是福建的闽南话，部分讲客家话的也就是广东嘉应五属早年来台的客家人，风俗习惯也和闽粤并无二致。国人大量渡海来台，是在我明末郑成功抗清时代，三保太监郑和军队也曾来过台湾。再溯向前，宋朝元朝时也有人来过台湾，但他们都没有占领台湾。隋朝就已有关于琉球的记载，那时的琉球是指台湾而言（隋时称琉球为冲绳），此种见解历史家尚未一致。我们让他们继续考证罢。隋、宋、元各朝来台的人，他们未能建设台湾，是有其历史原因的。那时高山族人盘踞台湾，文化未开，甚为野蛮，痛恨外来的人。相反的当时的南洋群岛却很欢迎华侨，因此国人多向南洋发展，直至明末因郑成功的关系国人才大量移居台湾。台湾虽然被日本人占领了五十年，除了城市方面有相当影响外，在乡村的影响并不大。台湾人民仍然保留着中国固有文化的传统。一个民族要在五十年同化另一个民族是不可能的，就是一百年恐怕也做不到。广东人还是广东人，福建人还是福建人，他们依旧保持着固有的语言文化。因此台湾居民的风俗习惯、文物制度仍与我们一样。农复会工作能够顺利推行亦基于此。所以我们要知道我们今天所处的社会，就应该切实了解过去的历史。这就是，观今宜鉴古，无古不成今的道理。

二、历史所指示吾人的盛衰变乱原因，是否可作为今日的教训？车有辙而后可循。道有覆辙后车当戒。历史上有价值的记载，吾人应该效法作为榜样，不对的地方我们应有所警惕，有所改进，避免历史重演的悲剧。过去中国对付外国人的办法是采同化和怀柔政策。所谓用夏变夷，夷狄而诸夏者则诸夏之，就是用中国固有文化对他们灌输，使其逐渐为汉族所同化。汉武帝出兵征匈奴，唐朝远征高丽，所谓“招亲和番”就是实行怀柔与同化政策的表现。不过近百年来用夏变夷的政策已经失败了。到清朝后半期，西洋人入侵，当时执政的人，以为仍然可用中国一贯的同化政策来同化欧人。但近百年来的教训是：我们不但没有把欧人同化，反被欧人所同化，结果成了用夷变夏，使中国的文化成为非中非西的状态。怀柔政策则坚甲利兵来了，亦无法施行。同化和怀柔政策的不能再行采用，是因为环境变了，旧政策只有捉襟见肘，这是因为我们不了解西洋历史的关系和误用历史上的榜样的结果。过去夷人文化较低，易于同化。而近代欧人文化较高，科学尤其进步，商业经济日益扩展，已经不是用同化和怀柔政策所能处理得了，因此我们不能死读历史，或者是泥古不化。现代国际间关系的密切，研究历史的人已不能把历史的范围限于本国，而是要进一步熟知各国历史，才能有益。像二次大战前英首相张伯伦对德国实行绥靖政策，结果吃了大亏。因此邱吉尔执政后，就极力主战。这是因为邱氏懂得德人好战有其历史的传统，并非妥协的政策能够遏止。

三、知道过去的事实是否就可以预测将来呢？照孔孟的说法，认为知道过去的历史就能知道未来的发展。孔子说：虽百世可知也。他认为只要知道礼的损益，就可以测知未来局势的演变。孟子也曾说过五百年必有王者兴，他的这句话也是由历史的发展推演得来的，因为夏至商为五百年，商至周历六百年。但百余年后秦始皇兴起，宰相李斯为法家，摈斥儒家思想，与讲仁义之道的儒家思想完全相反。汉高祖时，推行法治精神，儒家思想仍未被采用。这样看来知道过去的历史对未来是毫无裨益的吗？其实不然，孔孟只看到过去与当时的文物制度而不知道未来环境的改变。所以我们一面研究历史的文物制度，同时还要注意到当时环境可能发生的影响。如意大利虽欲与英德同样工业化，但因缺乏煤铁，就不能顺利完成。大陆时期本人曾与诸同仁在四川等地协助政府举办二五减租，大部均告成功，农民生活得到改善。四川的陷落并非由于内部的扰乱，而是由于军事的失利。中国的农民有百分之七十五，而且生活都是贫苦的，他们是造成中国历史上一治一乱的重要原因。我们了解这一点，所以我们第一步必须先把农村搞好，然后才能谈到工业化，这是可以断言的。因为我们是以农立国，工业的基础建筑在农业上。现在台湾实行的各种措施，如三七五减租等，就是针对过去治乱的史实，推行的一种改革。

四、研究历史要注意偶然发生的事件。孔孟因没料想到战国后来商业发达，影响朝代的变迁，所以，他们的预测是错误了。斐休说："他写历史，觉得历史并无规例可循，历史为一连串的偶然之事。"这说明历史上偶然发生的事件可以改变历史的途径。不过偶然的因素亦受环境的影响，如哥伦布寻求新大陆，若在航行中途失事，但在当时寻觅新航路与通商发财的心理驱使下，仍然会产生第二个哥伦布。总而言之，我们对历史应有深切的了解，但是不能墨守成规，同时还要注意现实环境可能有的变化。历史可能重演，可能不重演。历史应从大处着眼，制度、文化以及商业等偶然之事虽然能改变历史，但我们决不能就偶然之事来作定论，因偶然之事的发生，亦有其历史性的。所以我们做事应有广博的知识，接受历史的教训，这样才能有所警惕，有所作为。

（选自《蒋梦麟学术文化随笔》）

中国生活面面观

蒋梦麟

陋规制度

凡是亲见清室覆亡的人都知道：清政府失败的主要原因之一就是财政制度的腐败。公务人员的薪水只是点缀品，实际上全靠陋规来维持。陋规是不公开的公家收支，为政府及社会所默认的。以现在用语来说，好像我们大家所称的黑市。这种办法削弱了公务人员的公德心，也使他们把不规则的收入看成理所当然的事。清廷对官吏的这种收入视若当然，常说"规矩如此"，竟把陋规变成规矩了。这些官吏对下属营私舞弊也就开只眼闭只眼。如果拿一棵树来比喻政府的话，这种陋规的毒汁可以说已经流遍树上的每一枝叶，每一根芽。

政府只要求税收机关向国库缴纳定额的税款。主持税收的官吏可以利用各式各样的借口和理由，在正规赋税之外加征各种规费。这样一来，如果有一两银子到了国库，至少也另有一两银子成了陋规金。在清朝末年,“漏”入私人腰包的钱远较缴入国库的钱为多。清廷需用浩繁,只好一味向官吏需索。官吏向民间搜刮,结果官场陋规愈来愈多,人民负担也愈来愈重。乾隆皇帝几次下江南,开支浩大,都靠官吏孝敬民间搜刮而来,清代在乾隆朝为极盛时代而衰运亦在此时开始。

清代后期,征税和捐官等方法均未能使清廷达到筹款的目的。因此不得不乞灵于借贷外债,而以让渡铁路建筑权或矿产开采权为交换条件。这自然是饮鸩止渴的办法。现在或许还有人记得清廷将四川省内铁路收归国有,以为转让筑路权予外国公司之张本,结果触发了辛亥革命的导火线。时遭光绪帝国丧,地方士绅,披麻带孝,头顶“德宗景皇帝神位”,长跪于总督衙门之前,哭呼先帝,保佑四川,不使铁路收归国有,弄得政府啼笑皆非。

所谓陋规制度究竟是怎么一种办法呢?中国当时分为二十二行省,大约包括两千个县。县的行政首长是知县,他不但掌管一县的财政,同时还是一县的司法官。他的薪水每月不过数两银子,简直微不足道。因此他的一切费用都只能在陋规金上开支。如果上级官员经过他那一县,他除了负责招待之外,还得供应旅途一切需要财物。对于上级官员的随员也得送“礼”,所谓“礼”通常都是送的钱。

我的故乡余姚城外的姚江岸边有一座接官亭,这是各县都有的。如果有上级官员过境,知县就在这里迎候。大约六十年前的一个下午，我发现亭子附近聚了一大堆人。我赶过去一看，原来是大家在观望学台和他的随行人员在纷纷下船；有些上岸。这位学台正预备去宁波主持郡试。前一日，知县已经从老百姓手中“抓”去好几条大船，那条专为这位学台预备的船上装了好几只加封条的箱子，至于箱子里面装些什么，自然只有经手的人才知道了。

我遥望着学台等一行换了船，学台踏上最华丽的一只，随后这只载着官吏和陋规礼金的小型船队就扬帆顺着退潮驶往宁波去了。那种气派使我顿生“大丈夫当如是也”的感触。我心里说从今以后一定要用功读书，以便将来有一天也当起学台享受封藏在箱子里面的神秘礼物。

知县还得经常给藩台的幕僚送礼，否则他就别想他们给他在藩台面前说好话；如果搞得不好，这些师爷们还可能在公事上吹毛求疵呢。各种礼金加起来，一个知县为保宦海一帆风顺所花的钱就很可观了。同时人情世故也告诉他必须未雨绸缪，何况他还得养活一家大小以及跟随他的一班人呢！

有靠山的候补知县无不垂涎收入比较大的县份。以我的故乡余姚县而论，就我所能记忆的，没有一个知县在我们的县里任职一年以上。正常的任期是三年，一位知县如果当上三年，大概可以搜刮到十万元叮当作响的银洋。这在当时是很大的数目。因此藩台只派些代理知县，任期通常一年。这样一来，候补知县们的分肥机会也就比较多了。

知县任满离职时，通常都得正式拜望藩台一次，藩台总要问一声他的缺好不好。当时对于所补的职位叫做缺，也就是等于问他得到了多少陋规金，他的亲戚朋友与他谈话，也常常以同样的问题做开场白，说：“老兄，你的缺想必很好罢？”

经手政府收入的官吏，官阶愈高，“漏”入他私人腰包的数目也愈大。据说上海道台每年可以获利十万两银子。所以上海道的缺，是全国缺中最肥的。富庶省份的藩台、督抚以及北京有势力的王公大臣，每年的收入也都很可观。

连平定太平天国之乱的学者政治家曾国藩也赞成陋规制度。他曾在一封信里为陋规制度辩护，认为要顺利推行政务，就不得不如此；他说一个官吏的必要开支太大，而且还得赡养一家和亲戚。咸丰、同治年间住在北京的名士李莼客曾在日记里抱怨总督张之洞送他的“礼”太轻。过了几天日记里又有一段记载，为：“午后至陶然亭，张之洞来，我避之。”可见张之洞从陋规金中提出来赠李莼客的礼太轻，结果就得罪了这位名士了。

在清朝时代，有前程的候补官员只要花很少的钱，甚至不必出钱，就会有仆从跟随他们。这些仆从们会含辛茹苦地追随不舍，希望有朝一日他们的主人时来运转，他们也就可以分享陋规了。如果真的吉星高照，主子和奴才就沆瀣一气，大括一笔。如果流年不利，官爵迟迟不能到手，仆从们也还株守不去，直至最后一线希望消灭时为止。一些倒霉的主人，受不住饥寒煎熬，只好投缳自尽，以求解脱。我在杭州读书时，曾经听说有一位赋闲多年的候补知县，因为受不住债主催逼，结果在大除夕自缢了。

变相的陋规恶习甚至流布于小康之家，厨子买菜时要揩油，仆人购买家用杂物时也要捞一笔。尤其在北平，仆人们来买东西时，商店照规矩会自动把价格提高一成，作为仆人们的佣金，这在北平通俗叫做“底子钱”。

这种变相的陋规之风甚至吹到外国而进入拿破仑的家里。拿破仑有个中国厨子，服务周到而热心。这位伟大的法国将军临死时记起他的忠仆，就吩咐他的左右说：“你们要好好地待他，因为他的国家将来是要成为世界上最伟大的国家之一的。不过这位中国朋友很爱钱的，你们给他五百法郎罢！”自然，中国人并非个个如此。哥伦比亚大学的中国文学讲座基金，就是为纪念丁良（译音）这位中国洗衣工人而设的，基金的来源是他一生辛勤浆洗衣服的积蓄。丁良临死时把一袋金子交给他的东家，托付他做一点有益于中国的事。这位东家就拿这笔钱，再加上他自己的一笔捐款，在哥大设置了中国文学讲座，来纪念这位爱国的洗衣工人。

陋规之风更弥漫了整个厘金制度，厘金制度像一只硕大无朋的章鱼把它的触须伸展到全国的每一条交通线上，吮着国内工商业的血液。厘金是在太平天国时期设置的，旨在筹措战费以供应清军士卒。太平军虽然被平定，厘金却始终未取消。

厘金方面的陋规大致是这样的：凡是懂得如何敲诈老百姓的人都可以向政府经纪人出价投标，只要他出价高，譬如说一年二十万块钱，他就可以获得在某一关卡或若干关卡征收厘金的权利。这些关卡通常设在官道上的货物必经之地，得标的人就成为此一关卡的厘卡委员，受权向过往的货物征税。如果他能在一年之内收到三十万块钱，他把二十万缴交政府，其余的钱就归他本人及其合伙者所有。因此他规定大多数的货物都得抽税，以便充实自己的私囊。

有一次我看到一条装西瓜的木船从关卡附近的一座桥下经过。这条船马上被岸上伸下来的一根竹柄挠钩拦住了，同时岸上跳下好几位稽查，用铁棒往西瓜堆里乱戳乱捅。西瓜主人慌了手脚，哀求他们手下留情，同时答应他们，要缴多少税就缴多少税。“税”缴过以后，这位可怜的农夫才得继续鼓棹前进。

小商人和农夫对厘金无不深恶痛绝，如果有机会，每一个人都愿意把关卡砸个稀烂。有一次，一群青年士子乘船去参加科举，途经一处厘金关卡，卡上着令停船，他们却根本不予理睬。稽查们扣住船只，并且开始搜检行李。这群士子蜂拥上岸，冲进关卡，见物就砸，结果把关卡打得落花流水。只留下那面象征朝廷权威，上面写着“奉旨征收厘金”的旗子低垂在空中。围观的群众以不胜钦慕的目光伫望着这些士子扬长而去。

辛亥革命以后，陋规制度逐渐被戢止，厘金制度亦于稍后废止，官吏的薪俸也提高了。但是贪污案件还是屡见不鲜，仆役间的揩油风气迄今未衰。有一位太太骂她的厨子揩油揩得太贪心，结果与厨子大吵其架。有人批评这厨子贪心得像条饿狼，他的答复是："如果一个人不贪心，他也就不会当厨子了。"

北京某大使馆的厨子每买一个鸡蛋，就向主人索价一毛，大使秘书的厨子为主人买蛋，却只索价五分钱一只。大使夫人问："为什么我买鸡蛋要比秘书太太多花钱呢？"她的厨子答道："太太，大使的薪水要比秘书先生的高呀！"汽车主人也常常发现汽油箱"漏"油，原因就是司机"揩"油。不必要的修理，更使保养费大得惊人。

自从民国十六年（一九二七）国民党执政以来，中国一直在设法阻遏政府中的贪污风气，并且规定了几种对贪污舞弊的严厉罚则。但是陋规制度在清朝以前就已存在。数百年的积习，不是几年之内，甚至二三十年之内所能完全革除的。自从现代财政制度建立，公家道德逐渐提高以后，中国已经革除了很多积弊。行政技术正与时俱进，相信她在不久的将来一定可以达到组织健全的现代国家的水准，征收赋税和控制财政的有效办法也会渐次建立。不幸当时内乱外患并乘，致使功败垂成。

我们中国人一向相信人之初性本善，认为邪恶的产生只是缺乏正当的教育而使善良的本性湮没。中国社会风气的败坏导源于腐朽的财政制度，而非缺乏责任感。但是这种制度对社会风气产生极大的不良影响，因此我们迄今仍蒙受其遗毒。

实际的例子已经指出，补救之道在于建立良好的制度，来接替腐败的制度。单单废止坏制度，还是不够的。英国人为中国建立的关税制度，一开始就摆脱了陋规的恶劣影响。海关雇员都经过良好的训练，薪俸也相当优厚，退休之后还有充裕的养老金。徇情偏私的情形很少发生。中国为了保证偿付外债而把国家重要收入的控制权交付给外国政府，这原是国家的奇耻大辱，而且严重威胁到主权的完整，但是因此而建立的健全关税制度却是中国的意外收获。

邮政也是根据西方制度建立的。创办迄今，行政效率始终很高，就在漫长的内战时期，邮递工作也从未中断。抗战期间，日军占领区与中国大后方之间，邮递一直畅通无阻，邮差们常常穿越火线把邮件送达收件人手里。

盐务机构是另一实例。八年抗战期间，人民的这种日用必需品始终供应无缺。

治黄河的河督衙门从前一向以陋规制度闻名于世，事实上著名的山东菜和河南菜就是这些食厌珍馐、腰缠万贯的治黄老爷们光顾的结果。同样地，扬州菜之所以出名，就是因为贪图口福的扬州盐商而来。

黄河水利委员会成立以后，改由受过现代训练的工程师主持疏浚工作，陋规制度也就随滚滚河水冲入黄河去了。老饕已随陋规制度消失，只有烹饪艺术依旧存在。美食家至今对扬州名菜赞不绝口，但是自从组织完善的现代化盐务制度建立以后，倡导扬州菜的盐商已无法立足了。

这些成就可以说是依赖外国协助而来的。但是我要请问：这些成就究竟由于外国人的良好道德，还是由于他们介绍到中国来的良好制度呢？没有健全的品德，这些制度固然无法实行，但是单凭外国人的道德难道就能收到预期的效果吗？单凭少数高居要津的外国专家就能够制止千千万万中国职员的不法行为吗？海关、盐务、邮政之所以成功，还是靠良好制度下的基层中国职员的通力合作。这就是孟子所谓："徒善不足以为政，徒法不足以自行。"

中国的现代银行制度和铁道管理也是值得称道的实例。一般而论，银行与铁路的行政效率很高，而且没有银钱上的重大舞弊案件。

中国的现代大学除了实事求是的学术立场之外，也是经费从无私弊的又一实例。抗战期间，因为物价高昂，教授生活非常清苦，但是他们始终辛苦工作，力求维持学术水准。绝大多数的学生，除了接受现代训练之外，在教授和大学当局的良好影响之下，对于如何诚实而有效地运用公款，也自然养成正确的观念和良好的习惯。

最重要的是对公款处理的态度已经起了根本的转变，过去大家都默认甚至赞扬陋规制度，到了抗战以前的几年，有识之士不但讨厌它而且随时加以讥讽，这种风气的转变，再加采用现代方法，当时我们相信对于将来公共行政各方面的经费处理，必将发生重大良好的影响。

要消灭仆役、厨子和司机的揩油行为可难得多了。或许要经过五六十年之后才能提高这些人的经济地位，在他们的经济地位确切提高以前，我们无法奢望他们临财不苟。如果真的到了那一天，也许我们已经不容易找到愿意当家庭仆役的人了。抗战时我在昆明居留的八年期间，我倒在我们的佣人中碰到过一位男仆、一位女佣和一位司机从来没有揩过油。

社会组织和社会进步

一般人都说中国的四万万人像一盘散沙，如果说中国的人口是由许多自治的小单位构成的，倒更切近事实。中国的民主体制包括千千万万的这种单位，由几千年来累积下来的共同的语言、共同的文化和共同的生活理想疏松地联系在一起。这些或大或小的单位是以家庭、行业和传统为基础而形成的。个人由这些共同的关系与各自治团体发生联系，因此团体内各分子的关系比对广大的社会更为亲切。他们对地方问题比对国家大事了解较深。这就是立宪国会失败的症结，也是老百姓听凭军阀统治的原因。我们在前面曾经一再提到“天高皇帝远”的观念，帝制时代的这种观念就是由上述心理状态产生的。

个人如非特殊事故与所属社会破裂，永远是小单位的一部分，但是各单位之间并无全国性的组织使其密切团结。这是中国国民生活中的优点，同时也是弱点。好处在于使中国生活民主，虽经数百年之战乱以及异族之入侵而仍能屹立无恙，坏处在于中央政权软弱无能，因而易遭异族侵凌。

中国人民生活中这些单位的存在是有它历史的背景的。它们是几千年历史演变的结果。我们的祖先逐渐向人口比较稀少的地区迁移时，他们总是成群结队而行，在各地构成许多独立的部落，这些部落后来便发展为自治的村庄或乡镇。广大的中华帝国就是千百年来由这些聚族而居者向边疆和平原拓殖而形成的。近年来由于研究中国各地方言的结果，我们已经追溯出这种发展的途径。我们发现广东话与唐朝的口语有密切的关系，因此我们可以推断多数的广东人是唐人的后裔。迁到广东较晚的移民又另行形成不同的部落，所说的方言也迥然不同，那就是我们所谓的客家话。客家话所显示的语言特征是属于近世的。甚至长江流域各地方言之间的些微差别，也可以隐约显示拓殖过程中的先后。

第十世纪时，唐朝灭亡，中国北方普遍遭塞外入侵的异族蹂躏，因而也加速了中国人口的南迁。南方各省，尤其是广东、湖北和浙江一带，不易遭受外族的侵略，所受战祸较轻，因此就成了中国文化的蓄水库，并在过去六七十年内灌溉了新中国大块的土地。

如果要使某一改革对国家统一与团结切实有效，这种改革必须直接使这些古老的区域单位在家庭制度上、行业上和传统上发生某种程度的变化。反过来说，这些单位系共同的语言、文化和生活理想所维系，那么任何经由共同语言所产生的文化和理想的变化，也势必影响这些社会集团的生活，并且进而影响国家的生活。

外国商品开始影响中国行业时，中国就开始变化了，维系中国社会的三条绳索之一因而松散。这是受现代影响的最初改变，这种改变人们是不大知道的。以后现代思想经由书籍、报纸和学校制度等输入中国，又松散了传统这一条绳索。最后留下来的一条绳索——家庭的联系，也终于不得不随其他两条绳索一起松散。

人们因探索新的有效的团结而引起各式各样的纷乱。首先受到新思潮影响的是学生，首先闹事的也是他们；新兴工业的工人丧失了旧日行业的维系力量，因此也就跟着学生一起滋生事端。军阀之间的内战、宪政的失败以及败坏风气的陋规制度，既未阻止旧有社会组织的瓦解，亦未阻滞社会的进步。军阀所引起的祸患只是中国广大的“社会之海”面上的泡沫。不论有没有互相残杀的军阀，或者声誉扫地的国会，或者败坏风气的陋规，海面底下的潜流仍在滚滚而进。军阀、国会、陋规只是浮面上的祸患，那些自治单位本身仍然宁静如恒，在道德方面也洁净无瑕。

在悠久的历史过程中，尤其在唐朝末年以后中国的国防一直非常脆弱，因为侵略她的异族全部组织严密，随时准备作战，而中国的社会组织却是升平世界的产物。国防部队是由太平无事的社会中征募来的，维持这些军队的中央政府也只是一个和平社会上层的空架子。

明室领导下的汉族之所以能推翻蒙古人所建立的元朝，并非由于汉人本身的军事力量，而是由于蒙古人本身力量的衰竭。成吉思汗的子孙在欧亚两大陆连年征战之后，武力已消耗殆尽。中国在明成祖御宇期间，曾经组织成一支强大的军队，并且征服了“满洲”的大部分。但是成祖驾崩以后，这支军队的实力也就日趋式微。骁勇善战的“满洲人”在关外崛起以后，明室对他们简直束手无策，结果没有经过激烈战斗，明朝就亡在“满洲人”手里了。清室入主中国一百余年以后，结果也染上了汉人的和平习气，等到西方列强的兵舰来攻击中国时，清室也是同样束手无策。

日本研究历史的结果，认为历史是会重演的，因此就在一八九四年发动对中国的攻击。到那一年为止，日本的设想并没有错。但是自从中国学到西方文明的“诀窍”以后，中国的历史演变途径就开始转向了。日本不是对这种转变懵然无知，就是有意防患于未然。无论动机如何，日本终于在三十年之后又对中国发动了另一次战争，结果发现它的途程上障碍重重，使它大感意外。

日本遭遇的障碍就是中国的社会进步，日本已经看到高踞中国社会之上的腐败无能的北京帝制政府，这个政府的财政力量已经被陋规制度腐蚀殆尽；稍后日本又在水面上看到互相征战的军阀；但是它对过去五十年间在中国的浩瀚海洋之中缓慢地然而不断地流动的潜流，却茫然无知。

在过去，秘密帮会是全国性组织的维系力量。帮会弟兄生活于乡村单位之外而聚集于大城市附近或通商孔道。他们的主要目的是互相保护，抵制压迫，但是这种动机有时候会堕落为不法买卖，他们在内乱时可以表现相当大的力量，但是以之应付外国侵略却无多大用处。他们缺乏现代思想，也根本不懂什么叫社会进步。

现在的情形可不同了，全国千千万万自治单位的边缘，已经围集了充满国家观念和爱国热情的人，他们反对地域偏见和家族观念。这些人像蜜蜂一样绕着蜂巢喧嚷不休，最后就在蜂巢边缘聚集起来。从蜂巢里面溜出来参加巢外集团的个人愈来愈多。外面围集的群众数量增加以后，他们开始闯进蜂巢，终至影响了整个社会的生活。同时他们开始把自己组织为全国性的社会，把中国作为他们的共同蜂巢。

中国现代的全国性社团就是这样形成的。轮船、公路、铁路、航空等交通网的迅速扩展，更加速了社团发展的过程。教育会、商会、工会、科学团体、工程学会、政治学会等社团都纷纷成立全国性组织。所有政党，包括国民党以及意见与其相左的政党，都鼓励人民考虑全国性的问题。大专学校吸收了家庭的分子，而把他们塑造成国家的领袖。学校都在努力把国家民族观念和爱国心灌输到新生一代正在发育的心灵里。

虽然内战频仍，各省的公立学校甚至在国家统一之前就已经增加了好几倍。私人常常以创办学校来表达他们的爱国忠忱。千千万万的小学毕业生，跑进本乡本土的自治社会，把爱国观念散布到全国的每一角落。

中日正沿长城作战时，我在内地旅行，途中看到一个孤单的小孩在扮军人做游戏。他把一棵树当作假想敌，拿他的匕首猛刺这棵树。然后他又想象敌人向他还击，他装出自卫的姿势，接着躺倒在地上，闭起眼睛自言自语说："我为国牺牲了！"显然他在想象自己为保卫国家而抵抗日本侵略。抗战后期，我在后方边荒地区看到一个小孩拿铲子挖了一个小坟。坟挖成以后，他在坟上立了一个木牌，上书"汉奸"。那时少数重庆政要已经出亡投靠日本去了。有一次，一位矿冶工程师经过某山区，那里离最近的学校也有好几里路，他却看到几位小孩在他们村墙上书写："三民主义万岁！"这些例子可以显示全国性的团结力量已经替代地方性的维系力量兴起了。

小孩子们在新的教育制度影响之下，大家都能够拿纸折飞机抛在空中滑翔。他们制造小小的抽水机，也能做玩具汽车。他们开始养成研究机械的习惯，这对国家的未来工业化运动是个良好的基础。

近年来轻工业的发展，从地方单位吸收了许多人，他们开始彼此联系，组成全国性的团体。广播从空中给人民带来许多新观念。风俗习惯、迷信、方言、民歌、宗教、家庭工业、垂危的本地行业以及苦难农民的经济情况，都经过仔细调查，并且根据高等学府和学术团体所收集的资料很科学地加以研究。中国已开始从科学研究中了解她自己了。

五十年的动荡已经促使人们思索。他们的人生观开始转变了。他们希望在侵略威胁下从事有效的组织，以团结全国的力量，同时为国家的进步辛勤工作，期望能在混乱中创造安定。这种新生的社会意识和国家意识或许还不够坚强，因为它还不能充分应付现代战争。但是这种意识可以产生坚忍不拔的意志来进行坚强的抵抗。从这一方面来看，社会意识和国家意识的力量是惊人的。

（选自蒋梦麟著《西潮与新潮》）

我们为什么要学历史

朱经农

此地所讲的题目，就是“我们为什么要学历史？”我们学历史的目的，并不是要专记事实，而且还要知道历史的功用。若是不知道他的功用所在，即将古今中外的历史记得一字不错，试问这样的读法，对于人类生活上有无丝毫影响发生呢？所以我们要学历史，第一不可不知道他的功用。大概讲起来，可以分为三条，而这三条都是极普通、极简单而又为一般研究历史的人所不可不知的。哪三条呢？是：

（一）要知人类生活变迁的状况，不可不学历史。我们知道人类生活的状况，不是一成不变的，草昧初开的时候，人类生活非常简单，中间经过几千年的变迁，才进步到现在的状况。而将来人类的生活，更不知演进到何等程度。譬如从前的人，都将雷电奉为天神一般，一到迅雷风烈的时候，没有一个不掩耳咋舌、变色失箸的。后来科学发达了，我们才知道这不过是自然界的一种现象，不但不敬畏他，而且还要想种种的方法来利用他，去适应人类的生活。又如从前的人见了大海，就望洋兴叹，以为海的那边是终究不能飞渡的，哪知现在不但造了几千吨的大舰游行于五大洋之上，而且还有海底电线、海底火车等等，完全将一个可畏的大海变成了交通的利器了。凡种种事实，不都是从人类生活上变迁来的？我们再从人类本身上说，上古的人类，没有互助的精神，所以只知有个人，不知有家庭，更不知有所谓社会国家。后来经过无数的感觉，才知道人类彼此不可无互助的精神，遂渐渐地将爱个人的狭义意思扩充而为广义的爱家庭、爱社会、爱国家。今日我们知道不仅要爱我们的国家，而且要再进一步，将我们的爱，推而至于全世界的人类身上。近来这种精神已有表征了。——如前年华北旱灾，及此次俄灾，外人都尽力的赈济。——所以现在爱的范围一天扩大一天，互助的精神也一天泛涨一天了。虽然目前尚未达到大同世界的境域，但是我想将来一定会实现的。我们既明白了人类生活变迁的状况以后，还可以有两种益处：（1）打破狭隘的主义，就是不分人我的界限，虽是吴越，也成一家了。（2）免去主观的见解，就是不致泥古不化，武断一切的事情。

（二）要知造成现在政局的原因，不可不学历史。中国现在的政局，混沌腐败，已达极点，人人都知道是受一般军阀政客之赐。然而军阀何以如是专横，政客何以如是龌龊呢？我们从历史上观察起来，政客龌龊，那就不得不归咎于从前的教育了。我记得二十年前，时常看见儿童所玩的恩物上或灯笼上，不是镌的“一品当朝”，就是写的“三元及第”种种的字样，这就是以代表当时的教育，简直是一种富贵利达的教育。有这种富贵利达的教育，结果就造成一班争权夺利卑鄙龌龊的政客来误国殃民。至于军阀产生的历史，大概人人都知道，最初的种子，是下于袁世凯小站练兵的时候，而暴长的革命时代，及革命告成之后，一切仍受武力的支配。年年的政局，只有破坏，毫无建设，遂使军阀的势力一天强大一天，而国计民生也就因之演成今日疮痍满目、不堪设想的现象了，这是我们对于革命的缺点深为痛心的！总而言之，凡是一桩事的结果好坏，全看下的种子何如。中国今日的政局所以闹到如此地步的，就是从先的种子下错了。所以我们今日不想救中国则已，否则非一洗从前富贵利达的教育观念，打破军阀的武力思想，是不成功的。我记得从前在学校的时候，某先生对我们说：“我不希望你们都为拿破仑，但愿你们尽成牛顿。”因为这两句话，所以我们后来几乎没一个人不是学自然科学的，这不是一种良好的教育结果吗?

（三）要想做一个伟大的成功者，也不可不学历史。因为历史上的人物，如华盛顿、牛顿等可以为我们的模范的，实在不少。不过我们最要注意的就是莫要蹈他人的覆辙。我们很相信袁世凯的聪明能力都不在华盛顿之下，何以华氏能够造美国，而袁氏不但不能兴中国，反令中国的前途日进于危险的地步呢？这个缘故，就是因公私的观念不同，所以他们的结果也各异。诸君读了历史以后，将来若达到袁世凯的地位，当要学华盛顿公忠为国的胸怀，切莫再蹈袁氏的覆辙啊！

除以上三条是讲历史的功用外，还有四条，我们学历史也不可不注意的：

（一）要注意原人时代的历史。为什么呢？因为人类生活的进化及变迁，都发轫于原人时代。而且内容又比较的简单，使初学的人有路可寻，不致有歧路亡羊之虞，但是最要紧的，必须注意他的变迁状况，只记事实是无益的。

（二）要注意实业史。从前的人，但讲政治史，对于实业史绝不注意。不知实业史关系于我们人类的生活，比较政治史要密切得多。我们知道人类生活的要素，就是衣、食、住，而衣、食、住三者，又无一不与实业有关系。如瓦特发明的汽机，牛顿发现的引力，以及现在的恩斯坦发明的相对论，总他们发明的结果，不仅有关于人类的衣、食、住，就是世界的文化也要受莫大的影响。我说这话，或者诸君有点怀疑，其实是一点不错的。我们知道传播文化的利器，就是交通上的火车、汽船。假使没有瓦特发明汽机，没说现在的南京没有这般文明，恐怕中西文化的沟通也没有这样快吧！照这样看来，实业史与我们常人的生活既如是密切，那么我们研究历史的，岂可不格外注意吗？

（三）要注意思想史。大凡一个国家，有一国家的思想；一个时代有一个时代的思想，思想的程序，是随时间、空间而变迁的。我们单拿国家的思想不同一点说罢。例如欧美人民的思想都以为社会是人民公有的社会，国家是人民公有的国家；人人对于社会、国家都应负有一种责任和义务，所以社会上没有废事，而国基亦因之日增巩固。我们中国人则不然，莫说对于社会事业毫不关心，就是国家的存亡也如秦人视越人的肥瘠，以为不干我事。现在稍清洁的人，不是束身自好，遁迹园林，即是敬谢不敏，高卧东山。一国的人民都抱这种不负责任的思想，试问国家社会还有进步么？思想是一个民族文化的基础，所以我们学历史，也不可不注意这一点。

（四）要注意名人的传记。我上面已讲过，要想做成功者，须向历史中去寻求好人物来为我们的模范，不过我们要晓得天下事无大小，断没有不经过一种困难而能成功的，试看历史上大英雄大豪杰，以及一般大科学家、大政治家，哪一个不是艰苦卓越从困难当中打出来的，中国人最大的毛病，就是无坚忍的毅力，每遇困难，便垂头丧气，万事都灰心了。这样畏难苟安的人，还有成功的希望吗？拿破仑说："字典中无难字，惟愚人脑中则有之。"我今换句话说："天下无易事，惟看人的毅力如何耳。"所以我们读传记的时候，要特别注意一个人一生的辛苦艰难，可以借此增加我们的毅力，以后遇有困难或失败的事，也不致沮丧失望了。

归纳起来说，历史是与人类生活处处都有关系的，学历史的人，不但要知道他的功用，还要注意以上所讲的四点，把他首尾联络贯串起来，那么对于历史总算有个具体的观念。若是割断了，那就成了一本流水账，还有历史上丝毫的价值么？

（选自范寿康编《我们怎样读书》）

古代史家与史籍

金毓黻

吾国史籍之生，应在制字之后，故远古无史可言，近世考古学家，发掘地下之藏，就所得之骨骼器物，以推断有史以前人类之状况，是之谓史前史，然此为晚近产生之史学，而与古人无与者也。《左传》载楚灵王谓其左史倚相能读三坟、五典、八索、九丘；《周礼》外史掌三皇五帝之书，《郑注》即以灵王所谓三坟、五典释之；贾公彦疏，引《孝经纬》，谓三皇无书，此云三皇之书者，以有文字之后，仰录三皇时事。按《尚书·伪孔传叙》云：伏羲、神农、黄帝之书，谓之三坟；少昊、颛顼、高辛、唐、虞之书，谓之五典；八卦之说，谓之八索；九州之志，谓之九丘；语或有据。章太炎先生云：所谓三坟、五典、八索、九丘者，坟丘十二，宜即夷吾所记泰山刻石十有二家也；五典者五帝之册；八索者以绳索为编，外史所谓三皇五帝之书。吾考三皇之书，既由后人仰录，且不传已久，可弗置论。今《尚书》有《尧典》，当为五典之一，或疑其文字不古，岂亦由后人仰录使然欤？要为古代之典籍，而具史之一体者。今所传之三坟，既属伪作，自《尧典》外，其他亦无考。故榷论吾国古代之史籍，应自《尚书》《春秋》二书始。

章学诚云："六经皆史也。古人未尝离事而言理，六经皆先王之政典也。"龚自珍亦云："六经者，周史之宗子也。易也者，卜筮之史也；书也者，记言之史也；春秋也者，记动之史也；风也者，史所采于民而编之竹帛付之司乐者也；雅颂也者，史所采于士大夫也；礼也者，一代之律令，史职藏之故府，而时以诏王者也。故曰五经者周史之大宗也。"（《古史钩沈论》）夫古人之典籍，掌于百司之史，前已言之。掌于史官之典籍，不得概名为史，左史记言，言为《尚书》，右史记事，事为《春秋》，《尚书》《春秋》之为史，不待言矣。古人之于礼，实兼法而言。《周礼》所记为典章制度，一称《经礼》；《仪礼》所记，为节文仪注，一称《曲礼》；《礼记》曰，经礼三百，曲礼三千，是其证也。《周礼》本名《周官》，一称《周官经》，所载成周之官制，实为一代之法典，可比于后代之《唐六典》，前汉之末，乃有《周礼》之名，自周以来，有吉、凶、军、嘉、宾之五礼，而唐有《开元礼》，宋有《政和五礼》，而溯其源多本于《仪礼》及大戴、小戴二记，合以《周礼》，可称"四礼"。研其因革损益，是为典礼之史，如《通典》《文献通考》《五礼通考》诸书是，而非谓《周礼》《仪礼》

为史。此其一也。近人之言研古史者，谓《毛诗》所载玄鸟、长发、生民、公刘等篇，为殷周时代之史诗。所谓史诗者，即以史事寓于韵语之中也。以今语言之，可谓史诗为史料。然《诗》三百篇中，如此类者甚少，与其谓《诗》三百篇为史，无宁谓为古诗之总集。此其二也。（王通谓《诗》与《尚书》《春秋》同出于史，即诗为史官所采之意。）若夫《易》为卜筮之书，尤远于史。古人以祝卜与史并言，故《周礼》以大史侪于大卜大祝之列，而《易》亦掌于大卜。韩宣子聘于鲁，观于大史氏，见《易象》与《春秋》，曰《周礼》尽在鲁矣。此谓《易象》《春秋》俱为古典，掌于大史氏，而未尝谓《易》为史。此其三也。龚氏之论《诗》《礼》，不过谓为史官所掌，其谓《易》为卜筮之史，则殊涉牵强，未为得实。故以严格论之，不惟《易》《诗》非史，即《官礼》之属于政典者，亦不得与《尚书》《春秋》比。依章氏所说，若谓《周礼》《仪礼》为先王之政典，则无可议，《易》与《诗》无与于制度，谓之政典尚不可，况谓之为史哉。龚自珍又云：诸子也者，周史之支孽小宗也（《古史钩沈论》），张尔田本之，以作《史微》，乃云，不惟六经皆史，诸子亦史之支与流裔也。近人刘师培亦云九流学术皆源于史，江瑔本之，乃作《百家之学俱源于史》一文。然考其所引之证，皆缘古代典籍概掌于史为说。古人学不下于庶民，士夫必从史官而学，史官指人而言，尚非谓记事记言之史。六经掌于百司之史，而谓之为史，诸子之学，由从学史官而得畅其流，而于所撰之书，亦被以史称，则古史之范围，何其漫无纪极耶？兹论古史，壹以《尚书》《春秋》为断，其他诸经及诸子，皆不得谓之为史。

《史记·孔子世家》谓：周室微而礼乐废，诗书缺，追迹三代之礼，序书传，上纪唐虞之际，下至秦缪。编次《尚书》，是即《尚书》之所由作也。或谓孔子观书于周室，得虞、夏、商、周四代之典，乃删去其重者，定为百篇（《史通·六家》）。孔子删书之说，亦见《书纬》，而今人多不之信。王充云："《尚书》者，上古帝王之书，或以为上所为，下所书，故谓之《尚书》。"（《论衡·正说》。）王肃云："上所言，下为史所书，故曰《尚书》。"（《史通·六家篇》。）此又《尚书》之所以名也。盖自司马迁、班彪之伦，咸谓虞夏之世已有史官，故《书》有《尧典》《禹贡》诸篇，皆当代史官之所记，而或以为悉由后人仰录，亦疑莫能明也。今本《尚书》凡五十六篇，其中真伪参半，据清代学者考定，只有伏生口授之二十八篇为真，谓之《今文尚书》；此外之二十余篇，则谓之《伪古文尚书》；而《今本尚书》之《孔传》亦为伪作，称为《伪孔传》。今考二十八篇中之《盘庚》，唐人称为诘曲聱牙者，实为殷代之古文。证以晚近所出之甲骨文，辞句相类，益为可信。而周代之诸诰亦不易读，盖古今语法文法不同之故。或以《尧典》《禹贡》《甘誓》《汤誓》四篇，皆在《盘庚》之前，而文辞易解，疑为伪作，此殊不然。试证以周秦古书，屡见称引，岂有古人未疑其伪，而今人能断其为伪者？与其直断为伪，以邻于妄，何若谓为后人追记之为得哉。章学诚之论《书教》则云："后来纪事本末一体，实出于《尚书》，《尚书》之中如《金縢》《顾命》，皆具一人一事之本末，实为古史之具体而微者。"其说是也。古人尝谓《尚书》为记言之史矣，今考《尚书》诸诰诸命，即同于秦汉以来帝王之诏谕，王莽曹丕之篡两汉，皆模拟《尚书》以自文饰，而苏绰亦为后周制大诰，藉令不考其事，但专读其文，鲜有不以为舜、禹、汤、武之再世者。是以誓、诰之文，亦不得径称为史。史以记事，其中亦非无言，《左传》为《春秋》而作，其中所记之言，与事相等，章学诚谓古人未尝分事与言为二，亦为至论。《尚书》诸篇，记言而兼记事者，如《金縢》《顾命》之类，则不多见。章氏谓纪事本末一体出于《尚书》，亦举其一端言之耳。孔子以前古史之可考者，不多见，故取典、谟、诰、誓之文而删存之，以当于古史。且司马迁之作《史记》，于《春秋》以往之事，多采《尚书》，故曰述陶唐以来至于麟止（《史记·自序》）。盖以研考古事舍《尚书》外，别无可据之故，故后人亦以古史视之。论古代之史籍，应有广狭二义：如章氏谓六经皆史，龚氏谓诸子为周史之支孽小宗，皆属广义；若就狭义言之，盖必有组织，有义例，始得为成文之史。亦惟《春秋》及《左氏传》，始足以当史称，而《尚书》亦非有组织有义例之史。此又二者之辨也。

讳挹损之文辞，不可以书见也。鲁君子左丘明惧弟子人人异端，各安其意，失其真，故因孔子史记，具论其语，成《左氏春秋》。

《汉书·艺文志》亦于《春秋》后论之云：

周室既微，载籍残缺，仲尼思存前圣之业，乃称曰，夏礼吾能言之，杞不足征也；殷礼吾能言之，宋不足征也，文献不足故也，足则吾能征之矣（本《论语》）。以鲁周公之国，礼文备物，史官有法，故与左丘明观其史记，据行事，仍人道，因兴以立功，败以成罚，假日月以定历数，藉朝聘以正礼乐，有所褒讳贬损，不可书见，口授弟子，弟子退而异言，丘明恐弟子各安其意，以失其真，故论本事而作传，明夫子不以空言说经也。

孔子亦自言："知我者其惟《春秋》乎，罪我者其惟《春秋》乎。"其以修史自任为何如，马、班所述，固不诬也。

孔子修《春秋》之旨，孟子亦屡发之，尝曰，春秋，天子之事也；又为之说曰，其事则齐桓、晋文，其文则史；复引孔子之言曰，其义则丘窃取之矣。盖《春秋》所记者事，而事必载之以文，而义则穿贯乎文与事之中，所谓义者，即《史记》所谓制义法，后人或谈史法，或明史义与史意，皆即今人所谓史学也。孔子之前，典籍守于史官，大事书之于策，小事记之于简牍，只可谓为记载之法，而不得谓之有史学。左丘明尝称《春秋》之称有五：一曰微而显，二曰志而晦，三曰婉而成章，四曰尽而不汙，五曰惩恶而劝善。而杜预《春秋左氏传序》亦云：

> 仲尼因鲁史策成文，考其真伪，而志其典礼，上以遵周公之遗制，下以明将来之法。其教之所存，文之所害，则刊而正之，以示劝诫。其余皆即用旧史，史有文质，辞有详略，不必改也。故《传》曰其善志，又曰非圣人孰能修之，盖周公之志，仲尼从而明之。左丘明受经于仲尼，以为经者不刊之书也，故传或先经以始事，或后经以终义，或依经以辨理，或错经以合异，随义而发其例之所重，旧史遗文，略不尽举，非圣人所修之要故也。身为国史，躬览载籍，必广记而备言之。

盖《春秋》一书，本为鲁史，仲尼因而修之，而详其事迹、明其义例者，实为《左氏传》，必合观之，而其义始明。此即孔子之史学，而与左丘明同其作述者也。昔者刘知幾尝谓《春秋》有“十二未喻”“五虚美”，而王安石乃有“断烂朝报”之讥。然《春秋》之可贵者，初不在此，章太炎先生论之云：

> 《春秋》之所以独贵者，自仲尼以上，《尚书》则阙略无年次，百国春秋之志，复散乱不循凡例，又以藏之政府，不下庶人，国亡则人与事偕绝。是故本之吉甫史籀，纪岁时月日，以更《尚书》，传之其人，令与诗、书、礼、乐等治，以异百国春秋，然后东周之事，灿然著明。令仲尼不次《春秋》，今虽欲观定哀之世，求五伯之迹，尚荒忽如草昧。夫发金匮之藏，被之萌庶，令人不忘前王，自仲尼左丘明始。

据此，则孔子之修《春秋》，实为整齐官府之旧典，以下之于庶人，并以所创之义法，开后世私家撰史之风。此则功在百世不可泯灭者也。

孔子何为而修《春秋》？昔者壶遂以此为问，而太史公答之矣。语具于《太史公自序》，其说云：

> 上大夫壶遂曰：昔者孔子何为而作《春秋》哉？太史公曰：余闻董生曰，周道衰废，孔子为鲁司寇，诸侯害之，大夫壅之，孔子知言之不用，道之不行也，是非二百四十二年，以为天下仪表，贬天子，退诸侯，讨大夫，以达王事而已矣。子曰，我欲载之空言，不如见之行事之深切著明也（此语亦见赵岐《孟子题辞》，又见《春秋繁露·俞序篇》惟字句微异）。夫《春秋》，上明三王之

道，下辨人事之纪，别嫌疑，明是非，定犹豫，善善恶恶，贤贤贱不肖，存亡国，继绝世，补敝起废，王道之大者也。……拨乱世，反之正，莫近于《春秋》。《春秋》文成数万，其指数千，万物之散聚，皆在《春秋》。《春秋》之中，弑君三十六，亡国五十二，诸侯奔走不得保其社稷者，不可胜数，察其所以，皆失其本已。故曰，臣弑君，子弑父，非一旦一夕之故也，其渐久矣。故有国者，不可以不知《春秋》，前有谗而弗见，后有贼而不知；为人臣者，不可以不知《春秋》，守经事而不知其宜，遭变事而不知其权；为人君父而不通《春秋》之义者，必蒙首恶之名；为人臣子而不通《春秋》之义者，必陷篡弑之诛，死罪之名。

寻此所论，及《汉书》所述，乃知孔子之修《春秋》，一因载籍残缺，文献无征，思存前圣之业，以垂方来；二因言之不用，道之不行，载之空言，不如见之行事之深切著明。其用意至为深远，亦即修《春秋》之动机也。

左丘明与孔子同时，左氏之书，作于丘明，亦为释《春秋》而作，汉代马、班诸家，皆无异说。《严氏春秋》引《观周篇》云："孔子将修《春秋》，与左丘明乘如周，观书于周史，归而修《春秋》，丘明为传，共为表里。"近人之为今文学者，多不信是说，乃谓左氏别为一人，非与孔子同时之丘明。且其说曰：司马迁答任安书，左丘失明，厥有《国语》，左氏即为左丘，其名不带“明”字；又以其人生于晚周，故《左传》之文，不类春秋人所作；又谓《齐论》无“左丘明耻之”一章，故左丘明亦不必与孔子同时。此议固起于宋之郑樵及朱熹，然不过姑为疑辞，以待后人之考断耳。丘明既为春秋传，又稽其逸文，纂其别说，分周、鲁、齐、晋、郑、楚、吴、越八国事，起周穆王，终鲁悼公，别为《春秋外传》，号曰《国语》，故亦号《左氏传》为《春秋内传》。自司马迁、班固、韦昭诸氏，所说皆同，其流传盖已久矣。近代学者，以今古文家法不同之故，抨击《左传》，几无完肤，如刘逢录、康有为、崔适诸氏，皆谓今本《左传》，颇经刘歆窜乱，凡其中释经文者，多非左氏之旧，引歆所称诸儒博士谓左氏不传《春秋》为证；或又谓作《国语》者，即为左丘，而非丘明，刘歆取《国语》之一部，以伪制《左氏传》，以其弃余为今本之《国语》；或又以《左传》《国语》之多歧，断其作者不为一人；其为说之是非，宜有以辨之。愚谓司马迁之世，去古未远，所见古文典记甚多，其称鲁君子左丘明，必非妄语；杜预称丘明身为国史，又与班固称丘明为鲁太史之语合；纵令后贤所说，各能自完其说，然不信《史记》本书，而取短书杂说，或单文孤证，以明其说之为是，一度亦无以服古人之心也。近世今文家重恶刘歆，故谓汉代之中秘书，多为其窜乱，弗恤深文周内，以成其罪。不悟《史记》之作，远在歆前，采用《左传》，言非一端，且其书早经杨恽、褚少孙之徒布之于外，为时贤所共见，藉令歆果作伪，必为太常博士之徒，察觉发覆，而哄然不容于世矣。夫刘歆作伪之说，已不可信，而谓左氏为晚周人，为可信乎？故愚仍以马、班之说为可据，而以作《左氏传》者，即为与孔子同时之丘明，而备闻修《春秋》之义法者也。夫必如是，古史乃可信，而有讨论之余地矣。若夫《国语》之作，是否与作《左传》为一人，本不甚关重要，惟二书各有详略异同，可资互证之处甚多，凡研《左传》者，必读《国语》，其为春秋时代古史之一，又不待论也。

《左氏传》为释《春秋经》而作，经既为传之纲领，而传亦为经之节目。杜预作注，始合经传而为一，所谓传或先经以始事，或后经以终义，或依经以辨理，或错经以合异者，皆可一览而得。后来朱熹作《纲目》，大书以提要，分注以备言，使人了然于开卷之顷，实作史之良法也。然左氏作传，为备《春秋》二百四十二年之事迹，与孔子同其作述，称之为传，其实史也。公羊、穀梁二家，亦为《春秋》作传，不详其事，而详其义，初则师弟之间，口耳授受，至于汉代，乃著之版业，写以隶书，所谓今文之学也。晚近讲今文学者，推崇《公羊传》，以为深得孔子之旨，公羊家有所见所闻所传闻之三世，《史记》有据鲁亲周故殷之语，于是乃有“立三统”“张三世”之说；又谓孔子端门受命，为汉制法，以明白可据之书，寓怪诞不经之说。不知公羊之三世，犹今人修史之有上古、中世、近代，以鲁史为据，故曰据鲁，尊周王而书春王正月，故曰亲周，周因于殷礼，故曰故殷，此为修史之通例，而非有甚深之义也。汉魏之世，已有人曰，仲尼为素王，丘明为素臣，而杜氏则力斥其非矣。或谓左氏所传，为其文则史之文，《公》《穀》所传为其义则丘窃取之义，此亦不然。左氏之义，即寓于文中，如“五十凡”及“君子曰”是也，不必求之于《公》《穀》，而其义已大明。总之，研史与说经不同，公、穀二氏之说，或可备一家之言为说经者之所撷取；若研史者，则应以史实为主，空说其义，于史何裨？此《左氏传》所以得为古史之一也。

《春秋外传》之名，始见于《汉书·律历志》所引之“三统术”，“三统术”为刘歆所作，盖前汉所传之古说也。韦昭叙云：“昔孔子发愤于旧史，左丘明因圣言以摅意，其明识高思未尽，故复采录前世穆王以来，下讫鲁悼智伯之诛，以为《国语》，其文不主于经，故号曰外传。”其释义可谓昭晰矣。宋人叶梦得尝谓古有左氏、左丘氏，《春秋传》作者为左氏，而《国语》作者为左丘氏（见《习学记言》，亦见《困学纪闻六引》），即以太史公称左丘失明，厥有《国语》为证也。然史公之去明字，正缘行文之便，其不称丘明而称左丘，亦以免与下文犯复耳。古人文中截取人名为称者，不乏其例，如方朔葛亮，亦其证也。左氏既传《春秋》，又作《国语》，起于先秦，渊源甚远，后人非有极真极确之证据，未可以彼而易此也。诘

《国语》之短者，一曰鄢陵之败，苗贲皇之所为也，《楚语》则云，雍子之所为，与传不同（此隋人刘炫说）；一曰《左传》以伐吴后三年围吴，又三年而灭之，《越语》后四年遂居军，三年待其自溃而灭之，《左传》自伐吴至灭吴凡六年，《越语》则为三年，《左传》自吴及越平至灭吴凡二十二年，《越语》则为十年，此又《国语》之文异于《左传》之大者（近人徐元诰说，见《国语集解序》）。惟左氏身为史官，所见之典籍非一，安知非故为存异，以待后人之论定耶？今考《国语》，凡《周语》三篇、《鲁语》二篇、《齐语》一篇、《晋语》九篇、《郑语》一篇、《楚语》二篇、《吴语》一篇、《越语》二篇，凡二十一篇。《晋语》独多，必出于晋《乘》，《左传》多载晋事，亦以此故。周王为天子，鲁齐以下为诸侯，而以天子下侪于诸侯，称为一国之语，殊不可解。然而以有此体，遂为后来国别史之祖矣。

《尚书》《春秋左氏传》《国语》之外，其书为古史，而有研讨之价值者，凡四：曰《逸周书》，曰《竹书纪年》，曰《世本》，曰《战国策》，是也。

《晋书·束皙传》云：

> 初太康二年，汲郡人不準，盗发魏襄王墓，或言安釐王冢，得竹书数十车。其《纪年》十三篇，记夏以来，至周幽王为犬戎所灭，以事接之，三家分，仍述魏事，至安

釐王之二十年，盖魏国之史书，大略与《春秋》皆多相应。其中经传大异，则云夏年多殷，益干启位，启杀之，太甲杀伊尹，文丁杀季历，自周受命，至穆王百年，非穆王寿百岁也。幽王既亡，有共伯者摄行天下事，非二相共和也。其《易经》二篇，与《周易》上下经同。《易繇阴阳卦》二篇，与《周易》略同。《繇辞》则异。《卦下易经》一篇，似《说卦》而异。《公孙段》二篇，公孙段与邵陟论《易》。《国语》三篇，言楚晋事。《名》三篇，似《礼记》，又似《尔雅》《论语》。《师春》一篇，书《左传》诸卜筮，师春似造书者姓名也。《琐语》十一篇，诸国卜梦妖怪相书也。《梁丘藏》一篇，先叙魏之世数，次言丘藏金玉事。《缴书》二篇，论弋射法。《生封》一篇，帝王所封。《大历》二篇，邹子谈天类也。《穆天子传》五篇，言周穆王游行四海，见帝台、西王母。《图诗》一篇，画赞之属也。又《杂书》十九篇，周食田法、周书论楚事、周穆王美人盛姬死事。大凡七十五篇，七篇简书折坏，不识名题。冢中又得铜剑一枚，长二尺五寸。漆书皆科斗字。初发冢者，烧策照取宝物，及官收之，多烬简断札，文既残缺，不复诠次。武帝以其书付秘书，校缀次第，寻考指归，而以今文写之。皙在著作，得观竹书，随疑分释，皆有义证。

又同书《荀勗传》云：

及得汲郡冢中古文竹书，诏勗撰次之以为《中经》，列在秘书。勗又尝叙《穆传》曰：古文《穆天子传》者，太康二年汲县民不準盗发古冢所得书也。皆竹简丝编，以臣勗前所考定古尺度，其简长二尺四寸，以墨书一简四十字，汲者战国时魏地也。案所得《纪年》，盖魏惠成王子令王之冢也，于《世本》盖襄王也。案《史记·六国年表》，自令王二十一年，至秦始皇三十四年燔书之岁，八十六年，及至太康二年初得此书，凡五百七十九年（《左传集解后序》正义、《玉海》一四七俱引王隐《晋书》，荀勗《上穆天子传序略》所纪与此略同，可供参考）。

据上文所记，汲冢所得古书如下：

《纪年》十三篇，《易经》二篇，《易繇阴阳卦》二篇，《卦下易经》一篇，《公孙段》二篇，《国语》三篇，《名》三篇，《师春》一篇，《琐语》十一篇，《梁丘藏》一篇，《缴书》一篇，《生封》一篇，《大历》二篇，《穆天子传》五篇，《图诗》一篇，《杂书》十九篇。

右凡六十八篇，合以折坏之七篇，正为七十五篇。其中纯属于史籍者，曰《纪年》，即世所称之《竹书纪年》；曰《国语》，言楚晋事，盖即今本《国语》之残简也。

《汉书・艺文志》，书九家中，著录《周书》七十一篇，为周史记，刘向谓即周时之诰誓号令，而颜师古则以为孔子所论百篇之余也。自来《说文解字》《论语马注》《周礼仪礼郑注》，皆引《周书》，亦皆在今本《逸周书》七十篇之中，惟《隋书・经籍志》于《周书》十卷下注曰，《汲冢书》，《唐书・艺文志》仍之，后人遂于今本《周书》，冠以"汲冢"二字。然考之诸书，《晋书・束皙传》杂事十九篇中虽有《周书》之名，而篇帙太少；而杜预《左传序》，叙汲县发冢事，亦未尝一语及之；况晋武以前引《周书》逸文，不在今本中者，盖不下数十事；其书故盛传于世，何得谓出于汲冢而世始见之耶。前人释今本《周书》，谓其篇数少于《汉志》一篇者，即缘其序散入各篇之首，一若今本之《尚书序》，理或然矣。究之其书之一部，不免出于后人依托，故多与《尚书》不类；又诸书所引，多不见于今本。然其书仍为世人所重者，即以其出于依托之一部，亦必多有典据，古籍无多，不可轻弃，故宁过而存之，是也。

其次则《竹书纪年》，实出于汲冢，《晋书・束皙[传]》叙之备矣。而《隋书・经籍志》亦云：

至晋太康元年，汲郡人发魏襄王冢，得古竹简书，字皆科斗，发冢者不以为意，往往散乱。帝命中书监荀勖、令和峤，撰次为十五部，八十七卷，多杂碎怪妄，不可训知。惟《周易》《纪年》最为分了。其《周易》上下编，与今正同。《纪年》皆用夏正建寅之月为岁首，起自夏、殷、周三代王事，无诸侯国别，惟特记晋国，起自殇叔，次文侯、昭侯，以至曲沃庄伯，尽晋国灭，独记魏事，下至魏哀王，谓之今王，盖魏国之史记也。其著书皆编年相次，文意大似《春秋经》，诸所记事，多与《春秋左氏》扶同（案杜预《左传后序》扶作符）。

兹考《隋志·古史》一目，著录《纪年》十二卷，谓为《汲冢书》，当为束皙、荀勖所见十三篇之竹简，无可疑也。案《史记注》《水经注》《穆天子传注》《文选注》，皆屡引《纪年》，而今本或有或无，即证以刘知幾所见之本，已与今本不同。清王宏撰《山志》，即以今本《纪年》为不可信，而徐文靖撰《纪年统笺》，则力辨之，以为可信。清朱右曾始取诸书所引之文，辑为一编，题曰《汲冢纪年存真》。近人王国维因之，以成《古本竹书纪年辑校》；又撰《今本纪年疏证》，以明其伪，其言曰："纪年佚于两宋之际，今本乃后人所搜集，复杂采《史记》《路史》《通鉴外纪》诸书成之。今一一求其所出，始知今本所载，殆无一不袭他书，其不见他书者，不过百分之一，又率空洞无事实，所增加者年月而已。事实既具他书，则此书为无用，年月既多杜撰，则其说为无徵，无用无徵则废此书可。朱氏辑本，尚未详备，又诸书异同，亦未尽列，至其所取，亦不能无得失，乃以朱书为本，而以余所校注补正之，凡增删改正若干事。”据此则伪者之迹为不可掩，而真者亦因以明，于是王氏疏通证明之功，为前人所不及矣。要之汲家所出之《纪年》，间有骇人听闻之纪载，然其大体多同《左氏传》，是即古史之较可信者。兹屏伪本，而专取辑本，以存其真，斯已可矣。

再次则为《世本》。《后汉书·班彪传》云：“又有记录黄帝以来至春秋时帝王公侯卿大夫，号曰《世本》，一十五篇，其子固本之，遂著录其书于《汉书·艺文志》。”或曰楚汉之际，有好事者，作《世本》，上录黄帝，下逮汉末，惟未言作者究为何人。颜之推始云，《世本》左丘明所书，说出皇甫谧《帝王世纪》。章太炎先生信之，其说云，盖左丘明成《春秋内外传》，又有《世本》以为胠翼，近之矣。《世本》者，不画以《春秋》，其言竟黄顼，将上攀《尚书》，下侪周典，广《春秋》于八代者也。《隋志》史部谱系一目，著录《世本·王侯大夫谱》二卷，疑即古十五篇之《世本》；又有刘向《世本》二卷，宋衷《世本》四卷，盖就古《世本》而为之注释。其书盖亡于宋代。今可考者，有《帝系篇》，有《氏姓篇》，有《居篇》，有《作篇》，又有世家，有传，有谱。《史记·魏世家·索隐》，引《世本》传文；或谓《史记·伯夷传》其“传”曰之“传”，即出于《世本》之“传”。其略见于钱大昭、孙冯翼、洪饴孙、秦嘉谟、雷学淇、茆泮林、张澍诸家之辑本，其何者为古本，何者为刘、宋二氏所补辑，则不易明。司马迁撰《史记》，多采取古《世本》，此亦古史之仅见者也。

再次则为《战国策》，著录于《汉志》者，凡三十三篇。内计西周一篇、东周一篇、秦五篇、齐六篇、楚赵魏各四篇、韩燕各三篇、宋卫合为一篇、中山一篇，记春秋后迄秦二百四十五年之事，即号为战国者是也。据刘向《校书录序》中书本号或曰《国策》，或曰《国事》，或曰《短长》，或曰《事语》，或曰《长书》，或曰《修书》。向以为战国时游士辅所用之国，为之策谋，宜为《战国策》。《隋志》著录两本，一为二十二卷，刘向录；一为二十一卷，高诱注。今传高诱注本，即为二十一卷，是为真本，古今皆无异词，亦即见采于《史记》者也。

上述四书之外，又有二种，不可不述，一曰《穆天子传》，一曰《山海经》。《穆传》见于汲冢书目，原为五篇。今本则为六卷，前五卷皆纪穆王西巡事，后一卷纪美人盛姬事。按《束皙传》所纪《杂书》十九篇中，有纪穆王美人盛姬死事之语，殆即此篇，而后人合之也。晋郭璞为之注，并传于今，其中言穆王西巡事，皆有月日可寻，并详纪所行里数。郭璞《序》谓其体与今“起居注”同，故隋唐各志以之列入起居注。近人丁谦更为之作考证，以西图案其地望，言甚博辨，可指数者甚多。此其一也。《山海经》著录于《汉志》，前有刘秀校上奏，称为伯益所作，秀即刘歆之易名也。《史记》亦称，《山海经》所有怪物，余不敢言，是其书已为子长所见。《列子》亦称大禹见而行之，伯益知而名之，夷坚闻而志之。或疑《列子》为伪书，不尽可据。然考书中所纪，人名有夏后启、周文王，地名有秦汉郡县，是则其书虽不必为周代之古籍，然必有一部为晚周秦汉人所附益。清代毕沅为作校注，郝懿行为作笺疏，皆力言《山经》实古地理书，且以《水经注》证其域内地名，亦十得五六。此其二也。《四库书目》以二书夸诞不经，列入小说，尚非得实，考古史者，不宜置之。至若赵煜之《吴越春秋》，袁康之《越绝书》，虽详吴、越二国事迹，而皆撰于汉代，非上述诸书之比，故亦不复具论焉。

夷考春秋以往，诸侯皆有国史，外史所掌四方之志，即为列国之史。杜预所称大事书于策，小事简牍而已，亦诸侯修史之成法也。孔子修《春秋》，得见百二十国宝书，盖即墨子所见之百国春秋；孟子曰，晋之《乘》，楚之《梼杌》，鲁之《春秋》，一也；晋韩献子聘鲁，见鲁《春秋》，曰周礼尽在鲁矣。《乘》与《梼杌》，即春秋之异名，而鲁《春秋》，又孔子修《春秋》之所本也。《汲冢琐语》又云有《晋春秋》(见《史通·六家》)，当即晋《乘》之别名。又如《竹书纪年》，本为魏国之史，魏上承晋，故叙晋事独详，一如鲁之有《春秋》，是即魏之《春秋》，而原于晋《乘》者也。是则周代盛时，列国之史，林林总总，不可胜记。左丘明得见列国之史，故据以撰《国语》，而《战国策》亦列国史之支与流裔也。迨至晚周，诸侯恶其害己，始去其籍，又厄于秦火，于是所存者仅矣。

两汉经师，具有家法，递相传授，其学有今文、古文之分，盖自孔子以后师弟间口耳相传，至汉初始以隶体书之于册者，谓之今文学。其古人原本尚在，所书悉为古籀者，即就本书肄习，或以汉隶通之者，谓之古文学。因今文古文之异体，解者缘以纷纷而各立门户，是谓之家法，而争端亦由此起矣。古人以六经皆为王官之典籍，未尝有经史之别。《尚书》《春秋》皆为古史，伏生所口授之二十八篇，为《今文尚书》，前已论之。又如著录《汉志》之《古文经》四十六卷，即《古文尚书》也。公羊、穀梁二氏之传《春秋》，皆书以今文，是为今文学；左氏所传古经十二篇，传三十卷，原本具在，是为古文学；是则《尚书》《春秋》之有今古文学，亦即古史之有今古二派也。《汉书·艺文志》云，《古文尚书》者，出孔子壁中，武帝末，鲁恭王坏孔子宅，欲以广其宫，而得《古文尚书》及《礼记》《孝经》，凡数十篇，皆古字也。《尚书》之出于壁中，亦犹《纪年》之出于汲冢，自秦人燔书，古籍之不绝如缕，正赖壁中及地下之藏，得保十一于千百，此考古史者，所宜郑重记之也。凡古史之流传至今者，不为口耳相传，即为保藏原本，然后世之载籍，繁于古代者千万倍，徒恃口耳相传，为不可能，于是又有资乎古籍之流传。

清代禁毁之书，不可指数，而终有其一部，不因禁毁而失传者，则保藏之效也。古代简编，非甚繁重，师弟尤重传授，故历数百年，传十数世，而其书仍能不亡，非惟保藏，亦口耳相传之效矣。汲冢之发，所得古简独多，是为明证，可无述欤。

再进而言古代之史学，试以刘知幾所论证之。知幾论史，概以“六家”“二体”。所谓六家者：一《尚书》家、二《春秋》家、三《左传》家、四《国语》家、五《史记》家、六《汉书》家，是也。《尚书》所载，多为典、谟、诰、誓之文，所以宣王道之正义，发话言于臣下，其体略如后世所集之两汉诏令、唐大诏令、宋大诏令及明清两代之圣训，亦犹《毛诗》一编，为后代总集之开端，不惟后代继其体者为难，亦不得谓为史体之正宗。《春秋》本鲁史而成，左氏缘经以作传，经为纲而传为目，言见经文，而事详传内，或传无而经有，或经阙而传存，是二家者，以编年体而垂为百代之法者也。其后司马迁以纪传书表之体，创为《史记》；班固继作《汉书》，改书为志，断代为史；后有作者，遵而不易，于是纪传一体，遂树正史之规模。若夫《国语》《国策》二书，以国为别，而无复年月可寻，后世之书，惟陈寿《三国志》、崔鸿《十六国春秋》、路振《九国志》、吴任臣《十国春秋》，差可比拟，然亦乙部之支流，不得以大宗拟之矣。是以知幾综其前说，约为“二体”；“二体”者，纪传与编年是也。《春秋》《左传》为一体，是为编年；《史记》《汉书》为一体，是为纪传。系日月以为次，列时岁以相续，中国外夷，同年共世，莫不备载，其事形于目前，理尽一言，语无重出，此编年体之所长也；纪以包举大端，传以委曲细事，表以谱列年爵，志以总括遗漏，逮于天文地理，国典朝章。显隐必赅，洪纤靡失，此纪传体之所长也；刘氏论之详矣。以事系日，以日系月，言春以包夏，举秋以兼冬，或为鲁史旧法，然垂为不刊之典，以传之于后世者，则孔子与左丘明也。章学诚有言，刘知幾得史法，而不得史意，此《文史通义》所由作也。愚谓古代史学，只有史法，而史法当与史意并重。所谓系日月以为次，列时岁以相续，即史法也；所谓微而显，志而晦，婉而成章，尽而不汙，惩恶而劝善，即史意也；史法即其文则史之文，史意即则丘窃取之义，曰法与意，曰文与义，皆为孔子之史学。是故榷论吾国之史学，必萌芽于孔子。至博采列国之史，萃为一编，以羽翼孔子之作，以阐发孔子修《春秋》之旨趣，是为左丘明之史学，而公羊、穀梁二氏，专明一家之学者，不得与焉。吾于古代之史家，仅得二人，首推孔子，其次则左丘明也。

总上所论，古代之史家，应为孔子与左丘明，古代之史籍，应为《尚书》《春秋左氏传》《国语》《国策》，而《周书》《纪年》《世本》之残缺不完及仅见佚文者，亦以附焉。孔子曰："君子于其所不知，盖阙如也。"治古史者，不可不知此义。

（选自金毓黻著《中国史学史》）

研究历史的任务

李大钊

我们研究史学，第一先要研究的就是，什么是史?

在中国能找出许多关于史的材料来，什么《史记》咧，《汉书》咧,《三国志》《资治通鉴》《二十四史》……在西洋也可以找出什么《罗马史》咧,《希腊史》咧……的书。这类的书，就是史吗?

这类的书，固然浩如烟海，但这不是史，而是供给吾人研究历史的材料。从前许多的旧历史学家，都认这是历史。其实这是研究历史的材料，而不是历史。历史是有生命的、活动的、进步的，不是死的、固定的。

吾人研究有生命的历史，有时须靠记录中的材料。但要知道这些陈编故纸以外，有有生命的历史，比如研究列宁，列宁是个活人，是有生命的。研究他，必须参考关于列宁的书籍，但不能说关于列宁的书籍，便是列宁。

明白了这点，那历史和历史材料的异点，便可以知其大概了。

我们再讲历史学的发展。历史学是起源于记录。英文的史字（History）是问而知道的意思；德文的史字（Geschichte）是事体的意思。发生事件而记录起来，这是史学的起源。

从前历史的内容，主要部分是政治、外交，而活动的事迹，完全拿贵族当中心。所以福理曼（Freeman）说：过去的政治就是历史，历史就是政治。他把政治和历史认成一个，不会分离。

这样解释历史，未免失之狭隘。历史是有生命的，是全人类的生活。人类生活的全体，不单是政治，此外还有经济的、伦理的、宗教的、美术的种种生活。他说历史就是政治，其余如经济、宗教、伦理、美术的种种生活，能说不算是人类的生活吗？可以把它们放在历史以外吗？

及后到了马克思，才把历史真正意义发明出来，我们可以从他的唯物史观的学说里看出。

他把人类生活，作成一个整个的解释，这生活的整个便是文化。

生物学当然是研究生物的，植物学当然是研究植物的，人类历史也当然是研究人类的生活，生活的全体——文化的了。但文化是整个的，不可分离。譬如这座楼，可以分出楼顶、楼身和基础来。假使基础摇动，楼身、楼顶全得摇动。基础变更，楼身、楼顶也得跟着变更。文化是以经济作基础，他说有了这样的经济关系，才会产生这样的政治、宗教、伦理、美术等等的生活。假如经济一有变动，那些政治、宗教等等生活也随着变动了。假使有新的经济关系发生，那政治、宗教等等生活也跟着从新建筑了。

他不但发明文化是整个的，他并且把历史和社会的疆域分开。他说：人类的社会，按时间的，纵起来看是历史；按平面的，空间的，横起来看是社会。他又说历史是“社会的变革”。不但过去的历史是社会的变革，即是现在、将来，社会无一时不在变革中。因为历史是有生命的、活动的、进步的，而不是一成不变的。历史的范围不但包括过去，并且包有现在和将来。

至于什么是历史学家的任务，希腊的历史学家后世称为“历史之父”的希罗陀德（Herodotus）已经告诉过我们：

（一）应当整理记录，寻出真确的事实；

（二）应当解释记录，寻出那些事实间的理法。

据此，历史家的任务，是在故书篓中，于整理上，要找出真确的事实；于理解上，要找出真理。但同是一个事实，人人的解释各异。比如实在的孔子过去了，而历史的孔子，甲与乙的解释不同，乙与丙的解释又不同，昔人与今人的解释又不同。人人解释既然不同，他整理以后，找出来自以为真确的事实，当然又不同了。

须知历史是有新鲜的生命的，是活动的、进步的，不但不怕改作和重作，并且还要吾人去改作、重作。信手在我们中国历史里边找出几个例来看：

（一）在中国历史神话期中，说我们的衣服器具有许多是半神的圣人，给我们在一个相距不远的时代，一齐造出来的。这样记录，我和在座诸君在十年或二十年前，或者都以为真实的。现在我们若拿新的历史眼光来看，知道那些记录完全是荒谬的。现在借着科学的知识，发明一种新机器，也得费若干年月，在那蒙昧时代，怎能这样迅速！

据人类学家，考察人类的起源，是因人从前有四条腿，和别的动物一样。女性的人，怕他的孩子被他兽残杀，乃习用其前足抱子而奔。人是这样渐渐的进化，才成了用手用胸用两足走路的动物。人类渐渐的站起来用足走路以后，腹部因蔽体的毛稀薄，感畏风寒，乃渐取树叶遮盖；后来旁的地方怕受风寒，也会想法去遮盖了。这就是衣服的起源，由树叶到衣服的进步更不知道经过了多少年月！

由茹毛饮血的生活而渐进于游牧的生活，由游牧的生活而进于畜牧生活，而进于农业生活，手工业的生活，机器工业的生活，这里边有很悠久的历史，并不会一时得到的。我们现在根据进化论去解释这些记录，比在数十年前的观念已大不同了。

（二）中国古代的姓，如妫、姞、姬、姜等字，都从女旁，这些字何以都从女？前人的解释，多谓人因地而得姓。例如某某的母居姜水，故姓姜；某某的母居于妫水，故姓妫。但由我来解释，不是这样。我以为妫水、姜水的地方，是因人而得名的。因为有姓姜的在那里居住，所以名为姜水；有姓妫的在那里居住，所以名为妫水。姜、妫的姓都从女旁，是因为那个时候，是母权时期，所以子从母姓。我们再就社会的现状观察，姓张的村子叫张家村，姓李的庄子叫李家庄，都因所在的姓氏而得名，决不是因为住在张家村才姓张，住在李家庄才姓李的。那些妫水、姞水、姬水、姜水的名称，也因为古代的人好临水而居，那水也就各因其姓氏而得名了。

我们拿着新的历史眼光，去观察数千年前的故书陈籍，的确可以得着新的见解，找出真确的事实。

（三）就近二十年来，河南所发现的古物，更可以断定旧日史书的虚伪。中国经济学上的名词多从貝（贝），如貨（货）字、買（买）字、賈（贾）字等都从貝。按历史学家考察，最古的时期中，经过一种靠贝为生活的时期。中国旧史的记录的：中国在太昊、神农时，已有金属铸造货币。但现在按河南发现的龟版文字，一为考察，那些上面所刻的字，并无从金边的字，而只有从貝的字。果然当时已是用金器时代，何以不能发现一个金字？

中国古书固然伪的很多，然在较为可靠的《书经》的《商书》篇亦是说“具乃貝（贝）玉”，当时贝玉并称，而不说具乃金玉。果然当时已有金属制造品，何以在殷代以前，不发现一个“金”字？

到了后来《诗经》上才发现许多“金”字，往往“金”“玉”并称，便有“金玉其相”一类的话了。

就此可断定，旧史所纪是虚伪的。在殷代以前，还是靠贝的生活，还是石器时代；殷代以后到了周朝，才入了铜器时代，才有金属的制造品了。

这样的例举不胜举，我们按这许多例，可以断定往日记录有许多错误，是可以改作重作的，是必须改作重作的。但我们所改作的、重作的，就敢断定是真实的、一成不变的吗？历史是有生命的，僵死陈腐的记录不能表现那活泼泼的生命，全靠我们后人有新的历史观念，去整理他，认识他。果然后人又有了新的理解、发明，我们现在所认为新的又成了错误的，也未可知。我们所认为真实的事实和真理的见解并不是固定的，乃是比较的。

希腊历史学家格罗忒（Crote）出，又有人说，他的《希腊史》比希罗陀德的好，第一因为希氏缺乏批评精神；第二因为希氏喜欢什么，便注意什么真实。但我们要说公平话，他所注意的未必是对，在希罗陀德时代，能够得到那样结果，已经很难得了。我们不能因见了格罗忒，便来菲薄希罗陀德。格罗忒的《希腊史》，果然就是最完全的吗？这也不过是比较的真实的罢了。

所以历史是不怕重作改作的，不但不怕重作改作，而且要改作重作，推翻古人的前案，并不算什么事，故吾人应本新的眼光去改作旧历史。很希望有许多人起来，去干这种很有趣味的事，把那些旧材料旧记录，统通召集在新的知识面前，作一个判决书。

从前的孔子观念，是从前人的孔子观，不是我们的孔子观。他们的释迦观、耶稣观，亦是他们自己的释迦观、耶稣观，不是我们的释迦观、耶稣观。他们本着迷信为孔子、释迦、耶稣作传，辉皇孔子、释迦、耶稣为亘古仅有天纵的圣人，天生的儿子，说出许多怪诞不经的话。我们今日要为他们作传，必把这些神话一概删除。特注重考察他们当时社会的背景，与他们的哲学思想有若何关系等问题。历史原是有生命的，不是僵死的；原是进步的，不是固定的。我们本着新的眼光，去不断的改作重作，的确是我们应取的途径了。

以上的话，归结起来：记录是研究历史的材料；历史是整个的、有生命的、进步的东西，不是固定的、死的东西；历史学虽是发源于记录，而记录决不是历史。发明历史的真义的是马克思，指出吾人研究历史的任务的是希罗陀德。我们研究历史的任务是：

（一）整理事实，寻找他的真确的证据；

（二）理解事实，寻出他的进步的真理。

（选自《李大钊文集》下册）

唯物史观在现代史学上的价值

李大钊

“唯物史观”是社会学上的一种法则，是Karl Marx和Friedrich Engels一八四八年在他们合著的《共产党宣言》里所发现的。后来有四种名称，在学者间通用，都是指此法则的，即是：（1）“历史之唯物的概念”（“The Materialistic Conception of History”），（2）“历史的唯物主义”（“Historical Materialism”），（3）“历史之经济的解释”（“The Economic Interpretation of History”）及（4）“经济的决定论”（“Economic Determinism”）。在（1）（2）两辞，泛称物质，比马克思的说范围较广；因为他的说只是历史之经济的解释，若以“物质”或“唯物”称之，则是凡基于物质的原因的变动，均应包括在内，例如历史上生物的考察，乃至因风土、气候、一时一地的动植物的影响所生的社会变动，均应论及了。第（4）一辞，在法兰西颇流行，以有倾于定命论宿命论之嫌，恐怕很有流弊。比较起来，还是称马克思说为“经济的历史观”妥当些。Seligman 曾有此主张，我亦认为合理，只以“唯物史观”一语，年来在论坛上流用较熟，而本讲范围，亦不限于马氏的经济的历史观，故用之。

科学界过重分类的结果，几乎忘却他们只是一个全体的部分而轻视他们相互间的关系，这种弊象，呈露已久了。近来思想界才发生一种新倾向：研究各种科学，与其重在区分，毋宁重在关系；说明形成各种科学基础的社会制度，与其为解析的观察，不如为综合的观察。这种方法，可以应用于现在的事实，亦可以同样应用于过去的纪录。唯物史观，就是应这种新倾向而发生的。从前把历史认作只是过去的政治，把政治的内容亦只解作宪法的和外交的关系。这种的历史观，只能看出一部分的真理而未能窥其全体。按着思想界的新倾向去观察，人类的历史，乃是人在社会上的历史，亦就是人类的社会生活史。人类的社会生活，是种种互有关联、互与影响的活动，是故人类的历史，应该是包括一切社会生活现象，广大的活动。政治的历史，不过是这个广大的活动的一方面，是社会生活的一部分，不是社会生活的全体。以政治概括社会生活，乃是以一部分概括全体，陷于很大的误谬了。于此所发生的问题，就是在这互有关联、互与影响的社会生活里，那社会进展的根本原因究竟何在？人类思想上和人类生活上大变动的理由究竟为何？唯物史观解答这个问题，则谓人的生存，全靠他维持自己的能力，所以经济的生活，是一切生活的根本条件。因为人类的生活，是人在社会的生活，故个人的生存总在社会的构造组织以内进动而受他的限制，维持生存的条件之于个人，与生产和消费之于社会是同类的关系。在社会构造内限制社会阶级和社会生活各种表现的变化，最后的原因，实是经济的。此种学说，发源于德，次及于意、俄、英、法等国。

唯物史观的名称意义，已如上述，现在要论他在史学上的价值了。研究历史的重要用处，就在训练学者的判断力，并令他得着凭以为判断的事实。成绩的良否，全靠所据的事实确实与否和那所用的解释法适当与否。十八世纪和十九世纪前半期的历史学者，研究历史原因的问题的人很少。他们多以为历史家的职分，不外叙述些政治上、外交上的史实，那以伟人说或时代天才说解释这些史实的，还算是深一层的研究。Lessing（莱辛）在他的《人类教育论》与 Herder（赫尔德）在他的《历史哲学概论》里所论述的，都受过神学观念的支配，亦不能与思想界的新运动以促动力。像 Herder 这样的人，他在德国与 Ferguson（弗格森）在苏格兰一样，可以说是近代人类学研究的先驱，他的思想，犹且如此，其他更可知了。康德在他的《通史概论》里，早已窥见关于社会进化的近代学说，是 Huxley（赫胥黎）与许多德国学者所公认的，然亦不能由当时的神学思想完全解放出来，而直为严正的科学的批评。到了 Hegel（黑格尔）的《历史哲学》，达于历史的唯心的解释的极点，但是 Hegel 派的“历史精神”观，于一般领会上究嫌过于暧昧，过于空虚。

有些主张宗教是进化的关键的人，用思想感情等名词解释历史的发展，这可以说是历史的宗教的解释。固然犹太教、儒教、回教、佛教、耶教等五大宗教的教义，曾与于人类进步以很深的影响，亦是不可争的事实，但是这种解释，未曾注意到与其把宗教看作原因，不如把他看作结果的道理，并且未曾研究同一宗教的保存何以常与他的信徒的环境上、性质上急遽的变动相适合的道理。这历史的宗教的解释，就是 Beniamin Kidd 的修正学说，亦只有很少的信徒。

此外还有历史的政治的解释。其说可以溯源于 Aristotle（亚里士多德），有些公法学者右之。此派主张通全历史可以看出由君主制到贵族制、由贵族制到民主制的一定的运动，在理想上，在制度上，都有个由专制到自由之不断的进步。但是有许多哲学家，并 Aristotle 亦包在内，指出民主制有时亦弄到专制的地步，而且政治的变动，不是初级的现象，乃是次级的现象，拿那个本身是一结果的东西当作普遍的原因，仿佛是把车放在马前一样的倒置。

这些唯心的解释的企图，都一一地失败了，于是不得不另辟一条新路。这就是历史的唯物的解释。这种历史的解释方法不求其原因于心的势力，而求之于物的势力，因为心的变动常是为物的环境所支配。

综观以上所举历史的解释方法，新旧之间截然不同。因历史事实的解释方法不同，从而历史的实质亦不同，从而及于读者的影响亦大不同。从前的历史，专记述王公世爵纪功耀武的事。史家的职分，就在买此辈权势阶级的欢心，好一点的，亦只在夸耀自国的尊荣。凡他所纪的事实，都是适合此等目的的，否则屏而不载；而解释此类事实，则全用神学的方法。此辈史家把所有表现于历史中特权阶级的全名表，都置于超自然的权力保护之下。所记载于历史的事变，无论是焚杀，是淫掠，是奸谋，是篡窃，都要归之于天命，夸之以神武，使读者认定无论他所遭逢的境遇如何艰难，都是命运的关系。只有祈祷天帝，希望将来，是慰藉目前痛苦的唯一方法。

这种历史及于人类精神的影响，就是把个人的道德的势力，全弄到麻木不仁的状态。既已认定自己境遇的难苦，都是天命所确定的，都是超越自己所能辖治的范围以外的势力所左右的，那么以自己的努力企图自救，便是至极愚妄的事，只有出于忍受的一途，对于现存的秩序，不发生疑问，设若发生疑问，不但丧失了他现在的平安，并且丧失了他将来的快乐。他不但要服从，还要祈祷，还要在杀他的人的手上接吻。这个样子，那些永据高位握有权势的人，才能平平安安地常享特殊的权利，并且有增加这些权利的机会，而一般人民，将永沉在物质道德的卑屈地位。这种史书，简直是权势阶级愚民的器具，用此可使一般人民老老实实地听他们采夺。

唯物史观所取的方法，则全不同。他的目的，是为得到全部的真实，其及于人类精神的影响，亦全与用神学的方法所得的结果相反。这不是一种供权势阶级愚民的器具，乃是一种社会进化的研究。而社会一语，包含着全体人民，并他们获得生活的利便，与他们的制度和理想。这与特别事变、特别人物没有什么关系。一个个人，除去他与全体人民的关系以外，全不重要；就是此时，亦是全体人民是要紧的，他不过是附随的。生长与活动，只能在人民本身的性质中去寻，决不在他们以外的什么势力。最要紧的，是要寻出那个民族的人依以为生的方法，因为所有别的进步，都靠着那个民族生产衣食方法的进步与变动。

斯时人才看出他所生存的境遇，是基于能时时变动而且时时变动的原因；斯时人才看出那些变动，都是新知识施于实用的结果，就是由像他自己一样的普通人所创造的新发明新发现的结果，这种观念给了很多的希望与勇气在他的身上；斯时人才看出一切进步只能由联合以图进步的人民造成，他于是才自觉他自己的权威，他自己在社会上的位置，而取一种新态度。从前他不过是一个被动的、否定的生物，他只是一个忍耐的试验品，于什么人亦没有用处。现在他变成一个活泼而积极的分子了，他愿意知道关于生活的事实，什么是生活事实的意义，这些生活事实给进步以什么机会，他愿意把他的肩头放在生活轮前，推之挽之使之直前进动。这个观念，可以把他造成一个属于他自己的人，他才起首在生活中得了满足而能于社会有用。但是一个人生在思想感情都锢桎于古代神学的习惯的时代，要想思得个生活的新了解，那是万万不可能；青年男女，在这种教训之下，全麻痹了他们的意志，万不能发育实成。

这样看来，旧历史的方法与新历史的方法绝对相反：一则寻社会情状的原因于社会本身以外，把人当作一只无帆、无楫、无罗盘针的弃舟，漂流于茫茫无涯的荒海中，一则于人类本身的性质内求达到较善的社会情状的推进力与指导力；一则给人以怯懦无能的人生观，一则给人以奋发有为的人生观。这全因为一则看社会上的一切活动与变迁全为天意所存，一则看社会上的一切活动和变迁全为人力所造，这种人类本身具有的动力可以在人类的需要中和那赖以满足需要的方法中认识出来。

有人说，社会的进步是基于人类的感情。此说乍看似与社会的进步是基于生产程序的变动的说相冲突，其实不然。因为除了需要的意识和满足需要的愉快，再没有感情，而生产程序之所以立，那是为满足构成人类感情的需要。感情的意识与满足感情需要的方法施用，只是在同联环中的不同步数罢了。

有些人误解了唯物史观，以为社会的进步只靠物质上自然的变动，勿须人类的活动，而坐待新境遇的到来。因而一般批评唯物史观的人，亦有以此为口实，便说这种定命（听命由天）的人生观，是唯物史观给下的恶影响。这都是大错特错，唯物史观及于人生的影响乃适居其反。

旧历史的纂著和他的教训的虚伪既是那样荒陋，并且那样明显，而于文化上又那样无力，除了少数在神学校的，几乎没有几多教授再作这种陈腐而且陋劣的事业了。晚近以来，高等教育机关里的史学教授，几无人不被唯物史观的影响，而热心创造一种社会的新生。只有公立学校的初级史学教员，尚未觉察到这样程度的变动，因为在那里的教训，全为成见与习惯所拘束，那些教员又没有那样卓越的天才，足以激励他们文化进步上的自高心，而现今的公立学校又过受政治和教科书事务局的限制。

唯物史观在史学上的价值，既这样的重大，而于人生上所被的影响，又这样的紧要，我们不可不明白他的真意义，用以得一种新人生的了解。我们要晓得一切过去的历史，都是靠我们本身具有的人力创造出来的，不是那个伟人圣人给我们造的，亦不是上帝赐予我们。将来的历史，亦还是如此。现在已是我们世界的平民的时代了，我们应该自觉我们的势力，赶快联合起来，应我们生活上的需要，创造一种世界的平民的新历史。

（选自《李大钊文集》下册）

历史研究法

何炳松

一、绪论

我们要知道什么是历史研究法，就应该先知道什么是历史。历史的定义有两种：一种就是人类过去的活动，一种就是人类过去活动的记载。历史有了这样两个定义，所以他比较的在我们脑筋中容易混乱：因为他一方面就指历史的本身；一方面又可以指历史的著作或历史的书籍。不过现在我们在科学上所谓历史，当然专指第一种人类过去的活动而言，并不是历史的著作，或历史的书籍。什么叫做研究法，这是很简单的，所谓研究法，就是探讨真理的方法。历史上的真理是什么？这当然就是人类过去活动的真相。现在我们可以总括起来说：历史研究法，就是探讨人类过去活动的真相的方法。

在这里我要附带的说一句话：我们现在所谓历史研究法，同我们中国从前所谓“史法”，完全不同。从前中国所谓史法，专讲“褒贬笔削”这一类话；至于现在的历史研究法和我国向来所谓《春秋》的笔法完全不同。你们听完我的讲演以后，就会明白现在的史法是什么。不过所谓《春秋》的笔法是否出诸孔子的本意，还是出诸后人的附会，当然大有讨论的余地。因非本讲范围所及，所以不去论他。

还有一点，我们中国人研究历史，向来注重历史的评论，就是所谓“史论”。就在现在普通学校里所出的历史题目中，还常常发现“汉高祖论”“唐太宗论”和什么“萧何、宋濂优劣论”等不伦不类的东西。我们要知道：这种信口开河事后论人的办法，无论他说得怎样天花乱坠，根本上完全是一种不负责任的风凉话，绝对不合科学态度的。即使退一步说，假定在文学中我们应该有如此一类的作品，那么他亦应该归入别的范围，不应该在历史著作中占丝毫地位。《四库全书·史部》中《史评》一类的著作是科举时代的古董，除一部分与史法批评有关的著作以外，其余都应该排斥的。

现在继续讨论历史研究法的对象。历史研究法的对象，当然是历史；所谓历史，就是刚才所说人类过去的活动。不过这句话是很空泛的，究竟人类过去的活动是什么？照现在历史家的意见，人类过去的活动大体有五个方面（aspects）：（一）经济方面，（二）政治方面，（三）教育方面，（四）艺术方面，（五）宗教方面。历史所研究的就是人类过去这五个方面的活动。但是此地有两点要注意：第一点，就横的方面来讲，我们对于这五个方面并不是研究他们的支体，应该研究他们的浑沦，所谓浑沦就是这五个方面所并成的一个整个东西。第二点，就纵的方面讲，我们要研究的是这个浑沦的变化，并不是研究他在各时代中的静止（static）状态。换句话说：就是我们要研究活的和动的人类史，不是死的和静的人类史。什么是活的和动的人类史？怎样去研究他们？我们下面再讲，此地暂置不论。

在这里我又附带了一个感想，就是我们中国向来研究历史，差不多统是注重在片面的同部分的方面，或者在静的同死的方面，难得可以找出一本研究中国历史的书，能够注意到综合的和变化的一方面。例如：研究文化的状况，他们只知道分门别类的直叙下来。至于中华民族在某一时代中整个的文化状况怎样，他们就不去注意了。又如研究官制的沿革，他们只知道将历代的官制平铺起来。至于秦代的官制何以到了汉代就发生变化，其变化的情形怎样，他们就不去注意了。所以中国从前的历史著作是破碎的，不是整个的；是死的，不是活的。

现在讲一讲历史研究法和自然科学研究法不同的地方。第一，就是观察点的不同。科学方法里面的观察点，是在各种实质上求他们相同的地方；而历史的观察点，完全注意于实质上各种不同的地方。概括地说：科学方法是在各实质上求同；历史方法是在各实质上求异。第二，就是研究对象的性质不同，科学所研究的，专注意在许多实质中某一种原质，所以非常单纯；而历史所研究的，并不是研究许多事实里面的某一点，乃是将一件事实的各方面，作普遍的各个的研究。还有科学研究的范围，是有一定的，他总是由复杂而简单。至于历史研究的范围，就没有一定了：我们可以研究一个朝代的历史，也可以研究一个小时的历史；我们可以研究一个民族的历史，也可以研究一个人的历史。还有一点，就是历史处处要受时间空间的限制，换句话说：就是历史的事实绝对不能离开地方和时代。时与地实在是历史事实必要的原素。至于科学就可不受这种限制。科学的真理，一旦发现以后，无论古今中外，都可以应用起来。第三，历史研究法的步骤和自然科学研究法的步骤，也不相同。自然科学方法所用的步骤，是观察和实验；而历史所研究的事迹，都是已经过去的了，没有方法可以观察，可以实验。所谓“生死人而肉白骨”，是一件绝对不可能的事情。

我们因此可以得到一个结论，就是历史这种学问，可以说是纯粹主观的学问；而自然科学，大体上可以说完全是客观的学问。

在这里我又有一个感想，就是现在我们中国人谈历史，动不动就说要在历史里面求因果。这句话我们从上面所讲的看来，可以说是无根之谈。他们以为自然科学都讲因果，历史既然是一种科学，所以历史也应该讲因果，这种比附的论调，完全是错误的。

在这里我还要特别提出中国史学界唯一天才章学诚先生对于历史上的客观和主观，应该怎样辨别，怎样调和的名言。他在他的名著《文史通义·史德》篇上说：

> 欲为良史者，当慎辨于天人之际，尽其天而不益以人也。

他此地警告研究历史的人要注意“天人”之际。什么叫做“天人”？依我的解释，所谓“天”，就是客观；所谓“人”，就是主观。他叫我们要将历史上的客观和主观两种东西分别清楚。他又说：

> 史所载者事也……事不能无得失是非。一有得失是非，则出入予夺相奋摩矣；奋摩不已，而气积焉，事不能无盛衰消息。一有盛衰消息，则往复凭吊生流连矣；流连不已，而情生焉。

他的意思就是说：我们既然是人，而且研究的又是人的事，凭今吊古，当然要从主观方面生出气和情来。所以他说：“气得阳刚而情合阴柔，人丽阴阳之间，不能离焉者也。”照这样说起来，岂不是天人——客观主观——之际，在历史研究上永远没有分离的希望了么？章氏却以为不然。他居然提出一个调和的办法，我以为非常透辟，非常精到。他说：

> 凡文不足以动人，所以动人者气也。凡文不足以入人，所以入人者情也。气积而文昌，情深而文挚。气昌而情挚，天下之至文也。然而其中有天有人，不可不辨也……气合于理，天也；气能违理以自用，人也。情本于性，天也；情能汩性以自恣，人也。史之义出于天，而史之文不能不藉人力以成之。人有阴阳之患，而史文即忤于大道之公，其所感召者微也。

这就是说：历史家所发表出来的东西，应该而且不免“气昌而情挚”。不过我们所发的气，要能够“合于理”；我们所生的情，要能够“本于性”。那么“尽其天而不益以人，虽未能至，苟允知之，亦足以称著述者之心术矣”。换句话说：就是气和情虽是纯属主观的东西，但是假使我心中所发生的是合于理的气，和本于性的情，那就不至于以私害公，以个人的情感埋没史事的真相了。所以这种气和情，仍可以当做客观的东西看。这真是中外史学界中未曾有过的至理名言。就是现代西洋新史学家恐怕也不能说得这样透辟精到。如果我的解释不错，那么章氏这几句话，实在值得我们的服膺，值得我们的表彰。我现在再把他的话图示如下：

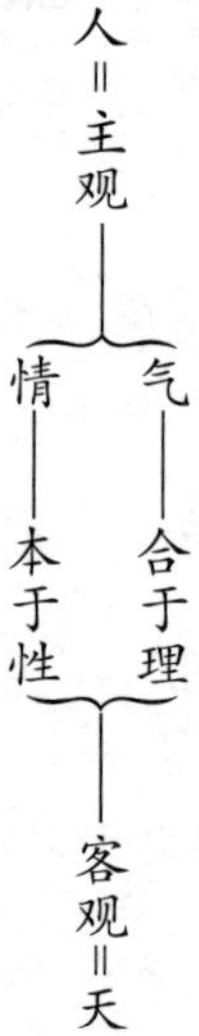

现在再讲一讲历史研究法和社会学研究法不同的地方。我以为第一点就是两者的目的不同。社会学的目的是在求人类活动的通则，而历史的目的在于研究人类活动的浑沦。第二点两者所用的方法，亦不相同。社会学的方法，是在过去活动中求相同的地方；而历史则在过去人类的活动中，求不同的地方。因此他们研究所得的结果，亦完全两样：社会学研究所得的结果，是人类活动的定律；历史研究所得的结果，是人类活动的浑沦。在这里我可以简单的再重复一句：我们将历史和自然科学或社会学比较以后，我们一定可以明白历史里面决没有所谓“因果”这种东西，因为历史所研究的是人类活动中特异的东西，既不是重复的事实，亦不是贯彻各种活动的定律。

照这样说起来，那么历史究竟是什么？我说历史还是不失其为一种科学。因为科学是有条理的知识，而历史原来也是有条理的知识。科学的目的，无非是寻求真理，而历史的目的，也是要寻求真理，历史求真的态度，完全是科学的态度。所以历史的形式和精神，虽然远不如自然科学那样的完备和饱满，我们仍旧可以把他列在和自然科学同等的地位里面去。

以上所讲，是历史研究法的大概情形，以及历史研究法与其他科学方法不同的地方。现在继续讨论历史研究法的步骤。

研究历史可以分为三个大步骤：第一步是搜集材料。这是一步基本的工作，无论研究那种科学都不能缺少的。第二步是分析。把搜集到的材料，按其性质，加以种种解剖的工夫。这一步工作又可分为辨别真伪，知人论世和明白意义三个阶段。第三步是综合。将分析研究所得的结果，全部综合起来。这一步工作也可分断定事实、编比成文和勒成专著三个阶段。经过了这三步工作以后所得的结果，便是历史的著作。所以就方法讲，搜集材料是起点，著作成书是终点，中间一定要经过许多分析和综合的工夫。现在图示如下：

搜集材料→辨伪→知人→明义→断事→编比→勒成专著

再就内容讲：史料是起点，事实的真相是终点，中间桥梁是一般史料的供给者。现在再图示如下：

史料→史料供给者→事实真相

我们因此应该明白：所谓研究历史并不搜到材料，就立刻可以得到著作；亦并不是看见史料，就算是明白事实的真相。因为中间必须超过许多阶梯，排除许多障碍，方才可以达到我们最后的目的地——事实真相的叙述。历史研究法应该指导我们的，就是这许多阶梯怎样能超过。这许多障碍怎样能够排除。

二、搜集材料

我们在上面曾经说过，研究历史的基本工作，就是搜集材料。史料的种类，可以根据两个标准去分别他们。根据形式的可分为两类：（一）遗物，为古代遗留下来的物质的东西；（二）传说，这一类又可分为三种：（甲）笔传，如刻文书籍之类；（乙）口传，如歌谣之类；（丙）画传，如图画之类。根据内容的，也可分为两类：（一）原始的；（二）孳生的。普通以为原始的史料，是亲闻亲见的作品，当然比孳生的史料为可靠，因为孳生的史料已经经过第二手、第三手或甚至六七手的辗转介绍，所以容易失去本来的真相。这是很合理的话。但是我们切不可以为孳生的一定不如原始的来得好。就研究的便利上讲，优美的孳生材料，也很可帮助我们研究历史的人。因为这种优美的作品，一定能说明他的材料的来历，使后来搜集材料的人，可以根据这种书来做搜罗史料的指导。还有一点，优美的孳生材料，对于考订的工作，一定非常精密，这也可以省掉后人不少的光阴。譬如司马光做《资治通鉴》，他并不是将所有材料不分青红皂白随便凑合弄来的。我们看他《考异》一书，就可以知道《资治通鉴》的取材，非常精审，非常谨慎。他能够将他所有的材料，用种种严密的方法，断定他们的真假，并且在《考异》里详细说明他所以去取的理由。现代西洋所谓历史研究法，其精神和态度，原亦不过如此。所以假使我们要引用司马光这部书，就很可以放心，因为他已经做过一番切实考证的工夫了。像这种孳生的材料，其有益于后世学者，并不在原始材料之下。这是应该知道的。

搜集材料，当然要从目录之学入手。大概材料的搜集，有一个极重要的原则，这就是“赅备无遗”四个字。这不但研究历史应该如此，便是研究自然科学也应该如此。不过我觉得在我们中国的图书当中要搜集材料，求其完备，实在非常困难。因为中国书籍很少有系统的目录，而各书本身更无内容的索引。

在现在中国这种状况之下，所有书籍既然没有索引，对于材料的搜集，当然非常的困难。因此我们不能不备具一种耐劳耐苦的美德，抱着牺牲的精神，去做这种工夫。我们倘使要做一篇关于历史的文章，我们必须搜集到极其完备的材料，然后着手；否则宁愿搁笔。因为不是这样，就要有挂一漏万的危险。例如我们要做一篇文章，假定关于这篇文章的材料共有十种，但我只搜到了九种，还有最重要最有价值的一种，没有找到，就贸然发表出来。可是另外一个人的作品却已搜到了那一种，那么我的作品价值，就因此大大减低。也许因为缺少了这一种材料的缘故，给旁人的作品根本推翻了，也未可知。所以我们研究历史，对于材料的搜集一定要以赅备无遗为目的。这非具有牺牲的精神，和耐劳耐苦的美德不可。

三、辨明史料的真伪

我们知道我们虽然有了许多材料，可是离开著作当然还是很远。因为隔在材料同著作中间的，还有材料的供给者，就是普通所谓撰人。从起点——搜集材料，到终点——著作，距离既远，而且中间又夹有撰人，作伪和错误的机会当然很多。我们要想走通这一条路，不能不用一点廓清的工夫。在史料里面，有许多书是后人伪造的，亦有因为辗转传抄，所以脱误极多的。我们遇到这种情形，应该怎样去辨别？这一点在历史的研究上，也很重要。

在这里，我要附带的说几句话，就是我们中国研究历史的人往往以为历史的材料，就是历史。普通历史的著作里面常有引用了一个古人的话，就以偏概全的下起笔来。究竟那件事情的真面同史料上所述的隔开多少，史料所述有无错误的地方，他们都不十分去注意。这种轻易成功的作品，不但不合现代归纳方法的原理，而且有人云亦云以讹传讹的危险。所以从事研究历史的人，对于无论什么人的话，都要抱怀疑的态度。决不能因为孔子或者司马迁如此说，我们就盲目地相信他们，对于他们的话都应该一一加以研究。王充、刘知幾、崔述以及清代所谓汉学家的态度，就是我们的好模范。

普通辨别手稿的真伪，比印本来得容易。手稿的辨伪法，第一要注意他的纸张。明代所造的纸和宋代的纸，敦煌石室中所发现的纸和我们现在所用的纸，其不同都是显而易见的。倘使某书的纸张同某代所用的不合，我们就可以知道他是伪书。第二要注意他的书法。各代的字体各不相同；现在的书法，不但和宋代、元代或明代有许多不同的地方，就是和清代前半期人的手笔，亦大有区别；普通碑帖家、版本家、古董家都能够一望而知。此外再去察看他的内容，书的真假就大致可以辨明了。所以我们要辨别手稿的真伪方法比较的简单。

至于要辨别印本的真假，就比较困难了。从前的木版书和现在书局所出的铅印书，装订同字体总是大致相同；各书形式上的特点都完全埋灭了。我们要辨别他们的真假，唯一的办法，就是察看他的内容。首先要注意到文字与时代，是不是相合。因为一时代有一时代的文章，各有各的风格。清代人要伪造明代的书籍，他一定要不知不觉地掺入清代作家的韵味。又如清末以来新造的名词很多，如果以这些新名词真伪造古书，一定要闹成笑话。此外还要看著书人的见解同眼光，是不是合于那个时代一般知识界的情形。以上所说的方法不过最粗浅的一部分，有许多地方完全要靠着经验。我们要知道辨别古书的真伪并不是一件容易的事情。有许多古书的真伪，到现在还是在争议之中，如《十三经》中的《周礼》《左传》等书，便是一例。

我们研究古籍，一方面要辨明他的真伪，一方面还要订正他的错误。文字错误在古书或者现在出版的书籍里，都是不免的。错误可分两种：（一）有意的错误。这大概出于传抄者或校对者的自作聪明。他们对于原稿有不明白的地方，往往不去问——也许无法去问——著作人，就凭着自己的意思，随意凑合上去。这就是颜师古所说的“末学肤受，或未能通，意有所疑，辄就增损”的意思。这一种错误，往往似是而非，极难辨别，甚至永远无法订正。（二）无意的错误。有的是字体混乱，有的是前后颠倒，有的把两个字并成一个，或者一个字析作两个，这在古书里面都是常见的。在版本恶劣的书中，尤其如此。我们只要翻看王念孙的《读书杂志》就可见一斑。

四、知人论世

史料的供给者——普通所谓撰人，在历史研究上，占非常重要的地位，因为他是一个引导我们从起点到终点的媒介。我们有优美的媒介，就不至于被人家引入歧路中去。所以我们对于做媒介的撰人不能不加以慎重的考问，这就是历史研究法中所谓“知人”。我们要知人，第一应该知道著作人的名氏，而且要断定他是否伪托。第二应该知道这人的性格，这一点又可细分为下列六项：（一）天资如何？是否耳目聪明的人？（二）学识如何？是否是博学多能之士？（三）地位如何？是否站在相宜的地方，可以目睹耳闻一切的经过？（四）成见如何？是否有好恶爱憎的偏见？（五）心术如何？是否心口如一？（六）文才如何？是否能词达其意？

我们要知人，就要根据上面所提第二点里面六个问题细细去读他的著作，而求得满意的答案。中国人所谓“文如其人”，就是这个意思。这一点，对于供给历史材料的人，尤其要注意。此外做书的时期和地点，也应该注意到，看撰人著书的工作是否进行于相当之时和适宜之地。我以为历史材料的供给者和一般著作家必须具备下列几个理想的条件：（一）耳目聪明；（二）意诚心正；（三）至公无私；（四）学问渊博；（五）识见卓越；（六）长于文才。（一）属生理，（二）（三）属心术，（四）（五）（六）就是吾国所谓良史的“三长”。假使我们自问没有具备这五个条件，我们就不配而且也不应该做著作家或者史料的供给者。

在这里我还有一点附带的感想：我们知道，这种理想的著作家是不容易得到的。所以我们中国从六朝以来笔记文集之类虽然很多，但是内中材料可用的很少。可是现在中国不免有少数学者专从百家杂碎上去做工，仅将正史置于度外。这真可谓“舍正路而不由了”。我以为我们不去研究中国史，那就罢了；否则非先从正史入手不可。

五、明了史料的意义

有了材料之后，应当明白这些材料的意义，因为有许多书籍——尤其是古书，往往意义晦涩，不易了解。这一步工作可分做“意”和“义”两层来讲：

（甲）字义的注释 文字的意义常随时代而变化。所以有许多地方，我们不一定可用现在的意义，去解释古代书籍中的文字。这凡是读过古书的人都应该知道的。又有许多文字的意义随地不同，如杨雄《方言》上所说的不过是一例。便是现在也还有这种现象。有时候两个著作家对于同一个字的意义各抱不同的解释。又如古书里所用的同是一个字，亦往往因为上下文的关系，在同书各篇中各具不同的意义。所以我们研究古书的时候应该知道：文字的意义常因时代和地域而不同，又因著书人的运用而不同；在同一书里又因文章的结构不同而不同。这都是训诂学上的问题，其中详细情形，一言难尽，此地不能多说了。

（乙）直意的领会 文字意义明白之后，我们还要领会著作的真意，这就是研究著作者做这部书的时候有没有变态的心理和欺骗读者的动机。什么叫做变态的心理，我们后面再讲。至于欺骗的动机，大致有六种：

一、自私自利：对于有利本人或本团体的事情，加意地夸大：官样文章、宣传作品，都是著例。二、为势所逼：有种事情，他本人并不愿意如此说，但为情势所逼，所以不得不如此。三、心有好恶：论人论事，都凭着一己的爱憎。四、心慕虚荣：本来不是自己做的事，偏说是自己做的。譬如近来张作霖的被炸，当时有好几部分人争先通电自命为凶手，以表自己对于革命的有功，几乎闹出代日本人受过的大笑话，就是一例。五、取悦流俗：一般人的心理，往往为迎合群众起见，公然说出“昧心之谈”，其例不胜枚举。六、自炫文彩：这是一般文学家的通病。《文心雕龙·夸饰》篇说得很透辟，此地可以不赘了。

总之我们要明白历史材料的意义，除字义的训诂以外，对于著作者有无欺骗后人的动机和变态的心理，都应当加以探索。史料意义明白以后，我们才可以去决定史料价值的高低。

六、断定历史的事实

我们既然知道供给历史材料的是什么一种人，同时并辨明材料的真假，了解著作的意义，我们就该将这种材料集在一处，作第三步综合的工夫。综合工夫我们前面曾经说过，亦可以分为三个阶段，第一个就是事实的断定。关于事实的断定大概以两个很简单的原理做根据：

第一个原理就是断定事实，应以这种事实的可能与否为基础。这是一个极简单的前提。在我们断定事实之前应该先研究这件事实，就我们经验上所知道的和现代科学上所发明的而论，究竟是否可能。如果可能，我们当然可以假定他是容有。否则虽然人言凿凿，我们亦不能相信他。例如中国的私家笔记里，往往充满了鬼怪狐狸种种荒诞不经的记载，甚至在《易经》里亦有“河出图、洛出书”这一类奇谈。这种事实断没有存在的可能，我们当然不能相信。不过我们同时亦要明白可能的事实，不一定就是容有的或曾有的事实。现在我国人在学术上的讨论，往往以为可能的事就是容有的事，或者甚至以为就是曾有的事。这是武断，不是科学的论证。我们要注意，我们要证实一件事实的曾有，不能不用第二个原理来做根据。

第二个原理就是断定事实，至少应有两种以上的记载之暗合。我们所有材料中间，往往有种种不同的或矛盾的报告。所以要断定事实的有无和真假，看来好像很难。但是我们所根据的原理却非常简单：就是可能的事实，我们要证明他的曾有，至少非有两种以上暗合的证据不可。因为假使一件事实有两种以上的材料能够不谋而合不约而同地来证明他的曾有，那么他的真确自然无可再疑的了。

不过此地亦有一点应该注意，这就是在古今中外的人类里面，总不免有一类人，不问他是一个学者还是一个普通人，不知不觉地怀有一种因错觉或因幻觉的变态的心理，喜欢虚构事实，妄言欺人。知识幼稚的人听了，亦往往辗转相传，以为真有其事。从前笔记中所记的和现在愚人口中所传的神怪，都是由这种心理发生出来。我们对于这种史料，不但有两个以上的证明不能相信；便是有一百个一千个以上的证明，我们亦应该根据上面那个原理根本上去排斥他。中国正史里的五行志以及各种笔记里的鬼怪狐狸，尤其是唐以来的百家杂记，都是很显著的实例。我们在断定事实的时候，至少应该抱王充的态度加以科学的或常识的衡量，不要受欺才好。

现在我们究竟怎样着手去断定事实？我以为第一步要博览群书，搜求必要的材料，并随时加以上面所述的分析工夫。第二步当读书的时候，应该勤事札记。依照材料的性质分别笔记下来，以类相从，以备比较同断定之用。读书笔记之后，可以得到下列三个不同的结果：

（甲）所得各种证据不约而同：这种事实当然可信的了。

（乙）所得各种证据言人人殊：这种事实，就比较的难以断定。有时在若有若无之间，那只好阙疑了。

（丙）我们所得仅有一个孤证：这种事实，我们至多只能说他“容或有之”，不能凭一个人的证明就断定他确有其事。

我常常觉得我们中国人，一面欢喜武断，一面又不肯怀疑。这个习惯，恐怕是从科举时代遗留下来的。因为当时的读书人，对于孔子的话，同朱子的注，不管他们合理与否，总得认为天经地义，丝毫不敢违反。这种不合科学态度的旧习，我们应该打破他。对于古书中所记的事实都应该抱“鉴空衡平”的态度去侦查讯问，然后再下断语。程颐所说的“读书先要会疑”，真是科学上的格言。我因此常常回想到我们中国的《二十四史》以及其他史部的书籍，如果用现代科学的标准来衡量他们，他们的地位实在有根本动摇的危险。中国向来一班正史的作家我们虽然知道他们决不会虚构事实，但是他们不但不肯说明他们断定事实的理由，而且并不愿宣布他们材料的来历。这种深闭固拒的态度，极易使后人误会他们的工作是闭门造车。衡以现代科学的标准，最多是“一面之词”罢了。所以我们要整理中国史，对于史料还要先做一番“探源”的工夫才行。我们因此更不能不佩服司马光了。他能够将他撰述《资治通鉴》时断定事实的经过在《考异》中宣布出来。这种光明磊落的态度比较其他偷窃、掩饰的著作家真是不可同日而语了。

七、比次历史的事实

我们既然断定了事实的真确与否，就该把他们编成有系统的著作。着手编纂的时候，有两点应该注意：就是编辑前应该考虑的问题，和编辑时所用方法的问题。现在大略的加以讨论。

编辑前应该考虑的问题，我的意思有六个：

甲、定主题（topic）的界限：这就是确定我们研究题目的范围。使他可以概括我们所要说的话。

乙、定史事的时期：对于我们所要编纂的史事，定下一个发生和结束的时期。

丙、定史事的去取：在已经断定的事实当中，决定哪几件应该取用，哪几件应该割爱。

丁、明陈迹的变化：各件事实集合之后，我们应该细细去考察他们相互之间有没有因果的关系；每类事实变化的经过同变化的情形究竟怎样？

戊、定史事的重轻：在许多事实中，应该辨别他们的地位在这个主题里究竟孰轻孰重，以便笔述的时候没有详略失宜、轻重失当的毛病。

己、定烘托材料的多寡：一篇叙事文要使他有声有色，那非有相当的烘托材料不可。究竟这种材料的分量应该多少宜加熟虑。

我们对于上述的六个问题加以考虑之后，方可着手编比。所谓编比的方法就是将上述六个问题使之具体化，换句话说，就是想出实际的办法来。关于这一层我的意思大致可以分为五点来讲：

甲、分成段落以类相从：例如关于经济的事实，归入经济一类；关于政治的事实，归入政治一类。此外如教育、宗教、艺术等等，也各归其类的排比起来。再依时代的先后和事实本身的重轻，一一加以叙述。其余和主题没有密切关系的事实一概割爱。

乙、求各段间之连锁：各段落中各类事实之间当然不能绝对分开，必须使他们相互间发生极密切的关系。要使他们发生极密切的关系，就是要注意而且叙明人类过去活动上五个不同的方面互相为因、互相为果的地方（这是因果关系，不是因果律），把他们揉成一个整个的浑沦。这样我们才可不致再把所谓通史编成一种类纂式的书本。近来我国有人主张用分类法来编中国文化史就是因为他们不明白这一点的缘故。

丙、注意特异的变化：历史上的活动普通可以分成三个步骤：一、原状，二、改造原状的运动，三、改造运动的结果。我们编辑历史，对于改造的运动应该特别注意。我们中国人编纂历史向来只是偏重原状的结果，对于极重要的改造运动，或者语焉不详；或者绝不提起。我们随便找一本历史的著作，都可以看得出来。例如他们对于秦代的官制怎么样，汉代、唐代的官制又是怎么样，都能够罗列得非常详尽。可是秦代的官制为什么而且怎样会变成汉代的官制？汉代的官制又为什么而且怎样会变成唐代的官制？这中间经过的情形总是难得有人注意。我们在前面说中国从前的历史著作是死的不是活的，就是这个意思。所以我们将来编辑中国史，应该竭力矫正上述的毛病。对于中国人过去五个方面的活动，处处要注意他们变化——亦称演化的经过；换句话说，就是要着眼在改革的运动。那么我们研究的结果才可以称为活的不是死的历史。

丁、表明事实的轻重：人类五种活动在历史上地位的轻重当然不同，就是在一类里面各件事实的轻重亦当然各不相同。我们编纂历史的时候，应该用什么方法去表示出来？我们中国从前的著作家要表示事实的重要时，往往用许多不合理的形容词来赞美或攻击一个人或一件事。在现在科学发达的时代，就一句话，用一个字都有一定的分寸，这种不负责任信口雌黄的办法当然绝对不能再用。换句话说，就是要用文学的手段来应付历史的叙述，在现在科学上是不容许的了。在历史著作里面要表示事实的轻重，方法非常简单：就是遇到重要的事实，记得详细一点，使他多占一点篇幅；遇到不重要的事实，记得简单一点，那就够了。这样做法，读者自能于不知不觉之间感到各件事实的地位究竟怎样。我们正不必虚费时间和脑力去做舞文弄墨的工夫。

戊、烘托材料之运用：历史文章要使得他能够“情挚气昌”，烘托的材料当然不可缺少。例如描写一个人的品格或一件事实的重要，都不妨用一些寻常的琐事去陪衬出来。至于这种烘托的材料究竟应该用多少，那却可由著作家自由去决定。这一点要看著作者的识见如何。具有别识心裁的人应用烘托的材料，一定能够恰如其分，不致闹出画蛇添足的笑话。良史的才、学、识三长里面所以以识为最是难能可贵，这亦是一个理由。

以上五个方法看来很是简单；但是要运用得宜，还是要靠学力和经验。

八、勒成专门著作

上述的工作做完之后，研究的事业还不算成功。我们还有最后的一步，就是著作。这一步工作亦很繁重。我们着手的时候，应该注意的亦有六点：

甲、文史要分别清楚：文学同历史完全是两种东西，我们对于他们的界限，应该绝对划清；我们断不可用文学的手段去做历史的工作。因为历史的根据是固有的事实，文学的根据是作者的神思——就是所谓想象力。神思是可以凭虚御空的，事实是不能由我们自由去颠倒或虚构的。简单地讲，就是陆士衡所说的“文翻空而易奇，事征实而难巧”两句话。历史的文章处处要受史料——或者不如说事实的真相的限制，绝对没有自由行动的余地。一旦有了自由，那就是文学的作品，不是历史的作品。

乙、著作要一线贯串：当我们著作的时候，要能够明定范围，揭示纲领，才能使读者有振衣得领，张网挈纲的乐趣。要达到这个目的，当然要靠我们的卓识和真实的工夫。历史著作上所谓一线贯串，和文学作品上所谓一气呵成，原是一样。不过我们要知道历史著作上的所谓一贯，是以校勘、训诂等等的考订工夫做基础的。

丙、著作者要有反省工夫：我们要希望自己的著作有一贯的精神，应该多用一番反省的工夫。这就是著作完成之后切不可急求名利仓猝出版，以致闹成笑话。当我们的著作未出版以前，自己先要再三阅读，细察内容有无失检或谬误的地方，以便随时加以修正。如能请相知的和相当的学者代我们自己再去校阅一番，那就更好。中国向来有名的著作家大半都是如此。我们的作品，不必问人家懂不懂，先要问自己懂不懂；不要让人家来批评，先要自己去批评。我们要知道：研究学问最高尚的目的，在于利人。假使退一步说，我们所抱的目的在于营利，那么我们也应该以相当良好的商品去取得他人的代价。倘使以恶劣的商品去骗他人的金钱，这在商业道德上已是说不过去，何况关系学术的事业？

丁、叙事要恰如其分：叙述史事的时候，下笔要特别慎重。史文和史料，必须表里相符。史文应该绝对反照事实的真相；丝毫不得增减。可疑的应直言其可疑，可信的应直言其可信。是非虚实，秉笔直书，才算是正当的办法。学术上最可贵的美德就是忠实两个字。章学诚所说的“传人适如其人，述事适如其事”，就是这个意思。

戊、要尽量利用成文：历史著作中引用成文愈多愈妙。历史家和文学家不同，对于成文决不可过用割裂、剪裁的工夫。历史的文章非到万不得已时，不应该自己造作。对于有一定程式的史料和足以表示历史人物个性的成语，尤其不可凭文学上“言不雅驯”的理由，任意去改头换面。因为这样，才能保存史事的真相。

己、著作中要附有注脚。注脚这种东西在现代各种科学的著作上都占极重要的地位，几乎成为不可或缺的一部分。注脚的好处，简单说来，大致有四：

（一）表明材料的来历：现在无论研究什么一种科学，非得广搜材料来做根据不行；所以凡是一种作品，非得旁征博引不可。有了注脚，就可以表明这种作品的根据何在，这些根据是否强固。

（二）保存可用的书目：在作品里面，附有注脚，那么别人要想对于同一主题加以更详细的研究时，他就可以将我们作品里所附的书目当做一部分的指导。而且假使我们所引用的书籍，因为年久失传的时候，后代人亦可以在我们的作品里，窥见一二。中国有许多已经散佚的古书，往往因为他人书中引用的缘故，得以重见天日，就是很显著的实例。

（三）革除剽窃的恶习：剽窃是一件极不道德的事。如果著作中有了注脚，我们不但可以避去这种嫌疑，而且可以自然而然的革除这种陋习。

（四）表示作者的人格：著作中间，如果有注脚，那么著作者见闻的广狭、功力的深浅和心术的诚伪，都可以使读者一目了然。这种光明磊落的态度不但合于现代学术公开的精神，而且有功于学术的进步。剽窃成书原是掩耳盗铃的举动，识者不为。

至于注脚，大概可分为下列三种。（一）注明所引书籍的章节。如单是罗列书名不注明章节，那不但不便于读者的复核，而且不免有未曾读过，盗名欺世的嫌疑。（二）详录成文。倘使很重要的成文，在本文中容纳不下，应详附注中以便读者观览。(三)考订事实异同。这种注脚，比较最难，但是亦最重要。他差不多将著作家研究工作的全部经过都表示出来。著作家于此不但以真理给人，而且以求真的方法给人。这是学术上一种理想的境状，我们应该努力去达到他。《资治通鉴考异》和《三国志注》就是属于这一种。

九、整理中国史的一个愚见

历史研究法里的三大步骤，现在已经约略讲完了。最后我还要附带的申述一点感想。我常常觉得现在中国研究历史的人所抱的野心太大。他们以为要想整理中国史总要从全部做起，好像不如此，就不配称为历史家。因此人人都想编一部中国通史，却始终没有一个人成功。原来在从前已经有一部《十七史》从何说起的感慨，何况《二十四史》？这种愚公移山的见解，和从前哲学家研究自然定要从宇宙全部入手一样的大而无当，我们应该怎样去纠正他？

整理中国史在事实上既然因为规模太大非常困难，所以我们应该提倡一个分工的办法：这就是各人就他的能力和兴趣所及，分头担任中国史上任何一个问题，切切实实研究出一个结果来。现在的西洋史学界就是如此。从来没有大胆的人敢负起研究英国史或美国史全部分的责任，因为他们知道一个人的能力和时间都是很有限的。他们现在所以能够有各国通史甚至有世界史纲，并不是一个人的力量，实在因为已经有许多专篇著作可备参考，可备取用的缘故。所以我们要想整理中国史，要想做一部理想的中国通史，应该从研究小规模的问题着手，先产出许多专篇著作来做基础才行。如果大家都抱着一手包办的野心，那么这部中国通史永远没有成功的希望。所以我的意思，我们有志于整理中国史的人应该分工来干，各人尽各人的力量先去研究历史上的小问题；把研究所得的作成专篇，一两千字也好，一两万字也好，总得以彻底解决，不劳后人再起炉灶为主。将来中国史上所有的问题都一一研究解决了，那么想编通史的人，就可以利用这种材料编成一部尽善尽美的中国史。如果史学界的同志都能够这样做去，我们中国史的整理和通史的编纂才有办法。

我们此地还有一点要注意：就是我们要整理中国史，当然不能没有相当的史料。中国史料中最可珍贵的一种就是《二十四史》。现在好像有人以为有了通史就可以不要《二十四史》，这是完全不合理的主张。我的意思我们一方面固然应该努力于通史的编辑，以便普通人的阅读，一方面亦应该拥护我们可贵的史料。因为没有史料，通史是没有办法的。总括的一句话：历史研究法的本身，先要分析，后再综合，显然具有分工合作的精神。我们有志于整理中国史的人亦应该具有同样的精神，先努力去做专篇的著作，再去做通史的工夫。行远自迩，登高自卑，这是科学家进行工作的步骤，亦应该是我们研究历史的人进行工作的步骤。我很希望我国的新史学家少抱一点编辑通史的野心，多做几篇彻底研究小问题的专著。

（〔附注〕此系十七年八月七日著者承王云五先生邀请，在上海尚公学校向暑期图书馆讲习所同学所讲的原稿，并承张才快字速记团团员记录成文，兹谨声明志谢。）

（选自《何炳松文集》第二卷）

中国历史的一个看法

胡　适

历史可有种种的看法，有唯心的，唯物的，唯人的，唯英雄的……各种看法，我现在对于中国历史的看法，是从文学方法的，文学的名词方面的，是要把它当作英雄传，英雄诗，英雄歌，一幕英雄剧，而且是一幕英雄悲剧来看。

民族主义是爱国的思想，英国有名的先哲曾说过："一个国家要觉得它可爱时，是要看这个国家在历史上是否有可爱之点。"中国立国五千年，时时有西北的蛮族——匈奴、鲜卑……不断的侵入，可说是无时能够自主的，鸦片战争又经过百年，而更有最近空前的危急。在此不断的不光荣的失败历史中，有无光荣之点，它的失败是否可以原谅，在此失败当中，是否可得一教训。

这一出五千年的英雄悲剧，我们看见我们的老祖宗继续和环境奋斗，经过了种种失败与成功。在此连台戏中，有时叫我们高兴，有时叫我们着急，有时叫我们伤心叹气，有时叫我们掉泪悲泣，有时又叫我们看见一线光明，一线希望，一点安慰，有时又失败了，有时又小成功了，有时竟大失败了。这戏中的主人翁，是一位老英雄——中华——他的一生是长期的奋斗，吃尽了种种辛苦，经了种种磨难，好像姜子牙的三十六路伐西岐，刚刚平了一路，又来了一路，又好像唐三藏西天取经，经过了八十一大难，刚脱离了一难，又遭一难似的。这样继续不断奋斗，所以是一篇英雄剧。磨难太多，失败太惨，所以是一篇悲剧。

本来在中国的文字中——戏剧中、小说中，悲剧作品很少。即如《红楼梦》一书，原是一个悲剧，而好事者偏要作些圆梦、续梦、复梦等出来，硬要将林黛玉从棺材里拿起来和贾宝玉团圆，而认为以前的不满意。这真不知何故？或者他们觉得人类生活本来是悲剧的，历史是悲剧的，因此却在理想的文学中，故意来作一段团圆的喜剧。

在这老英雄的悲剧中，我们把他分作几个剧目。先说到剧中的主人，主人是姓中名华——老中华，已如上述。舞台是“中国”。是一座破碎的舞台——穷中国，老天给我们祖宗的，实在不是地大物博，而是一块很穷的地方。金银矿是没有的，除东北黑龙江和西南的云、贵一部分外，都是要用丝、茶到外国去换的。煤铁古代是不需要的。土地虽称广阔，然可耕之地不过百分之二十，而丝毫无用的地却有三分之一。所以我们的祖宗生下来，就是在困难中。

这剧的开始，要算商、周，以前的不讲。据安阳发掘出来的成绩，商代民族活动区域，只有河南、山东、安徽的北部，河北、山西南部的一块，也许到辽宁一部。他们在此建设文化时，北狄、南蛮不断的混入，民族成了复杂的民族。在此环境之下，他们既然能唱一出大戏，这是一件很了不得的事情。我们现在撇开了“跳加官”一类开台戏，专看后面的几幕大戏。

第一幕 老英雄建立大帝国

第二幕 老英雄受困两魔王

第三幕 老英雄死里逃生

第四幕 老英雄裹创奋斗

第五幕 老英雄病中困斗

第一幕 老英雄建立大帝国

中国有历史的时期自商、周开始，疆域限于鲁、豫，已如上述。在商代社会中，迷信很发达，什么事情都问鬼，都要卜，如打猎、战争、祭祀、出门……事无大小，都要把龟甲或牛骨烧灰，看他的龟文以定吉凶。在此结果，而发明了龟甲、牛骨原始象形的文字，这文字是很笨的图画，全不能表达抽象的意思，只能勉强记几个物事名词而已。在这正在建设文化的时候，西方的蛮族——周，侵犯过来了，他具强悍的天性，有农业的发明，不久把那很爱喝酒的、敬鬼的、文化较高的殷民族征服了。这一来，上面的——政治方面是属于周民族；下面的就是属于殷民族。二民族不断地奋斗：在上面的周民族很难征服下面的殷民族，孔子虽是殷人（宋国），至此很想建设一个现代文化，故曰："吾从周。"而周时，也有人见到两文化接触，致有民族之冲突，所以东方（淮水流域）派了周公去治理，南方（汉水流域）派了召公去治理，封建的基础，即于此时建设。但是北狄、南蛮在此政治之下经过了长期的斗争，才将他们无数的小国家征服，把他们的文化同化，以后才成七个大国家，不久遂成一个大帝国。

至于文字方面，也是从龟甲上的、牛骨上的不达意的文字，经过充分的奋斗，而变为后代的文字，文学方面、哲学方面、历史方面，都得着可以达意的记载。这是一件很不容易的事情。

在周朝的时候，许多南蛮要想侵到北方来，北边的犬戎也要便到南部去。酝酿几百年，犬戎居然占据了周地；再经几百年，南方也成了舞台的一部分。

此时的建设期中，产生了一个"儒"的阶级，儒本是亡国的俘虏——遗老，他本是贵族阶级，是文化的保存者，亡国以后，他只和人家打打官司，写写字，看看地，记记账，靠这类小本领混碗饭吃而已（根据《荀子》的《非十二子》篇）。这班人——"儒"一出来，世界为之大变，因为他们是不抵抗者，是懦夫。我们从字义看，凡是和儒字同旁的字眼，都是弱的意思，如需（耎）字加车旁是软弱的软（輭）字，加心旁是懦字，加子旁是孺字，是小孩子。他们是唱文戏的，但是力量很大，因为他们是文化传播者，是思想界。老子后世称他为道家，但他正是“儒”的阶级中之代表，他的哲学是儒的哲学，他的书中常把水打譬喻，因为水是最柔弱的，最不抵抗的。这就是儒的本身，他们一出，凡是唱武戏的，至此跟着唱起文戏来了。幸而在此当中，出来一个新派，这就是孔子。他的确不能谓之儒者，就是儒者也是“外江”派。他的主张是“杀身成仁”，他说：“志士成仁，有杀身以成仁，无求生以害仁。”又说：“士不可以不弘毅，任重而道远，人以为己任，死而后已。”这完全和老子相反。老子是信天的，主自然的；而新派孔子，是讲要作人的，且要智、仁、勇三者都发达。他是奋斗的，“知其不可而为之”，这就是他的精神。新派唱的虽也是文戏，但他们以“有教无类”打破一切阶级，所以后来产生孟子、荀子、弟子李斯、韩非。韩非虽然在政治上失败，而李斯却成了大功，造成了一个大帝国。（第一幕完）

第二幕　老英雄受困两魔王

不久，汉朝兴起来了，一班杀猪的、屠狗的、当衙役的……起来建设了一个四百年的帝国。他们可说得上是有为者，如果没有他们的奋斗，则决不会有这四百年的帝国，但是基础究未稳固，而两个魔王就告来临！

第一个魔王——野蛮民族侵入。在汉朝崩溃的时候，夷狄——羌、匈奴、鲜卑都起来，将中国北部完全占领（300—600），造成江左偏安之局。

第二个魔王——印度文化输入。前一个魔王来临，使我们的生活野蛮化；后一个魔王来临，就是使我们宗教非人化。这印度文化侵略过来，在北面是自中央亚细亚而进，在南方是由海道而入，两路夹攻，整个的将中国文化征服。

原来中国儒家的学说是要宗亲——“孝”，要不亏其体，因为“身体发肤，受之父母，不敢毁伤”，将个人看得很重。而印度文化一来呢？他是“一切皆空”，根本不要作人，要作和尚，作罗汉——要“跳出三界”，将身体作牺牲！如烧手、烧臂、烧全身——人蜡烛，以献贡于药王师。这风气当时轰动了全国。自王公以至于庶人，同时迎佛骨——假造的骨头，也照样的轰动，这简直是将中国的文化完全野蛮化！非人化！（第二幕完）

第三幕 老英雄死里逃生

这三百年中——隋、唐时代是很艰难的奋斗，先把北方的野蛮民族来同化他，恢复了人的生活。在思想方面，将从前的知识解放出来。在文学方面，充满了人间的乐趣，人的可爱、肉的可爱，极主张享乐主义，这于杜甫和白居易的诗中都可以看得出。故这次的文化可说是人的文化。再在宗教方面，发生了革命，出来了一个“禅”！禅就是站在佛的立场上以打倒佛的，主张无法无佛，“佛法在我”，而打倒一切的宗教障、仪式障、文字障，这都成功了。所以建设第二次帝国，建设人的文化和宗教革命，是老英雄死里逃生中三件大事实。（第三幕完）

第四幕　老英雄裹创奋斗

老英雄正在建设第三次文化的时候，北方的契丹、女真、金、元继续的侵过来了，这时老英雄已经是受了伤——精神上受了伤（可说是中了精神上的鸦片毒，因为印度有两种鸦片输到中国，一是精神上的鸦片烟——佛，一是真鸦片），受了千年的佛化，所以此时是裹创奋斗，然而竟也建立第三次大帝国——宋帝国。全国虽是已告统一，但身体究未复原，而仍然继续人的文化，推翻非人的文化（这段历史自汉至明，中国和欧洲人相同，宗教革命也是一样）。范文正公的“先天下之忧而忧，后天下之乐而乐”，和王荆公的变法，正与前“任重而道远”的学说相符合。

在唐代以前，北魏曾经辟过佛，反对过外国的文化，禁止胡服、胡语即其例，但未见成功。而在唐代辟佛的，如韩愈，他曾说过“人其人，火其书，庐其居”三个大标语。这风气虽也行过几十年，但不久又恢复原状。然在这一次，却用了一种软功夫来抵制这非人的文化。本来是要以“人的政治”“人的法律”“人的财政”来抗住它的，但害怕药性过猛，病人受纳不起，所以司马光、二程等，主张无为，创设“新的哲学”“新的人生观”。在破书堆中找到一本一千七百几十个字的《大学》来打倒十二部《大佛经》，将此书中的“格物”“致知”“正心”“诚意”“修身”“齐家”“治国”“平天下”这一套，来创造新的人的教育，新的哲学，新的人生观。这实在是老英雄裹创奋斗中的一个壮举，但到了蒙古一兴起，老英雄已精疲力竭，实在不能抵抗了！（第四幕完）

第五幕　老英雄病中困斗

这位老英雄到明朝已经是由受创而得病了，他的病状呢？一是缠足。我们晓得，在唐朝被称的小脚是六寸，到这时是三寸了，实在是可惊人！二是八股文章。三是鸦片由印度输入。这三种东西，使老英雄内外都得病症。

再有一宗，就是从前王荆公的秘诀已被人摒弃了。本来他的秘诀一是“有为”，一是“向外”；但一班的习静者，他们要将喜、怒、哀、乐等，于静中思之，结果是无为，是无生气，而不能不使这老英雄在病中困斗。

清代的天下居然有二百余年，这实是程朱学说——君臣观念所致，因为此时的民族观念抵不住君臣的名分观念。不过老英雄在此当中，而仍有其成绩在，就是东北和西南的开辟，推广他的老文化。湖南在几十年前，在政治上占有极大势力；广东、广西于此时有学术上的大贡献，这都是老英雄在病中的功绩。他虽然在政治上失地位，然而在学术上却发生一种“实事求是”的精神——科学的精神，而成就了一种所谓的“汉学”。这种新的学术，是不主静而主动的，它的哲学是排除思想而求考据。考据学一发生，金石、历史、音韵，各方面都发达。顾亭林以一百六十二个证据，来证明“服”字读“备”字音，这实在具有科学之精神。不过在建设这“人的学术”当中，老英雄已经是老了，病了！

尾声

这老英雄的悲剧，一直到现在，仍是在奋斗中。他是从奋斗中滚爬出来，建设了人的文化，同化了许多蛮族，平了许多外患，同化了非人的文化，从一千余年奋斗到如今，实在是不易呀！这种的失败，可说是光荣的失败！在欧洲曾经和我们一样。欧洲过去的光荣，我们都具备着，但是欧洲毕竟是成功。这种原因，我认为我们是比他少了两样东西，就是少了一个大的和附带一个小的，大的是科学，小的是工业。我们素来是缺乏科学，文治教育看得太重。我们现在把孔子和其同时的亚里士多德、柏拉图来比一比：柏拉图是懂得数学的，“不懂数学的不要到他门下来”；亚里士多德同时是研究植物的。孔子较之，却未必然吧？与孟子同时的欧几里得，他的几何至今沿用，孟子未尝能如此吧？在清代讲汉学的时候，虽说是有科学的精神，却非加利莱（伽利略）用望远镜看天文，用显微镜看微菌，以及牛顿发明地心吸力可比。所以中西的不同，不自今日始。我们既明白了这个教训，比欧洲所缺乏的是什么？我们知道了，我们的努力就有了目标。我们这老英雄是奋斗的，希望我们以后给他一种奋斗的工具，那么，或者这出悲壮的英雄悲剧，能够成为一纯粹的英雄剧。

（选自《胡适全集》第十三卷）

“研究国故”的方法

胡 适

研究国故，在现时确有这种需要。但是一般青年，对于中国本来的文化和学术，都缺乏研究的兴趣。讲到研究国故的人，真是很少。这原也怪不得他们，实有以下两种原因：(一)古今比较起来，旧有的东西就很易现出破绽。在中国，科学一方面，当然是不足道的；就是道德和宗教，也都觉浅薄得很。这样，当然不能引起青年们的研究兴趣了。(二)中国的国故书籍，实在太没有系统了。历史书，一本有系统的也找不到；哲学也是如此。就是文学一方面，《诗经》总算是世界文学上的宝贝，但假使我们去研究《诗经》，竟没有一本书能供给我们做研究的资料的。原来中国的书籍，都是为学者而设，非为普通人、一般人的研究而做的。所以青年们要研究，也就无从研究起。我很望诸君对于国故，有些研究的兴趣，来下一番真实的工夫，使彼成为有系统的。对于国故，亟应起来整理，方能使人有研究的兴趣，并能使有研究兴趣的人容易去研究。

“国故”的名词，比“国粹”好得多。自从章太炎著了一本《国故论衡》之后，这“国故”的名词于是成立。如果讲是“国粹”，就有人讲是“国渣”。“国故”（National Past）这个名词是中立的。我们要明了现社会的情况，就得去研究国故。古人讲，知道过去才能知道现在。国故专讲国家过去的文化，要研究它，就不得不注意以下四种方法：

（一）历史的观念。现在一般青年，所以对于国故没有研究兴趣的缘故，就是没有历史的观念。我们看旧书，可当它做历史看。清乾隆时，有个叫章学诚的，著了一本《文史通义》，上边说：“六经皆史也。”我现在进一步来说：“一切旧书——古书——都是史也。”本来历史的观念，就不由然而然的生出兴趣了。如道家炼丹修命，确是很荒谬的，不值识者一笑。但本来历史的观念，看看它究竟荒谬到了什么田地，亦是很有趣的。把旧书当作历史看，知它好到什么地步，或是坏到什么地步，这是研究国故方法的起点，是“开宗明义”第一章。

（二）疑古的态度。疑古的态度，简要言之，就是“宁可疑而错，不可信而错”十个字。譬如《书经》，有今文《尚书》和古文《尚书》之别。有人说，古文《尚书》是假的；今文《尚书》有一部分是真的，余外一部分，到了清时，才有人把它证明是假的。但是现在学校里边，并没有把假的删去，仍旧读它全书，这是我们应该怀疑的。至于《诗经》，本有三千篇，被孔子删剩十分之一，只得了三百篇。《关雎》这一首诗，孔子把它列在第一首。这首诗是很好的，内容是一很好的女子，有一男子要伊做妻子，但这事不易办到，于是男子“寤寐求之”，连睡在床上都要想伊，更要“悠哉悠哉辗转反侧”呢！这能表现一种很好的爱情，是一首爱情的相思诗。后人误会，生了许多误解，竟牵到旁的问题上去。所以疑古的态度有两方面好讲：一、疑古书的真伪；二、疑真书被那山东老学究弄伪的地方。我们疑古的目的，是在得其“真”，就是疑错了，亦没有什么要紧。我们知道，（没有）哪一个科学家是没有错误的。假使信而错，那就上当不浅了！自己固然一味迷信，情愿做古人的奴隶，但是还要引旁人亦入于迷途呢！我们一方面研究，一方面就要怀疑，庶能不上老当呢！如中国的历史，从盘古氏一直相传下来，年代都是有“表”的，“像煞有介事”，看来很是可信。但是我们要怀疑，这怎样来的呢？根据什么呢？我们总要“打破砂锅问到底”，究其来源怎样。要知道这年月的计算，有的是从伪书来的，大部分还是宋朝一个算命先生用算盘打出来的呢。这哪能信呢！我们是不得不去打破它的。

在东周以前的历史，是没有一字可以信的。以后呢？大部分也是不可靠的。如《禹贡》这一章书，一般学者都承认是可靠的。据我用历史的眼光看来，也是不可靠的，我敢断定它是伪的。在夏禹时，中国难道竟有这般大的土地么？四部书里边的经、史、子三种，大多是不可靠的。我们总要有疑古的态度才好！

（三）系统的研究。古时的书籍，没有一部书是“著”的。中国的书籍虽多，但有系统的著作，竟找不到十部。我们研究无论什么书籍，都宜要寻出它的脉络，研究它的系统。所以我们无论研究什么东西，就须从历史方面着手。要研究文学和哲学，就得先研究文学史和哲学史。政治亦然。研究社会制度，亦宜先研究其制度沿革史，寻出因果的关系，前后的关键，要从没有系统的文学、哲学、政治等等里边，去寻出系统来。

有人说，中国几千年来没有进步，这话荒谬得很，足妨害我们研究的兴趣。更有一外国人，著了一部世界史，说中国自从唐代以后，就没有进步了，这也不对。我们定要去打破这种思想的。总之，我们是要从从前没有系统的文学、哲学、政治里边，以客观的态度，去寻出系统来的。

（四）整理。整理国故，能使后人研究起来不感受痛苦。整理国故的目的，就是要使从前少数人懂得的，现在变为人人能解的。整理的条件，可分形式、内容两方面讲：

1. 形式方面，加上标点和符号，替它分开段落来。

2. 内容方面，加上新的注解，折中旧有的注解。并且加上新的序跋和考证，还要讲明书的历史和价值。

我们研究国故，非但为学识起见，并为诸君起见，更为诸君的兄弟姊妹起见。国故的研究，于教育上实有很大的需要。

我们虽不能做创造者，我们亦当做运输人——这是我们的责任，这种人是不可少的。

（选自《胡适全集》第十三卷）

说　史

胡　适

《论语》十五，有这一段话：

子曰：吾犹及史之阙文也，有马者借人乘之。今亡矣夫！

何晏《集解》引包氏曰：

古之史于书字有疑，则阙之，以待知者。有马不能调良，则借人使习之。孔子自谓及见其人如此，至今无有矣。言此者，以俗多穿凿也。（此据日本古卷子本。）邢昺《正义》本"古之史"作"古之良史"，又"借人使习之"作"借人乘习之"。邢《疏》说："史是掌书之官也。文、字也。古之良史于书字有疑，则阙之，以待能者，不敢穿凿。孔子言我尚及见此古史阙疑之文。有马者借人乘之者，此举喻也。喻己有马不能调良，当借人乘习之也。……”

又《论语》六，有这一段话：

子曰：质胜文则野，文胜质则史。文质彬彬，然后君子。

《集解》引包氏曰：

野如野人，言鄙略也。史者，文多而质少也。彬彬，文质相半之貌。（邢昺《疏》：“……‘文胜质则史’者，言文多，胜于质，则如史官也。……”）

文与质的讨论又见于《论语》十二：

棘子成曰：“君子质而已矣，何以文为？”子贡曰：“惜乎，夫子之说君子也，驷不及舌。文犹质也？质犹文也？虎豹之鞟，犹犬羊之鞟也？”（适按：末三“也”字作“耶”字读，就不用解说了。皇侃本、高丽本、日本古卷子本，都有最末“也”字。）

《集解》引孔安国说：

> 皮去毛曰鞟。虎豹与犬羊别者，正以毛文异耳。今使文质同者，何以别虎豹与犬羊耶？

以上三条，可以互相发明。我以为“史之阙文”一句的“文”字，也应该作“文采”“文饰”解。“吾犹及史之阙文也”，是说：“我还看见过那没有文藻涂饰的史文。现在大概没有了吧？”这就是说：“现在流行的‘史’，都是那华文多过于实事的故事小说了。”

当孔子的时代，东起齐、鲁，西至晋、秦，南至荆楚，中间包括宋、郑诸国，民间都流行许多新起的历史故事，都叫做“史”，其实是讲史的平话小说。最好的例子是晋国献公的几个儿子的大故事——特别是太子申生的故事，公子重耳出亡十九年（僖公五年至二十四年）才归国重兴国家的故事。这个大故事在《国语》里占四大卷（《晋语》一至四），约有一万八千字；在《左传》里也有五六千字。（旧说《左传》出于《国语》，是不确的。试比较《国语》《左传》两书里的晋献公诸子的大故事，可知两个故事都从同一个来源出来，那个来源就是民间流行的史话，而选择稍有不同，《国语》详于重耳复国以前的故事，《左传》详于重耳复国以后的故事。）这个大故事，从晋献公“卜伐骊戎”起，到晋文公死了，还不曾完，文公的棺材还“有声如牛”，卜人预言明年的殽之战的大捷。这故事里，有美人，有妖魔，有大战，有孝子，有忠臣，有落难十九年的公子，有痛快满意的报恩报仇；凡是讲史平话最动人的条件，无一不有；凡是讲史平话的技术，如人物的描写，对话的有声有色，情节的细腻，也无一不有。这种“史话”就是孔子说的“文胜质则史”。

又如鲁国当时就流行着许多史的故事，如季氏一族的大故事，从季友将生时卜楚丘之父的卜辞起，到鲁昭公失国出奔——从前八世纪的末年直到前六世纪的晚年，一个二百年的大故事。试读“昭公出奔”的一个“回”（昭公二十五年），从季公鸟的寡妇如何挑拨起季氏的内讧说起；次说到季平子与郈昭伯两家斗鸡引起仇恨；次说到平子如何得罪了臧孙氏一族；次说到这些不满意的分子如何耸动昭公决心要消灭季氏的政权；次说到阴谋的实行，公徒攻入季氏门，季氏的危机；次说到叔孙氏的家徒如何用武力去救援季孙氏；次说到孟孙氏如何犹豫，如何转变过来援助季氏，合力打败公徒；最后才说到昭公的去国出奔。这是很有小说意味的“史话”。

此外，郑国有郑庄公的故事，有子产的故事。卫国有卫宣姜的故事，有卫懿公亡国的故事。鲁国有“圣人”臧文仲的故事。晋国有叔向的故事，还有那赵氏从赵盾到赵武的大故事。在《左传》结集的时候，那个赵氏史话里还没有程婴、公孙杵臼的成分，然而已很够热闹了。后来《史记·赵世家》里采取了那后起的程婴、公孙杵臼大故事，于是那个后起的史话也就成了正“史”的一部分了。

我们必须明白在孔子时代各国都有哪些很流行、很动人的“文胜质”的“史话”，方才可以明白孔子说的“吾犹及史之阙文也……今亡矣夫”一句话。“阙文”的史，就是那干燥无味的太史记录，例如“夏五月，郑伯克段于鄢”一类的史文，绝没有文采的藻饰，也没有添枝添叶的细腻情节。

《仪礼》八《聘礼》有这一段：

> 辞无常，孙而说。辞多则史，少则不达。辞苟足以达，义之至也。（郑玄注：“史谓策祝。”）

这里的“辞多则史”，与论语“文胜质则史”，都是指古代民间流行的“史的平话”，是演义式的“史”。

这种“史的故事”或“史的平话”，起源很古，古到一切民族的原始时代。商民族的史诗：

> 天命玄鸟，降而生商。

那是商民族的史的故事。周民族的史诗，说的更有声有色了：

厥初生民，时维姜嫄。
生民如何？
克禋克祀，以弗无子。
履帝武敏歆，攸介攸止。
载震载夙，载生载育——
时维后稷。
诞（诞有“当时”之意）弥厥月，
先生如达。（达是小羊）
不坼不副，无菑无害。
诞置之隘巷，牛羊腓字之。
诞置之平林，会伐平林。
诞置之寒冰，鸟覆翼之。
鸟乃去矣，后稷呱矣。
……

这是人类老祖宗爱讲爱听的“故事”，也就是“史”。这首生民诗里已有很多的藻饰，已是“文胜质”的“史”了。

古代的传说里常提到“瞽”“史”两种职业人。《国语》的《周语》里，召公有“瞽献典、史献书”的话。又说：“瞽史教诲，耆艾脩之，而后王斟酌焉。”《周语》里，单襄公说：“吾非瞽史，焉知天道？”很可能的是古代说故事的“史”，编唱“史诗”的“史”，也同后世说平话讲史的“负瞽[鼓]盲翁”

一样，往往是瞎子。他们当然不会做历史考据，只靠口授耳传，只靠记性与想象力，会编唱，会演说，他们编演的故事就是“史”，他们的职业也叫做“史”。

春秋时代以至战国时代各国的许多大规模的“史”的故事，就是这样编造出来的，就是这些“瞽史”编唱出来的。其中至少有一部分经过《国语》《左传》《战国策》《史记》，诸书的收采，居然成了历史了。（我们不要忘记了古代还有“左邱失明，厥有《国语》”的传说。）中间虽然出了几个有批评眼光、有怀疑态度的大思想家，如孔子要人“多闻阙疑，慎言其余”；如孟子说“尽信书则不如无书，吾于《武成》取二三策而已矣”——然而孔子自己说的尧、舜，说的泰伯，也还不是传说里的故事吗？孟子自己大谈其舜的故事，象的故事，禹的故事，也还不是同“齐东野人之语”一样的“史”吗？

总之，古代流传的“史”，都是讲故事的瞽史编演出来的故事。东方西方都是这样。希腊文 historia，拉丁文 historia，也是故事，也是历史。古法文的 estoire，英文的 story 与 history，都是出于一个来源的。

（选自《胡适全集》第十三卷）

史学与证据

胡　适

史学，不用解释，是讲过去的事实，把已经过去的事实，记载下来。第一是有无的问题；第二是真假问题；第三是是非问题。所以，怎样可以知道历史所记之事实究竟有无？真假？以何为标准呢？就要证据。证据是什么呢？凡是用事实证明过去事实有无、是非、真伪的，都叫证据。证据不仅证明，还需事实。在外国有这个区别，证据叫 evidence，证实是 prove。证实是证据的结果，不过要知道此证据是否成立，站得住站不住，真的假的。所以几何学上最后是 prove。证实是个结果，证据是个材料。凡是用来证明有无、真假、是非之材料，有了证据，不一定证明是事实。

现在先讲证据的性质。为什么证据可以成为证明某事之有与无及真与伪呢？我们知道，凡是一件事发生，一件事经过，总不免留下某种痕迹。“迹”就是脚印子，你走路时留下的脚印子，你走路时在土地上、沙上、地板上之踪迹。这是所谓迹。凡是一件事，无论怎样，总会留下踪迹。像世界上有的事在发生经过时，总会留下一种有痕迹的地方。自然界，大自然之变化，整个宇宙之变化，古语说：化沧海为桑田，这是事实。大自然是没有历史，没有人记载；但它未免不留下很多很多的痕迹，蚌壳、化石，水底下的东西，怎会跑到高山顶上呢？并且不是一层，很多很多。这就是大自然（nature）留下的事实。这高山也许几百万年以前在海底，到后来才整个变为高山。高山变为平地，海底变为高山，这个大变化，就是古生物学所谓大自然之痕迹。大自然界来证明是在海底下，虽然没有历史记载在这山顶上，但这就是自然历史也留有痕迹。很多侦探小说，某人偷东西犯了案，或凶手杀人时，总不免有痕迹留在那儿，留在这儿，好像很干净，但不知不觉留下手印，侦探来察时就可以发现。有的聪明强盗，看侦探小说看多了，戴了橡皮手套，绝不留下手印，但不留神，留下香烟，甚至在无意中打架时，留一撮头发在死者手中，如此就可化验，头发也有个性。所以在他经过时，无论怎样，有了痕迹总不免给人听见、给人看见，或别人给他记载证据，最后理论。

所谓证据，都是某一事实有意无意留下的痕迹。像《水浒传》武松杀人，杀了人后，在墙上写“杀人者武松”，但很少人如此老实，有许多人想毁灭证据。皇帝《起居》、皇帝《实录》每一代都有补改毁灭的地方。搜求，为什么搜求？研究历史有“证据基本法”，如这事有了，总是有证据。所以往往许多人搜求，多得到报答。

最要紧的是：凡是证据，不一定都可靠、都可用，所以就有所谓证据法（Law of Evidence），英、美民族都有，欧洲大陆上就没有。英、美法演变成一个很重要的过程，因此还保留陪审制度。陪审制度者就是公民，凡公民有此义务，虽然并未进过法院，但都是些老年人，中年人很少。因此，凡是关于法律问题，须由法官指导；凡关证据民情都由陪审员决定，结果由十二个人宣判，由他们关紧了门商议，往往有许多天不许与外人往来，而律师也往往向此十二人诘问，因为律师知道他们都无法律常识。譬如，某人三年前偷过东西，律师说，三年前偷东西不能算证据，如果从前打人，打的罪也不能算证据。这个叫陪审制（Jury）。尤其像英美，他们要知道普通一般人的判断力才如此。我以为历史学家用证据，最好也学一学证据法。因为不承认、不接受的条件，历史上往往也不许接受。有四条原理：

（一）不关本案的事实不成证据。譬如，打老婆的人，你说他偷东西，这不能成为证据。

（二）不可靠之事实，不算证据。譬如，如果用钱买通人做证据，这就失了证据的真实性。详细情形，下面再讲。

（三）传闻（hearsay）之词不能成立。譬如，有一件事郑先生说是听邓先生说的，邓先生说是听张先生说的，辗转相闻。这样也不能成立。

（四）个人之意见不能成立。像一件事，我没有看见，也没有听见过，不过听人家说的，这不能成立。

这几条在我看起来，历史上都可以用，都应当遵守。

这一百五十年当中，就发生了一特殊的案子——《水经注》。一个姓赵叫一清，一个戴震，他们都是乾隆时代的学者。还有一个叫全祖望。他们三人，全祖望先死，赵一清、戴震次之。可是《水经注》戴震先出来，后赵一清、全祖望的《水经注》始终未写成功。到了距今六十年左右，引起了极大的辩论。有人说，戴震在《水经注》里称他老师江永叫老儒，可见是他偷赵一清的。这就是犯了第一条。

还有《易林》，这是本卜卦的书，内容是研究卦的变幻。著者焦延寿、崔篆，也闹起了版权问题。焦延寿是纪元前一世纪的人，崔篆是纪元后一世纪的人，相隔大概一百年左右。《四库全书纲要》有记载说：东汉永平四年，天大旱，用之卜卦，如此可见焦氏所著。记载当然不会错。因为当时卜卦以后，第二天果下雨，这样史官才给记录下来。可是他并没有说是所著的《易林》。这也是犯了第一条。

王昭君，大家都知道是汉朝和番的一个漂亮女子。《易林》上也提到，所以有人说焦氏是在汉朝以前的人，可见不是他著的，是崔氏所著。乍看起来好像对。不过要知道虽不是焦氏所著，但未必就是崔氏所著。所以这第一条看起来很简单，其实应用无穷。

第二条，用不着我多讲了。还是拿《水经注》来说，全祖望的本子第一个发现的是“阿拉”宁波人王梓材。他是讲理学的先生，他到北平正是鸦片战争，也是反对罢戴最热烈的时候。他想：好了，不是戴的，也不是赵的，是“阿拉”的。有人问：证据呢？他说：在宁波。他回宁波一年以后，果然拿出一部全祖望的《水经注》。其实完全假的。

我这次到南京，在图书馆看见真的全祖望没有写完的《水经注》，费了三天工夫抄了回来。

第三，用直接材料而不能用间接材料。不是原本不能用，更不能用辗转抄写的本子。譬如《聊斋》大家都知道是蒲松龄所著，张元刻的墓碑上有记载。有许多翻印本子写他死于八十六岁。我们特为找到这个墓碑，拓下来是七十六岁。这样就发生了一个笑话：有一个上海闻人，想翻印《蒲松龄文集》，他怕将来发生版权的麻烦，就关了门在鸦片铺上动脑筋，做了二百二十六首诗，所以这本文集出版以后，除了文集、词集以外，还多了二百二十六首诗。这是个新发现。但假的事实往往露出了马脚，因为他上面是照八十六岁的本子抄的，所以诗中有一首是《八十六□□[①]》，还有“我今年六十八矣”的句子，下面写康熙几年，我算了算错十年，正是照八十六岁推算出来的，可见不对。现在《聊斋全集》清华大学有一部，马先生有

① 此处疑缺字。

一部，我有一部。拿来一齐校对，词集、文集都有，就是没有诗集。所以用材料，不可不用原本。像这位先生就给我抓住欺诈取财的罪。

还有《宋史》，尤其北宋，更尤其是在神宗、哲宗之间，王安石变法，新旧翻来翻去，历史改来改去，而元代也拿它做材料。这都是常识。

最近，我要说几句话，在《经世日报》郑先生主编的《读书周刊》，我写过一篇东西，有人问做官的秘诀是什么？他回答勤、谨、和、缓。这是几千年来做官的秘诀。研究历史也是这样。

第一，勤，寻材料要手勤、耳勤、眼勤，不懒才能找到材料。

第二，谨，严记不可靠、不相干的东西不能用。小心，因为如果你抄错了，还要使别人犯刑事法。所以校对一次，再校对一次，绝对不能苟且，一笔、一字、一句都要研究。

第三，和，就是心平气和，不要容易动火，不要在感情上用事，自己错了，认错，放弃错的证据，引用对的证据。

第四，缓，是做官的秘诀，就是拖。在研究历史很重要，宁可悬而不断，不断然下结论。在证据不充分、不够的时候更不能不如此。

时间不早。最后，奉劝诸位，学此四字。

（选自《胡适全集》第十三卷）

中国古代政治思想史的一个看法

胡　适

我很感觉到不安。在大陆上的时候，我也常常替找我演讲的机构、团体增加许多麻烦；不是打碎玻璃窗，便是挤破桌椅。所以后来差不多二三十年当中，我总避免演讲。像在北平，我从来没有公开演讲过；只有过一次，也损坏了人家的椅窗。在上海有一次在八仙桥青年会大礼堂公开演讲，结果也增加他们不少损害。所以以后我只要能够避免公开演讲，就尽量避免。今天在台湾大学因为预先约定是几个学会邀约的学术演讲，相信不会太拥挤。但今天的情形——主席沈先生已向各位道歉——我觉得很不安。我希望今天不会讲得太长，而使诸位感觉得太不舒服。

那天台湾大学三个学会问我讲什么题目，当时我就说讲"中国古代政治思想史的一个看法"，而报纸上把下面的"一个看法"丢掉了。如果要我讲"中国古代政治思想史"，这个范围似嫌太大，所以我今天还只能讲“中国古代政治思想史的一个看法”。

今年是我的母校哥伦比亚大学创立二百周年纪念。他们在去年准备时，就决定要举行二百周年纪念的典礼。典礼节目中的一部分，有十三个讲演。这十三个讲演广播到全美洲；同时将广播录音送到全世界，凡是有哥伦比亚大学毕业生的地方都要广播。所以这十三个广播演讲，在去年十一二月间就已录音；全部总题目叫做“人类求知的权利”。这里边又分作好几个部分：第一部分（第一至第四个演讲）是讲“人类对于人的见解”；第二部分（第五至第八个演讲）是讲“人类对于政治社会的见解”；第三部分（第九至第十三个演讲）是讲“近代自由制度的演变”。他们要我担任第六个演讲，也就是第五至第八个演讲“人类对于政治社会的见解”中的一部分。我担任的题目是“亚洲古代威权与自由的冲突”。所谓亚洲古代，当然要把巴比伦、波斯、印度古代同中国古代都包括在内。但限定每个演讲只有二十五分钟录音。这样大的题目，只限定二十五分钟的演讲，使我得到一个很大的经验与教训。因为这个题目，要从亚洲西部到东部，讲好几百年甚至一两千年古代亚洲的政治思想史，讲起来是很费时的。因此我先把这些国家约略地研究了一下；但研究结果，认为限定二十五分钟时间，无论如何是不够的。我觉得限定二十五分钟时间的演讲，只能限于中国；同时对于这些亚洲西部古代国家关系政治、宗教、社会、哲学等方面的文献甚少；所以最后我自己只选择了中国古代，并且对于“中国古代政治思想史”这个题目又不能不加以限制。同时我因为这是一个很难得很重要的机会，所以把中国古代政治思想的几种观念——威权与自由冲突的观念——特别提出四点（也可说是四件大事）来讲。结果就成为二十五分钟的演讲。哪四件大事呢？

第一，是无政府的抗议，以老子为代表。这是对于太多的政府，太多的忌讳，太多的管理，太多的统治的一种抗议。这种中国古代的政治思想，能在世界上占有一个很独立的、比较有创见的地位。这一次强迫我花了四十多天时间，来预备一个二十五分钟的演讲；经我仔细地加以研究，感到中国政治思想在世界上有一个最大的、最有创见的贡献，恐怕就是我们的第一位政治思想家——老子——的主张无政府主义。他对政府抗议，认为政府应该学“天道”。“天道”是什么呢？“天道”就是无为而无不为。这可说是一个很重要的观念。他认为用不着政府；如其有政府，最好是无为、放任、不干涉，这是一种无政府主义的政治理想：有政府等于没有政府；如果非要有政府不可，就是无为而治。

所以第一件大事，就是中国政治思想史上第一个放大炮的——老子——的无政府主义。他的哲学学说，可说是无政府的抗议。

第二件大事，是孔子、孟子一班人提倡的一种自由主义的教育哲学。孔子与孟子首先揭橥这种运动。后世所谓“道家”（其实中国古代并没有“道家”的名词；此是后话，不在此论例），也可以说是这个自由主义运动的一部分。后来的庄子、杨朱，都是承袭这种学说的。这种所谓个人主义、自由主义的教育哲学和个人主义的起来，是由于他们把人看得特别重，认为个人有个人的尊严。《论语》中的“不降其志，不辱其身”，就是这个道理。个人主义、自由主义的教育哲学，教育人参加政治，参加社会；这种人要有一种人格的尊严，要自己感觉到自己有一种使命，不能随便忽略他自己。这个个人主义自由主义的教育哲学，是第二件值得我们纪念的大事。

第三件大事，可算是中国古代极权政治的起来，也就是集体主义（极权主义）的起来。在这个期间，墨子“上同”的思想（这个“上”字，平常是用高尚的“尚”字，其实是上下的“上”字），就是下面一切要上同，所谓“上同而不下比者”——就是一种极权主义。以现在的新名词说，就叫“民主集权”。墨子的这种理论，影响到纪元前四世纪出来了一个怪人——商鞅。他在西方的秦国，实行这种“极权政治”；后来商鞅被清算死了，但这种极权制度还是存在，而且在一百年之内，把当时所谓天下居然打平，用武力来统一中国，建立所谓“秦帝国”。帝国成立以后，极权制度仍继续存在，焚书坑儒，毁灭文献，禁止私家教育。这就是第三件大事。所谓极权主义的哲学思想：极权国家不但起来了，而且是大成功。

第四件大事，这个极权国家的打倒，无为政治的试行。秦王政统一天下之后，称他自己为秦始皇，以后他的儿子为二世，孙子为三世，以至于十世、百世、千世、万世、无穷世。殊不知非特没有到万世、千世、百世，所谓“秦帝国”，只到了二世就完了。这一个以最可怕的武力打成功的极权国家，不到十五年就倒下去了。第一个“秦帝国”没有安定，第二个帝国的汉朝却安定了。什么力量使他安定的呢？在我个人的看法，就要回到我说的第一件大事。我以为这是那个无政府主义、无为的政治哲学思想来使他安定的。秦始皇的帝国只有十五年；汉朝的帝国有四百二十年：为什么那个帝国站不住而这个帝国能安定呢？最大的原因，就是汉朝的开国领袖能运用几百年以前老子的无为的政治哲学。汉朝头上七十年工夫，就是采用了这种无为而治的哲学。秦是以有为极权而亡；而汉朝以有意的、自觉的实行无为政治，大汉帝国居然能安定四百二十年之久。不但安定了四百二十年，可说两千年来到现在。今天我们自己称“汉人”，这个“汉”字就是汉朝统治四百二十年后留给我们的。在汉朝以前，只称齐人、楚人、卫人，没有“中国人”这个名词。汉朝的四百二十年，可说是规定了以后两千多年政治的规模，就是无为而治这个观念。这可说是两千多年前祖先留下来的无穷恩惠。这个大帝国，没有军备，没有治安警察，也没有特务，租税很轻。（讲到这里，使我想起我在小时，曾从安徽南部经过浙江到上海。到了杭州，第一天才看到警察；以前走了七天七夜并没有看到一个警察或士兵，路上一样很太平。）所以第四件大事，可说是打倒极权帝国而建立一个比较安定的国家；拿以前提倡了而没有实行的无为而治的政治哲学，来安定四百二十年大汉帝国，安定几千年来中国的政治。

现在我就这四点来姑妄言之，诸位姑妄听之。

第一件大事是老子的无为主义。最近几十年来，我的许多朋友，从梁任公先生到钱穆、顾颉刚、冯友兰诸先生，都说老子这个人恐怕靠不住，《老子》这部书也恐怕靠不住。他们主张要把《老子》这部书挪后二三百年。关于这个问题，我也发表过一篇文章，批评这几位先生考定老子年代的方法。我指出他们提出来的证据都站不住。（现在台湾版《胡适文存》第四集第二篇，就是讨论考证老子这个人的年代，和《老子》这本书的年代的。）但这二三十年来中国学者的提倡，居然影响到外国学者。外国学者也在对老子年代发生怀疑。你看西洋最近出版的几种书，差不多老子的名字都不提了。在我个人的看法，这个问题很复杂；如果将来有机会，可再和各位详细的讨论。今天简单的说，我觉得老子这个人的年代和《老子》这本书的年代，照现在的材料与根据来说，还是不必更动。老子这个人恐怕要比孔子大二三十岁；他是孔子的先生。所谓“孔子问礼于老聃”是大家所不否认的；同时在《礼记·曾子问》中有明白的记载。那时孔子做老子的学徒，在我那篇很长的文章

《说儒》里，老子是“儒”，孔子也是“儒”。“儒”的职业是替人家主持丧礼、葬礼、祭礼的。有人认为“儒”是到孔子时才有的，这是错误的观念。我为了一个“儒”字，写了五万多字的文章；我的看法，凡是“儒”，根据《檀弓》里所说，就是替人家主持婚丧祭祀的赞礼的。现在大家似乎都看不起这种赞礼。其实你要是看看基督教和回教，如基督教的牧师，回教的阿洪[訇]，他们也是替人家主持婚丧祭祀的。在古代两千五百年时，“儒”也是一种职业。在《礼记·曾子问》中都讲到孔子的大弟子和孔子的老师都是替人家“相”丧的。《礼记·曾子问》中记：孔子自说有一天跟随着老子替人家主持丧礼，出丧到半路上，遇到日蚀；老子就发命令，要大家把棺材停在路旁，等到日蚀过去后再往前抬。下面老子又解释为什么送丧时遇到日蚀应该等到太阳恢复后再往前抬。各位先生想一想：送丧碰到日蚀，这是很少见的事；而孔子跟着老子为人家主持丧礼，在路上遇见日蚀，也是一件很少见的事，记载的人把这话记载下来，我相信这是不至于会假的。从前阎百诗考据老子到周去问礼到底是哪一年，就是根据这段史实来断定的。同时《檀弓》并不是一本侮蔑孔子的书：这是一本儒家的书；孔子的学生如曾子等，都是替人家送丧的。替人家送丧是当时的一种吃饭工具，是一种正当的职业。至于《老子》这部书，约有五千字左右，里边有四五个真正有创造的基本思想；后来也没有人能有这样透辟的观念。这部只有五千字左右的书，在我个人看起来，从文字上来看，我们也没有理由把他放得太晚。在思想上他的好几个观念，可说是影响了孔子。譬如老子说“无为”，孔子受其影响甚大。如《论语》中的“无为而治的，其舜也欤！”“为政以德，譬如北辰，居其所而众星拱之！”这些话都是受了老子“无为而治”的影响的。还有孔子说，我话说得太多，我要“无言”。这也是老子的思想。孔子说：“天何言哉？四时行焉，百物生焉，天何言哉？”这就是自然主义的哲学。我们考证一部书的真假，从一个人的著作中考据另一个人，并不是我一个人的办法。譬如希腊古代在哲学方面有许多著作，后来的人考据哪几部著作是真的，哪几部著作是假的，用什么标准呢？文字当然是一种标准；但是重要的，就是如果要辨别柏拉图著作的真伪，须看柏拉图的学生亚里士多德是否曾经引过他老师的话，或者看亚里士多德是否曾提到柏拉图某一部书里的话。这是考据的一种方法。我们再看孔子说的“以德报怨”。这完全是根据老子所说的“报怨以德”。诸如此类的话多得很，如“以能问于不能，以多问于寡，有若无，实若虚，犯而不校”等都可以说是老子的基本观念；尤其“犯而不校”，就是老子提倡的一个很基本的观念，所谓“不争主义”，亦即是“不抵抗主义”。（我就是犯了这个毛病：说不考据，现在又谈考据了。不过我现在说这些话，只是替老子伸伸冤而已。）

老子的主张，所谓无政府的抗议，是中国政治思想史上第一件大事。他的抗议很多。大家总以为老子是一位拱起手来不说话的好好先生，绝对不像个革命党、无政府党。我们不能太侮蔑他。你只要看他的书，就知道老子不是好好先生。他在那里抗议，对于当时的政治和社会抗议。他说："民之饥，以其上食税之多，是以饥。民之难治，以其上之有为，是以难治。民之轻死，以其求生之厚，是以轻死。""民不畏死，奈何以死惧之。""天下多忌讳，而民弥贫。民多利器，国家滋昏。人多伎巧，奇物滋起。法令滋彰，盗贼多有。"这就是提倡无政府主义的老祖宗对于当时政治和社会管制太多、统制太多、政府太多的一个抗议。所以大家不要以为老子是一位什么事都不管的好好先生，太上老君；他是一位对于政治和社会不满而要提出抗议的革命党。而且他仅仅抗议还不够；他还提出一种政治基本哲学。就是说，在世界政治思想史上，自由中国在两千五百年以前产生了一种放任主义的政治哲学，无为而治的政治哲学，不干涉主义的政治哲学。在西方恐怕因为直接间接的受了中国这种政治思想的影响，到了十八世纪才有不干涉政治思想哲学的起来。近代的民主政治，最初的一炮都是对于政府的一个抗议：不要政府，要把政府的力量减轻到最低，最好做到无为而治。我想全世界人士不会否认：在全世界的政治思想史上，中国提出无为而治的思想、不干涉主义，这个政治哲学，比任何一个国家要早两千三百年。这是很重要的一件大事。老子说：我们不要自己靠自己的聪明；我们要学学天，学学大自然。“自然”这两个字怎样解释呢？“然”是如此，“自然”就是自己如此。天地间的万物，都不是人造出来的，也不是由玉皇大帝造一个男的再造一个女的，而都是无为，都是自己如此。一切的花，不管红黄蓝白各种颜色的花，决不是一个万能的上帝涂上了各种颜色才这样的，都是自己如此。也就是老子的所谓“天道”，孔子所谓“天何言哉？四时行焉，百物生焉，天何言哉？”“天道”就是无为，无为而无不为。老子说：“故圣人云：我无为而民自化；我好静而民自正；我无事而民自富；我无欲而民自朴。”这就是无为的政治。而老子最有名的一句话，就是“太上，下知有之”。就是说：最高的政府，使下面的人仅仅知道这个政府。另外一个本子把这句话多加了一个字，作“太上下不知有之”。就是说：上面有个政府，下面的人民还不知道有政府的存在。下面又说：“其次，亲之誉之；其次，畏之；其次，侮之。”就是，比较次一等的政府，人民亲近他，称誉他；第三等政府，人民畏惧他；第四等政府，人民看不起他。所以第一句“太上，下知有之”六个字是很了不得的，是人类政治思想史上最早有这个观念。这种政治思想，比世界上任何一个有思想文化的民族都还要早；同时，由这个观念而影响到我们后来的思想。所以我们中国在政治思想上舍不得把《老子》这部书抹煞掉，我们历史上第一个政治思想家，就是提倡无政府主义、不干涉主义的老子。同时，我颇疑心十八世纪的欧洲哲学家已经有老子的书的拉丁文翻译本：因为那时他们似乎已经受到老子学说的影响。

第二件大事是孔子以下的自由思想，个人主义。孔子与老子不同。孔子是教育家，而老子反对文化，认为五音、五色、五味的文化是太复杂了，最好连车船等机器都不用，文字也不必要。这种反文化的观念，在欧洲十八世纪时的卢梭，十九世纪时的托尔斯泰也曾提出；而老子的反文化观念要比任何世界上有文化的民族为早。老子不但反文化，而且反教育，认为文明是代表人民的堕落。而孔子恰恰相反。他是一个教育家、历史家。虽然做老子的学生，受无为思想的影响。孔子在政治思想上的成就比较平凡，并没有什么创造的见解。但是孔子是一个了不得的教育家。他提出的教育哲学可以说是民主自由的教育哲学，将人看作是平等的。《论语》中有“性相近也，习相远也，惟上智与下愚不移”。就是说，除了绝顶聪明与绝顶笨的人没有法教育以外，其他都是平等的；可教育的能力一样。孔子提出四个字，可以说是中国的民主主义教育哲学，就是：“有教无类”。“类”是种类，是阶级。若是看了墨子讲的“类”和荀子讲的“类”然后再来解释孔子的“有教无类”，可以知道此处的“类”就是种类，就是阶级。有了教育就没有种类，就没有阶级。后世的考试制度，可以说是根据这种教育哲学为背景的。

孔子的教育哲学是“有教无类”，但他的教育“教”什么呢？孔子提出一个很重要的字，就是“仁”字。孔子的着重

“仁”字，可以说前无古人后无来者。这是了不得的地方。这个“仁”就是人的人格，人的人性，人的尊严。孔子说：“修己以敬。”孔子的学生问：“这就够了吗？”孔子又说：“修己以安人。”孔子的学生又问：“这就够了吗？”孔子又说：“修己以安百姓。”这句话就是说教育并不是要你去做和尚，去打坐念经那一套。“修己”是做教育自己的工作；但是还有一个社会目标，就是“安人”。“安人”是给人类以和平、快乐。这一个教育观念是新的。教育并不是为自己，不是为使自己成为菩萨、罗汉、神仙。修己是为了教育自己，为的社会目标。所以后来儒家的书《大学》里的“格物、致知、诚意、正心、修身”，是修身的工作；而后面的“齐家、治国、平天下”，都是社会的目标。所以孔子时代的这种“修己以安人”“修己以安百姓”的观念就是将教育个人与社会贯连起来。教育的目标不是为自己自私自利，不是为升官发财，而是为“安人”“安百姓”，为齐家、治国、平天下。因为有这个使命，就感觉到“仁”——受教育的“人”，尤其是士大夫阶级，格外有一种尊严。人本来有人的尊严，到了做到自己感觉有“修己以安人”“修己以安百姓”的使命时，就格外感觉到有一种责任。所以《论语》中说：“志士仁人，无求生以害仁，有杀身以成仁。”就是说，遇必要时，宁可杀身以完成人格。这就是《论语》中的“不降其志，不辱其身”。孔子的大弟子曾子说：“士不可以不弘毅，任重而道远。仁以为已任，不亦重乎！死而后已，不亦远乎！”就是说受教育的人要有大气魄，要有毅力。为什么呢？因为“任重而道远”。“任”就是担子。把“仁”拿来做担子，担子自然很重；到死才算是完了，这个路程还不远吗？这一个观念，是我们所谓有孔孟学派的精神的：就是将个人人格看得很重，要自己挑起担子来，“修己以安人”，“修己以安百姓”。孟子常说：“自任以天下之重。”曾子说：“仁以为己任。”以整个人类视为我们的担子，这是两千五百年以来的一个了不得的传统。后来宋朝范仲淹也说：“先天下之忧而忧，后天下之乐而乐。”这就是因为“修己以安人”而感觉到“任重而道远”的缘故。明末顾亭林以为：“天下兴亡，匹夫有责”，也是这个道理。

所以自由民主的教育哲学产生了健全的个人主义。个人主义就是将自己看作一个有担子的人，不要忘了自己有使命，有责任。不但孔子如此，孟子也讲得很清楚：“富贵不能淫，贫贱不能移，威武不能屈：此之谓大丈夫。”就是说大丈夫的人格要自己感觉到自己有“修己以安人”的使命。再讲到杨、朱、庄子所提倡的个人主义，也不过是个人人格的尊严。庄子主要的是说：“举世誉之而不加劝；举世非之而不加沮。”这就是最健全的个人主义。老子、庄子都是如此。到了汉朝才有人勉强将他们跟孔、孟分了家，称为道家。秦以前的古书中都没有“道家”这个名字。（哪一位先生能在先秦古书里找到“道家”这个名字的，我愿意罚钱。）所以韩非子在秦末年时说：

"天下显学二，儒、墨而已。"他只讲到儒、墨，没有提及道家。杨、朱的学说也是个人主义。这个个人主义的趋势是一个了不得的趋势；以健全的民主自由教育哲学作基础，要做到"不降其志，不辱其身"；提倡人格，要挑得起人类的担子，挑得起天下的担子。宁可"杀身以成仁"，不可"求生以害仁"。这个健全的个人主义，是第二个重要的运动。

第三件大事发生在纪元前五世纪以后，在孔子以后，自四世纪起到三世纪时，正是战国时代。原来春秋时代有一个大国——晋。晋国文化很高，但在西历纪元前四〇三年即被权臣分裂为韩、赵、魏三国。这一年历史家算作战国的第一年。那时南方的楚也很强大。因为晋国三分，亦便没有可畏的强邻了。当时的秦孝公是一个英主，用了一个大政治家商鞅。两人合作而造成了一个极权国家。不过极权主义的思想原则远在商鞅之前就已发生；在《墨子》的《尚同篇》中已有这个思想。关于中国古代思想的三个大老——老子、孔子、墨子，我在《中国哲学史》上卷，提倡百家平等；认为他们受了委屈，为被压迫了几千年的学派打抱不平。现在想想，未免矫枉过正。当时认为墨家是反儒家的；儒家是守旧的右派，而墨家是革新的左派。但这几十年来——三十五年来的时间很长，头发也白了几根，当然思想也有点进步——我看墨子的运动是替民间的宗教辩护，认为鬼是有的，神是有的。这种替民间宗教辩护的思想，在当时我认为颇倾向于左；但现在看他，可以算是一个极右的右派——反动派。尤其是讲宗教政治的部分，所说的话是右派的话。在政治思想上，只要看他的《尚同篇》。《尚同篇》中说：

> 古者民始生未有政长之时，盖其语人异义。是以一人则一义，二人则二义，十人则十义。其人兹众，其所谓义者亦兹众。是以人是其义以非人之义，故交相非也。……天下之乱，若禽兽然。

义就是对的；一个人认为自己是对的，十个人认为他们各是对的，结果互相吵起来而"交相非也"。拿我的"义"打人家的"义"，结果天下大乱而"若禽兽然"。有了政府时，政府中，上面是天子，有三公、诸侯——乡长、里长、政府成立了。然后由天子发布命令给天下百姓，说你们凡是听见好的或不好的事都要报告到上面来，这是民主集权制。《尚同篇》中说：

> 夫明乎天下之所以乱者生以无政长，是故选天下之贤可者立以为天子。天子立，以其力为未足，又选择天下之贤可者置立之以为三公。……政长既已具，天子发政于天下之百姓，言曰，闻善而不善（王引之读"而"为"与"），皆以告其上。上之所是，必皆是之；所非，必皆非之。……上同而

不下比者，此上之所赏而下之所誉也。……

只要上面说是对的，下面的人都要承认是对的：这就是“上同”，“上同而不下比”。

里长发政里之百姓，言曰，闻善而不善，必以告其乡长。乡长之所是，必皆是之；乡长之所非，必皆非之。……乡长惟能壹同乡之义，是以乡治也。……乡长发政乡之百姓，言曰，闻善而不善者，必以告国君。国君之所是，必皆是之；国君之所非，必皆非之。……国君惟能壹同国之义，是以国治也。……

天子的功用就是能够壹同天下之义。但是这还不够；天子上面还有上帝。所以：

国君发政国之百姓，言曰，闻善而不善，必以告天子。天子之所是，皆是之；天子之所非，皆非之。……天子惟能壹同天下之义，是以天下治也。……天下之百姓，皆上同于天子，而不上同于天，则灾犹未去也。……

这才算是真正的上同。但是怎样才能达到上同呢？拿现代的名词讲，就是用“特务制度”，也就是要组织起来。这样才能够收到在数千里外有人做好事坏事，他的妻子邻人都不知道，而天子已经知道。《尚同篇》中有一段说：

> 古者圣王惟能审以尚同以为政长，是故上下情通（依毕王诸家校）。上有隐事遗利，下得而利之；下有蓄怨积害；上得而除之。是以数千万里之外，有为善者，其室人未遍知，乡里未遍闻，天子得而赏之。数千万里之外，有为不善者，其室人未遍知，乡人未遍闻，天子得而罚之。是以举天下之人皆恐惧振动，惕慄不敢为淫暴，曰："天子之视听也神！"

就是说天子的看与听都是神。然后又说：

> 非神也，夫惟能使人之耳目助己视听，使人之唇吻助己言谈，使人之心思助己思虑，使人之股肱助己动作。助之视听者众……则其德音之所抚循者博矣；助之思虑者众，则其举事速成矣。故古者圣人之所以济事成功垂名于后世者，无他故异物焉，曰惟能以上同为政者也。

这就是一种最高的民主集权制度。这种思想真正讲起来也可以说是一种神权政治，也是极权政治的一种哲学。所以我们从政治方面讲，老子是站在左派，而墨子是站在极右派。不过后来墨子并没有机会实行他的政治哲学。

秦孝公的西方国家本来是一个贫苦的国家，但是经过商君变法，提倡“农”“战”，这是一种政治上、经济上、军事制度上的大改革、大革新。这个革新有两大原则：一是提倡“农”，生产粮食；一是提倡“战”。有许多古代的哲学，古代的书籍，因为离开我们太久远了，我们对它的看法有时看不大懂。在三十五年前我写《中国哲学史大纲》时，就很不注意《商君书》和韩非子的书。这种书因为在那时候，没有能看得懂，觉得有许多东西好像靠不住。等到这几十年来，世界上有几个大的极权政府，有几个已经倒了，有的还没有倒。因为这个缘故，我们再回头看墨子、商君的书，懂了。这是经过三十多年的变化而生的转移。举例来说：譬如关于“战”，关于极权政治，在《商君书》第十七章里有一节：“圣人之为国也，一赏、一刑、一教。一赏则民无敌；一刑则令行；一教则下听。”这个“一赏、一刑、一教”，真正是极权的国家主义。最重要的是一教。一教之义，就是无论什么学问，无论什么行为，都比不了富贵，而富贵的得来，并不靠你的知识，也不靠你的行为，也不是因为名誉；靠什么呢？靠战争。“所谓一教者，博闻辩慧，信廉礼乐，修行群党，任誉清浊，不可以富贵。……富贵之门；要存战而已矣。”能够作战的才能践富贵之门；因为这个缘故，父兄、子弟、朋友、婚姻的谈话中最重要的事是战争。“彼能战者，践富贵之门。……是父兄昆弟知识婚姻合同者，皆曰，务之所加，存战而已矣。故当壮者务于战，老弱者务于守。死者不悔，生者务劝。此……所谓一教也。”“民之欲富贵也，共阖棺而后出。而富贵之门必出于兵。是故民闻战而相贺也。起居饮食所歌谣者，战也。……圣人治国也，审一而已矣。”像这样使人认为战争是可贺的，在家中在外面所唱的歌都是战争；这样才能做到使百姓听到战争的名字，看到战争，有如饿狼看见了肉。这样老百姓才可以用了。“民之见战也，如饿狼之见肉，则民用矣。凡战者，民之所恶也。能使民乐战者，王。”这些书籍，我们在当时看不懂；到了最近几十年来，回头看一看《史记》《商君书》，才都懂了。那时的改革政治是怎样呢？就是将人民组织起来，分为什伍的组织，要彼此相纠发。《史记·商君列传》：

> 令民为什伍，而相收司（相纠发）连坐。（一家有罪而九家连举发。若不纠举，则十家连坐。）不告奸者腰斩。告奸者，与斩敌首同赏。匿奸者与降敌同罚。……有军功者，各以率受上爵。……大小勠力本业耕织；致粟帛多者，复其身。事末利及怠而贫者，举以为收孥。

这是西方的秦建设了一个警察国家，一个极权的国家，而且成绩特别好。在不到一百年之内，居然用武力统一了当时的所谓天下。始皇二十六年统一天下；过了八年后又发生了问题。就是当时还有许多人保留了言论自由。于是三十四年丞相李斯议曰："……古者天下散乱，莫之能一，是以诸侯并作，语皆道古以害今，饰虚言以乱实。人善其私学，以非上之所建立。"就是百姓以批评来反对政府所建立的政策。接着又说：

> 今皇帝并有天下，别黑白而定一尊，私学而（乃）相与非法教。人闻令下，则各以其所学议之。人则心非，出则巷议。夸主以为名，异取以为高，率群下以造谤。如此弗禁，则主势降乎上，党羽成乎下。禁之便。

主张还是禁止言论自由为对。于是就具体建议："臣请史官非秦纪皆烧之；非博士官所职，天下敢有藏诗书百家语者，悉诣守尉杂烧之。"将书烧了以后，如果还有人敢批评政府的就杀头。"有敢偶语诗书，弃市。""吏见知不举者与同罪。""所不去者，医药卜筮种树之书。……"这是秦始皇三十四年的大烧书。

总而言之，第三件大事就是秦朝创立一个很可怕的极权国家，而且大成功，用武力统一了全中国，建立了统一的帝国。

第四件大事就是极权国家的打倒，与无为政治的试行。汉高祖是百姓出身，项燕、项羽与张耳一班人都是贵族。汉高祖是一个地地道道的百姓，知道民间的疾苦，所以当他率领的革命军到达咸阳时，就召集父老开大会，将所有秦代所定的法律都去掉，只留约法三章。其实只有两章：“杀人者死；伤人及盗抵罪。”汉朝的几个大领袖都能继续汉高祖的这种政策。当时的曹参是战功最高的，比韩信的战功还高。汉高祖将项羽打倒后，立私生子做齐王，派曹参去做相国。曹参当时就说，我是军人，而齐国的文化程度最高，经济程度也高。情形很复杂，我干不了；还是请一班读书人去吧！于是大家告诉他，山东有一个人叫盖公，可以请他指导。于是曹参就去请教盖公。盖公说：我相信老子的哲学。要治理齐国很容易，只要“无为”就可以治好齐国。于是曹参就实行“无为之治”。在齐国做了九年宰相，实行无为的结果，齐国大治，政治成绩为全国第一。所以在萧何死后，朝廷又请曹参回到中央政府做宰相。曹参到了中央任丞相以后，也还是喝酒不管国事。当时的惠帝就遣曹参的儿子去问曹参。曹参打了儿子一顿。及曹参上朝，惠帝向他说，你为什么打你的儿子？是我叫他问的。曹参便脱帽谢罪，向惠帝说：“陛下比高皇帝何如？”惠帝说：“我哪可以比高皇帝！”参又问：“陛下看我比萧何哪个能干？”惠帝说：“君似乎不及萧何。”参曰：“陛下说得是。既然陛下比不上高祖，我比不上萧何，我们谨守他们的成规，无为而治岂不好？”惠帝就说“很好”。不但如此，以后吕后闹了一个小政变，结果一班大臣请高祖的一个小儿子代王恒来做皇帝，这就是汉文帝。文帝的太太窦后是一个了不得的皇后。文帝死后，景帝登位，窦后是皇太后。景帝死后，武帝登位，窦后是太皇太后。前后三度，当权四十五年。窦太后最相信老子的哲学，她命令刘家、窦家全家大小都以老子的书作必修教科书。所以汉朝在这四十五年中实行无为而治的政治。对外方面，北对匈奴，南对南越，都是避免战争。对内是减轻租税，减轻刑罚；废止肉刑，废止什伍连坐罪；租税减轻至三十分之一，这是从古以来没有的，以后也没有的。人民经过战国时代的多少战争，又经过楚汉的革命战争，在汉高祖以后，七十年的无为政治使人民得了休息的机会。无为而治的政治使老百姓觉得统一的帝国有好处而没有害处。为什么有好处呢？这样大的一个帝国，没有战争，没有常备军队，没有警察，租税又轻：这自然是老百姓第一次觉得这个政策是值得维持、值得保存的。

由于汉朝这七十年的有意实行的无为而治，才造成了四百年的汉帝国，才留下无为而治的规模，使我们中国两千多年来的政治思想，政治制度，政治行为都受了这“无为而治”的恩典。这是值得我们想想的。这是我对于中国古代政治思想的一个看法。

今天因为广播公司控制得不严格，所以超过了时间，要向诸位道歉。

（选自《胡适全集》第八卷）

中国学术思想界之基本误谬

傅斯年

三年以前，英国杂志名《十九世纪与其后》(*The Nineteenth Century and after*) 者，载一推论东方民性之文，作者姓名，与其标题，今俱不能记忆，末节厚非东方文明，印吾心识上者，历久不灭。今举其词，大旨谓：

> 东方学术，病痗(痗)生于根本；衡以亚利安人之文明，则前者为无机，后者为有机，前者为收敛，后者为进化。质言之，东方学术，自其胎性上言之，不能充量发展。侥喀郎(Chalons)之役，都尔(Tours)之军，条顿罗甸败北，匈奴或大食胜者，欧洲荣誉之历史，将随罗马帝国以覆亡。东方强族，纂承统绪，断不能若日耳曼人仪型先民，与之俱进。所谓近世文明者，永无望其出于亚细亚人之手；世间之上，更不能有优于希腊，超于罗马之政

化。故亚利安族战胜异族，文明之战胜野蛮也，适宜文明战胜不适文明也。

遂录此言，以启斯篇。当日拘于情感，深愤其狂悖，及今思之，东方思想界病中根本之说，昭信不诬。缩东方之范围，但就中国立论：西洋学术，何尝不多小误，要不如中国之远离根本，弥漫皆是。在西洋谬义日就减削，伐谬义之真理，日兴不已；在中国则因仍往贯，未见斩除，就令稍有斩除，新误谬又将代兴于无穷。可知中国学术，一切误谬之上，必有基本误谬，为其创造者。凡一切误谬所由生成，实此基本误谬为之潜率，而一切误谬不能日就减削，亦惟此基本误谬为之保持也。今欲起中国学术思想界于较高之境，惟有先除此谬，然后从此基本误谬以生一切误谬，可以“神遇而不以目视”，欲探西洋学术思想界之真域，亦惟有先除此谬，然后有以相容，不致隔越。欲知历来以及现在中国学术思想界之状况何若，亦惟有深察此弊之安在，然后得其实相也。

至于此种误谬，果为何物，非作者之陋所能尽量举答。故就一时觉察所及，说谈数端，与同趣者共商榷焉。

（一）中国学术，以学为单位者至少，以人为单位者转多，前者谓之科学，后者谓之家学；家学者，所以学人，非所以学学也。历来号称学派者，无虑数百：其名其实，皆以人为基本，绝少以学科之分别，而分宗派者。纵有以学科不同，而立宗派，犹是以人为本，以学隶之，未尝以学为本，以人隶之。弟子之于师，私淑者之于前修，必尽其师或前修之所学，求其具体。师所不学，弟子亦不学；师学数科，弟子亦学数科；师学文学，则但就师所习之文学而学之，师外之文学不学也；师学玄学，则但就师所习之玄学而学之，师外之玄学不学也。无论何种学派，数传之后，必至黯然寡色，枯槁以死；诚以人为单位之学术，人存学举，人亡学息，万不能孳衍发展，求其进步。学术所以能致其深微者，端在分疆之清；分疆严明，然后造诣有独至。西洋近代学术，全以科学为单位，苟中国人本其“学人”之心以习之，必若枘凿之不相容也。

（二）中国学人，不认个性之存在，而以为人奴隶为其神圣之天职。每当辩论之会，辄引前代名家之言，以自矜重，以骇庸众，初不顾事理相违，言不相涉。西洋学术发展至今日地位者，全在折中于良心，胸中独制标准；而以妄信古人依附前修为思想界莫大罪恶。中国历来学术思想界之主宰，概与此道相反，治理学则曰“纂承道统”，“辅翼圣哲”；治文学则曰，“惧斯文之将坠，宣风声于不泯”；治朴学则曰，“功莫大于存古”。是其所学之目的，全在理古，理古之外，更无取于开新；全在依人，依人之外，更无许乎独断。于是陈陈相因，非非相衍，谬种流传，于今不沫。现于文学，则以仰纂古人为归宿；现于哲学，则以保持道统为职业；现于伦理，则忠为君奴，孝为亲奴，节为夫奴，亲亲为家族之奴。质而言之，中国学术思想界，不认有小己之存在，不许为个性之发展；但为地下陈死之人多造送葬之“俑”，更广为招致孝子贤孙，勉以“无改于父之道”。取物以譬之，犹之地下之隧宫，亦犹之地上之享庙，阴气森森，毫无生趣；导人于此黑暗世界，欲其自放光明，讵可得耶？

（三）中国学人，不认时间之存在，不察形势之转移。每立一说，必谓行于百世，通于古今。持论不同，望空而谈，思想不宜放之无涯之域。欲言之有当，思之由轨，理宜深察四周之情形，详审时代之关系。与事实好合无间，亲切著明，然后免于漫汗之谈，诏人而信己。故学说愈真实者，所施之范围愈狭，所合之时代愈短。中国学者，专以“被之四海”“放之古今”为贵，殊不知世上不能有此类广被久延之学说，更不知为此学说之人，导人浮浅，贻害无穷也。

（四）中国学人，每不解计学上分工原理（Division of labour），“各思以其道易天下”。殊类学术，皆一群之中，所不可少，交相为用，不容相非。自中国多数学人眼光中观之，惟有己之所肄，卓尔高标，自余艺学，举无足采。宋儒谈伦理，清儒谈名物，以范围言，则不相侵凌，以关系言，则交互为用：宜乎各作各事，不相议讥；而世之号称汉学者，必斥宋学于学术之外，然后快意；为宋学者，反其道以待汉学；一若世上学术，仅此一家，惟此一家可易天下者。分工之理不明、流毒无有际涯。举其荦著者言之：则学人心境，造成褊浅之量，不容殊己，贱视异学。庄子谓之“各思以其道易天下”究之，天下终不可易，而学术从此支离。此一端也。其才气大者，不如生有涯而知无涯，以为举天下之学术，皆吾分内所应知，“一事不知，以为深耻。”所学之范围愈广，所肄之程度愈薄，求与日月合其明，其结果乃不能与爝火争光。清代学者，每有此妄作。惠栋、钱大昕诸人，造诣所及，诚不能泯灭；独其无书不读，无学不肄，真无意识之尤。倘缩其范围，所发明者，必远倍于当日。此又一端也。凡此两者，一褊狭而一庞大，要皆归于无当；不知分工之理，误之诚不浅也。

（五）中国学人，好谈致用，其结果乃至一无所用。学术之用，非必施于有政，然后谓之用，凡所以博物广闻，利用成器，启迪智慧，镕陶德性，学术之真用存焉。中国学人，每以此类之大用为无用，而别求其用于政治之中。举例言之，紬绎封建之理，评其得失，固史学家当务之急，若求封建之行于后世，则谬妄矣。发明古音，亦文学界之要举，若谓“圣人复起，必举今日之音反之醇古”，则不可通矣。历来所谓读书致用，每多此类拘滞之谈。既强执不能用者而用之，其能用者，又无术以用之，亦终归于不能用。盖汗漫之病，深入肌髓，一经论及致用之方，便不剀切，势必流入浮泛。他姑不论，但就政学言之，政学固全在乎致用者。历来谈政之士，多为庞大之词，绝少切时之论；宋之陈同甫、叶水心，清之龚定阉、魏默深，皆大言炎炎，凭空发抒，不问其果能见诸行事否也。今日最不可忽者：第一，宜知学问之用，强半在见于行事，而施于有政者尤希；第二，宜于致用之道，审之周详，勿复汗漫言之，变有用为无用也。

（六）凡治学术，必有用以为学之器；学之得失，惟器之良劣足赖。西洋近世学术，发展至今日地步者，诚以逻辑家言，诣精致远，学术思想界为其率导，乃不流于左道也。名家之学，中土绝少，魏晋以后，全无言者；即当晚周之世，名家当涂，造诣所及，远不能比德于大秦，更无论于近世欧洲。中国学术思想界之沉沦，此其一大原因。举事实以言之：墨家名学“本之于古者圣王之事”。引古人之言以为重，逻辑所不许者。墨子立“辩”，意在信人，而间执反对者之口，故有取于此，立为“第一表”。用于辩论则可，用于求真理之所在，真理或为往古所囿。魏晋以后，印度因明之学入中国，宜乎为中国学术之助矣。然因明主旨，在护法，不在求知。所谓“世间相违”“自杀相违”者，逻辑不以为非，而因明悬为厉禁。旧义不许自破，世间不许相违，执此以求新知识，讵有得者？谈名学者，语焉不精，已至于此，若全不解名学之人，持论之无当，更无论矣。余尝谓中国学者之言，联想多而思想少，想象多而实验少，比喻多而推理少。持论之时，合于三段论法者绝鲜，出之于比喻者转繁。比喻之在中国，自成一种推理方式。如曰“天无二日，民无二王”，前辞为前提，后辞为结论。比喻乃其前提，心中所欲言乃其结论。天之二日，与民之二王，有何关系；说者之心，欲明无二王，而又无术以证之。遂取天之一日，以为譬况；一若民之所以无二王者，为天之无二日故也。此种“比喻代推理”，宜若不出于学者之口，而晚周子家持论，每有似此者。孟子与告子辩“生之为性”，代而取喻于“白羽”“白雪”之“白”，迳执“白”之不为“白”，以断“生”之不为“性”。此其曲折旋转，虽与“天无二日”之直下者不同，而其借成于比喻，并无二道。操此术以为推理之具，终古与逻辑相违，学术思想，更从何道以求发展。后代论玄学者，论文学者，论政治者，以至乎论艺术者，无不远离名学，任意牵合，词穷则断之以联想，而词不可尽；理穷则济之以比喻，而理无际涯。凡操觚之士。洋洋洒洒，动成数千言者，皆应用此类全违名学之具，为其修学致思之术，以成其说，以立其身，以树其名。此真所谓病痫生于心脾，厉气遍于骨髓者。形容其心识思想界，直一不合实际，不成系统，汗漫支离，恍惚窈冥之浑沌体而已。

（七）吾又见中国学术思想界中，实有一种无形而有形之空洞间架，到处应用。在政治上，固此空洞架子也；在学问上，犹此空洞架子也；在文章上，犹此空洞架子也；在宗教上犹此空洞架子也；在艺术上，犹此空洞架子也。于是千篇一面，一同而无不同；惟其到处可合，故无处能切合也。此病所中，重形式而不管精神，有排场不顾实在；中国人所想所行，皆此类矣。

上来所说，中国学术思想界根本上受病诸端，乃一时感觉所及，率而写出，未遑为系统之研究，举一遗万，在所不免。然余有敢于自信者，则此类病痾，确为中国学术界所具有，非余轻薄旧遗，醉心殊学，妄立恶名，以厚诬之者。余尤深察此种病魔之势力，实足以主宰思想界，而主宰之结果，则贻害于无穷。余尝谥中国政治宗教学术文学以恶号，闻者多怒其狂悖，就余良心裁判，虽不免措词稍激，要非全无所谓。请道其谥，兼陈指其恉，则“教皇政治”“方士宗教”“阴阳学术”“偈咒文学”是也。

何谓教皇政治？独夫高居于上，用神秘之幻术，自卫其身，而氓氓者流，还以神秘待之。政治神秘，如一词然，不可分解，曾无人揭迷发覆，破此神秘，任其称天而行，制人行为，兼梏人心理，如教皇然。于是一治一乱，互为因果，相衍于无穷，历史黯然寡色。自秦以还，两千年间，尽可缩为一日也。

何谓方士宗教？中国宗教，原非一宗，然任执一派，无不含有方士（即今之道士）浑沌支离恶浊之气。佛教来自外国，宜于方士不侔。学者所谈，固远非道士之义；而中流以下，社会所信仰之佛教，无不与方士教义相糅，臭味相杂。自普通社会观之，二教固无差别。但存名称之异，自学者断之，同为浑浑噩噩初民之宗教。教义互窃互杂，由来已久。今为之总称，惟有谥为方士之宗教，庶几名实相称也。

何谓阴阳学术？中国历来谈学术者，多含神秘之作用。阴阳消息之语，五行生克之论，不绝于口。举其著者言之，郑玄为汉朝学术之代表，朱熹为宋朝学术之代表，郑氏深受纬书之化，朱氏坚信邵雍之言，自吾党观之，谈学术至京焦虞氏易说，皇极经世，潜虚诸书，可谓一文不值，全同梦呓。而历来学者，每于此大嚼不厌：哲学、伦理、政治（如“五帝德”“三统循环”之说是）、文学（如曾氏古文四象是）及夫一切学术，皆与五行家言，相为杂糅。于是堪舆星命之人，皆被学者儒士之号，而学者亦必用术士之具，以成其学术，以文其浅陋，以自致于无声无臭之境。世固有卓尔自立，不为世风所惑者，而历来相衍，惟阴阳之学术为盛也。

何谓偈咒文学？中国文人，每置文章根本之义于不论，但求之于语言文字之末；又不肯以切合人情之法求之，但出之以吊诡，骈文之晦涩者，声韵神情，更与和尚所诵偈辞咒语，全无分别。为碑志者，末缀四言韵语，为赞颂者亦然。其四言之作法，真可谓与偈辞咒语，异曲同工。又如当今某大名士之文，好为骈体，四字成言，字难意晦，生趣消乏，真偈咒之上选也。吾辈诚不宜执一派之文章，强加恶谥于中国文学；然中国文学中固有此一派，此一派又强有势力，则上荐高号，亦有由矣。（又如孔子、老子、子思，世所谓圣人也，而《易系》《老子》《中庸》，三书文辞浑沌，一字可作数种解法。《易系》《中庸》姑不具论，《老子》之书，使后人每托之以自树义，汉之“黄老”托之，晋之“老庄”托之，方士托之，浮屠亦托以为［化胡］之说，又有全不相干大野氏之子孙，“戏”谥为“元玄皇帝”。此固后人之不是，要亦《老子》之文，恍惚迷离，不可捉摸，有自敢之咎也。）凡此所说，焉能穷丑相于万一。又有心中欲言，口中不能举者；举一反三，可以推知受病之深矣。今试问果以何因受病至此，吾固将答曰，学术思想界中，基本误谬，运用潜行，陷于支离而不觉也。

今日修明中国学术之急务，非收容西洋思想界之精神乎？中国与西人交通以来，中西学术，固交战矣；战争结果，西土学术胜，而中国学术败矣。然惑古之徒，抱残守缺犹如彼，西来艺学，无济于中国又如此，推察其原，然后知中国思想界中，基本误谬，运用潜伏；本此误谬而行之，自与西洋思想扞格不入也。每见不求甚解之人，一方未能脱除中国思想界浑沌之劣质，一方勉强容纳西洋学说，而未能消化。二义相荡，势必至不能自身成统系，但及恍惚迷离之境，未臻亲切著明之域。有所持论，论至中间，即不解所谓，但闻不相联属之西洋人名学名，诘屈聱牙，自其口出，放之至于无穷，而辩论终归于无结果。此其致弊之由，岂非因中国思想界之病根，入于肌髓，牢不可破，浑沌之性，偕之以具成，浮泛之论，因之以生衍。此病不除，无论抱残守缺，全无是处，即托身西洋学术，亦复百无一当。操中国思想界之基本误谬，以研西土近世之科学哲学文学，则西方学理，顿为东方误谬所同化，数年以来，“甚嚣尘上”之政论，无不借重于泰西学者之言，严格衡之，自少数明达积学者外，能解西洋学说真趣者几希。是其所思所言，与其所以腾诸简墨者，犹是帖括之遗腔，策论之思想，质而言之，犹是笼统之旧脑筋也。此笼统旧脑筋者，若干基本误谬活动之结果；凡此基本误谬，造成中国思想界之所以为中国思想界者也，亦所以区别中国思想界与西洋思想界者也。惟此基本误谬为中国思想界不良之特质，又为最有势力之特质，则欲澄清中国思想界，宜自去此基本误谬始。且惟此基本误谬分别中西思想界之根本精神，则欲收容西洋学术思想以为我用，宜先去此基本误谬，然后有以不相左耳。

（选自《傅斯年选集》）

历史语言研究所工作之旨趣

傅斯年

一

历史学和语言学在欧洲都是很近才发达的。历史学不是著史；著史每多多少少带点古世中世的意味，且每取伦理家的手段，作文章家的本事。近代的历史学只是史料学，利用自然科学供给我们的一切工具，整理一切可逢着的史料，所以近代史学所达到的范域，自地质学以至目下新闻纸，而史学外的达尔文论，正是历史方法之大成。欧洲近代的语言学，在梵文的发现影响了两种古典语学以后才降生，正当十八、十九世纪之交。经几个大家的手，印度日耳曼系的语言学已经成了近代学问最光荣的成就之一个，别个如赛米的系、芬匈系，也都有相当的成就，即在印度支那语系也有有意味的揣测。十九世纪下半叶的人们又注意到些个和欧洲语言全不相同的语言，如黑人的话等等，"审音之功"更大进步，成就了甚细密的实验语音学。而一语里面方言研究之发达，更使学者知道语言流变的因缘，所以以前比较言语学尚不过是和动物植物分类学或比较解剖学在一列的，最近一世语言学所达到的地步，已经是生物发生学、环境学、生理学了。无论综比的系族语学，如印度日耳曼族语学等等，或各种的专语学，如日耳曼语学、芬兰语学、伊斯兰语学等，在现在都成大国。本来语言即是思想，一个民族的语言即是这一个民族精神上的富有，所以语言学是一个大题目，而直到现在的语言学的成就也很能副这一个大题目。在历史学和语言学发达甚后的欧洲是如此，难道在这些学问发达甚早的中国，必须看着他荒废，我们不能制造别人的原料，便是自己的原料也让别人制造吗？

论到语言学和历史学在中国的发达是很引人寻思的。西历纪元前两世纪的司马迁，能那样子传信存疑以别史料，能作八书，能排比列国的纪年，能有若干观念比十九世纪的大名家还近代些。北宋的欧阳修一面修《五代史》，纯粹不是客观的史学，一面却作《集古录》，下手研究直接材料，是近代史学的真功夫。北南宋的人虽然有欧阳修的《五代史》，朱熹的《纲目》，是代表中世古世的思想的，但如司马光作《通鉴》，“遍阅旧史，旁采小说”，他和刘攽、刘恕、范祖禹诸人都能利用无限的史料，考定旧记，凡《通鉴》和所谓正史不同的地方，每多是详细考定的结果。可惜《长篇》不存在，我们不得详细看他们的方法，然尚有《通鉴考异》说明史料的异同。宋朝晚年一切史料的利用，及考定辨疑的精审，有些很使人更惊异的。照这样进化到明朝，应可以有当代欧洲的局面了，不幸胡元之乱，明朝人之浮夸，不特不进步，或者退步了。明清之交，浙东的史学派又发了一个好端涯，但康熙以后渐渐的熄灭，无论官书和私著，都未见得开新趋向，这乃由于外族政府最忌真史学发达之故。言语学中，中国虽然没有普日尼，但中国语本不使中国出普日尼，而中国文字也出了《说文解字》，这书虽然现在看来只是一部没有时代观念，不自知说何文解何字的系统哲学，但当年总是金声玉振的书，何况还有认识方言的辅轩使者？古代的故事且少论，论近代：顾炎武搜求直接的史料订史文，以因时因地的音变观念为语学，阎若璩以实在地理订古记载，以一切比核辨证伪孔，不注经而提出经的题目，并解决了他，不著史而成就了可以永远为法式的辨史料法。亭林、百诗这样对付历史学和语言学，是最近代的：这样立足便是不朽的遗训。不幸三百年前虽然已经成就了这样近代的一个遗训，一百多年前更有了循这遗训的形迹而出的好成就，而到了现在，除零零星星几个例外以外，不特不因和西洋人接触，能够借用新工具，扩张新材料，反要坐看修元史修清史的做那样官样形式文章，又坐看章炳麟君一流人尸学问上的大权威。章氏在文字学以外是个文人，在文字学以内做了一部《文始》，一步倒退过孙诒让，再步倒退过吴大澂，三步倒退过阮元，不特自己不能用新材料，即是别人已经开头用了的新材料，他还抹杀着。至于那部《新方言》，东西南北的猜去，何尝寻扬雄就一字因地变异作观察？这么竟倒退过两千多年了。

推绎说去，为什么在中国的历史学和语言学开了一个好的端绪以后，不能随时发展，到了现在这样落后呢？这原故本来显然，我们可以把一句很平实的话作一个很概括的标准。（一）凡能直接研究材料，便进步。凡间接的研究前人所研究或前人所创造之系统，而不繁丰细密的参照所包含的事实，便退步。上项正是所谓科学的研究，下项正是所谓书院学究的研究。在自然科学是这样，在语言学和历史学亦何尝不然？举例说，以《说文》为本体，为究竟，去作研究的文字学，是书院学究的作为。仅以《说文》为材料之一种，能充量的辨别着去用一切材料，如金文、甲骨文等，因而成就的文字学，乃是科学的研究。照着司马子长的旧公式，去写纪表书传，是化石的史学。能利用各地各时的直接材料，大如地方志书，小如私人的日记，远如石器时代的发掘，近如某个洋行的贸易册，去把史事无论巨者或细者，单者或综合者，条理出来，是科学的本事。科学研究中的题目是事实之汇集，因事实之研究而更产生别个题目。所以有些从前世传来的题目经过若干时期，不是被解决了，乃是被解散了，因为新的事实证明了旧来问题不成问题，这样的问题不管他困了多少年的学者，一经为后来发现的事实所不许之后，自然失了他的成为问题的地位。破坏了遗传的问题，解决了事实逼出来的问题，这学问自然进步。譬如两部《皇清经解》，其中的问题是很多的，如果我们这些以外不再成题目，这些以内不肯捐弃任何题目，自然这学问是静止的，是不进步的。一种学问中的题目能够新陈代谢，则所得结果可以层层堆积上去，即使年代久远，堆积众多，究竟不觉得累赘，还可以到处出来新路，例如很发达的天文、物理、化学、生物等科目；如果永远盘桓于传留的问题，旧题不下世，新题不出生，则结果只是旋风舞而已，例如中国的所谓经学中甚多题目，如西洋的哲学。所以中国各地零零碎碎致力于历史或语言学范围内事的人也本不少，还有些所谓整理国故的工作，不过每每因为所持住的一些题目不在关键中，换言之，无后世的题目，或者是自缚的题目，遂至于这些学问不见奔驰的发展，只表昏黄的残缺。（二）凡一种学问能扩张他所研究的材料便进步，不能的便退步。西洋人研究中国或牵连中国的事物，本来没有很多的成绩，因为他们读中国书不能亲切，认中国事实不能严辨，所以关于一切文字审求，文籍考订，史事辨别，等等，在他们永远一筹莫展，但他们却有些地方比我们范围来得宽些。我们中国人多是不会解决史籍上的四裔问题的，丁谦君的《诸史外国传考证》远不如沙万君之译外国传，玉连之解《大唐西域记》，高几耶之注《马哥博罗游记》，米勒之发读回纥文书，这都不是中国人现在已经办到的。凡中国人所忽略，如匈奴、鲜卑、突厥、回纥、契丹、女真、蒙古、满洲等问题，在欧洲人却施格外的注意。说句笑话，假如中国学是汉学，为此学者是汉学家，则西洋人治这些匈奴以来的问题岂不是虏学，治这学者岂不是虏学家吗？然而也许汉学之发达有些地方正借重虏学呢！又如最有趣的一些材料，如神祇崇拜、歌谣、民俗，各地各时雕刻文式之差别，中国人把他们忽略了千百年，还是欧洲人开头为有规模的注意。零星注意中国向来有的。西洋人作学问不是去读书，是动手动脚到处寻找新材料，随时扩大旧范围，所以这学问才有四方的发展，向上的增高。中国文字学之进步，正因为《说文》之研究消灭了汗简，阮、吴诸人金文之研究识破了《说文》，近年孙诒让、王国维等之殷文研究更能继续金文之研究。材料愈扩充，学问愈进步，利用了档案，然后可以订史，利用了别国的记载，然后可以考四裔史事。在中国史学的盛时，材料用得还是广的，地方上求材料，刻文上抄材料，档库中出材料，传说中辨材料。到了现在，不特不能去扩张材料，去学曹操设“发冢校尉”，求出一部古史于地下遗物，就是“自然”送给我们的出土的物事，以及敦煌石藏，内阁档案，还由他毁坏了好多，剩下的流传海外，京师图书馆所存摩尼经典等等良籍，还复任其搁置，一面则谈整理国故者人多如鲫，这样焉能进步。（三）凡一种学问能扩充他作研究时应用的工具的，则进步？不能的，则退步。实验学家之相竟如斗宝一般，不得其器，不成其事，语言学和历史学亦复如此。中国历来的音韵学者审不了音，所以把一部《切韵》始终弄不甚明白，一切古音研究仅仅以统计的方法分类，因为几个字的牵连，使得分类上各家不同，即令这些分类有的对了，也不过能举其数，不能举其实，知其然不知其所以然。如钱大昕论轻唇、舌上古来无之，乃自重唇舌头出，此言全是，然何以重唇分出一类为轻唇，舌头分出一类为舌上，竟不是全部的变迁，这层道理非现在审音的人不能明白，钱君固说不出。若把一个熟习语音学的人和这样一个无工具的研究者比长短，是没法子竞争的。又如解释隋唐音，西洋人之知道梵音的，自然按照译名容易下手，在中国人本没有这个工具，又没有法子。又如西藏、缅甸、暹罗等语，实在和汉语出于一语族，将来以比较言语学的方法来建设中国古代言语学，取资于这些语言中的印证处至多，没有这些工具不能成这些学问。又如现代的历史学研究已经成了一个各种科学的方法之汇集。地质、地理、考古、生物、气象、天文等学，无一不供给研究历史问题者之工具。顾亭林研究历史事迹时自己观察地形，这意思虽然至好，但如果他能有我们现在可以向西洋人借来的一切自然科学的工具，成绩岂不更卓越呢？若干历史学的问题非有自然科学之资助无从下手，无从解决。譬如《春秋经》是不是终于获麟，《左氏经》后一段是不是刘歆所造补，我们正可以算算哀公十四年之日食是不是对的，如不对，自然是伪作，如对了，自然是和获麟前春秋文同出史所记。又譬如我们要掘地去，没有科学资助的人一铲子下去，损坏了无数古事物，且正不知掘准了没有，如果先有几种必要科学的训练，可以一层一层的自然发现，不特得宝，并且得知当年入土的踪迹，这每每比所得物更是重大的智识。所以古史学在现在之需用测量本领及地质气象常识，并不少于航海家。中国史学者先没有这些工具，哪能使得史学进步？无非靠天帮忙，这里那里现些出土物，又靠西洋人的腿，然而却又不一定是他们的脑袋，找到些新材料而已。整理自己的物事的工具尚不够，更说不上整理别人的物事，如希拉（希腊）艺术如何影响中国佛教艺术，中央亚细亚的文化成分如何影响到中国的物事，中国文化成分如何由安西西去，等等，西洋的东方学者之拿手好戏，日本近年也有竟敢去干的，中国人目前只好拱手谢之而已。

由上列的三项看来，除几个例外算，近几世中中国语言学和历史学实不大进步，其所以如此，自是必然的事实。在中国的语言学和历史学当年之有光荣的历史，正因为能开拓的用材料，后来之衰歇，正因为题目固定了，材料不大扩充了，工具不添新的了。不过在中国境内语言学和历史学的材料是最多的，欧洲人求之尚难得，我们却坐看他毁坏亡失。我们着实不满这个状态，着实不服气，就是物质的原料以外，即便学问的原料，也被欧洲人搬了去乃至偷了去。我们很想借几个不陈的工具，处置些新获见的材料，所以才有这历史语言研究所之设置。

我们宗旨第一条是保持亭林、百诗的遗训。这不是因为我们震慑于大权威，也不是因为我们发什么“怀古之幽情”，正因为我们觉得亭林、百诗在很早的时代已经使用最近代的手段，他们的历史学和语言学都是照着材料的分量出货物的。他们搜寻金石刻文以考证史事，亲看地势以察古地名。亭林以语言按照时和地变迁的这一个观念看得颇清楚，百诗于文籍考订上成那么一个伟大的模范著作，都是能利用旧的新的材料，客观处理实在问题，因解决之问题更生新问题，因问题之解决更要求多项的材料。这种精神在语言学和历史学里是必要的，是充足的。本这精神，因行动扩充材料，因时代扩充工具，便是唯一的正当路径。

宗旨第二条是扩张研究的材料。

第三条是扩张研究的工具。这两层的理由上文中已叙说，不再重复了。这三件实在是一句话，没有客观处理史学或语言学的题目之精神，即所谓亭林、百诗的遗训者，是不感觉着扩充材料之必要，且正也扩充不了，若不扩张工具，也不能实现这精神，处置这材料。

关于我们宗旨的负面还有几句话要说：

（一）我们反对“国故”一个观念。如果我们所去研究的材料多半是在中国的，这并不是由于我们专要研究“国”的东西，乃是因为在中国的材料到我们的手中方便些，因为我们前前后后对于这些材料或已经有了些研究，以后堆积上研究去方便些，好比在中国的地质或地理研究所所致力的，总多是些中国地质地理问题；在中国的生物研究所所致力的，总多是些中国生物问题；在中国的气象研究所所致力的，总是些中国各地气象观察。世界中无论哪一种历史学或哪一种语言学，要想做科学的研究，只得用同一的方法，所以这学问断不以国别成逻辑的分别，不过是因地域的方便成分工。国故本来即是国粹，不过说来客气一点儿，而所谓国学院也恐怕是一个改良的存古学堂。原来“国学”“中国学”等等名词，说来都甚不详，西洋人造了支那学“新诺逻辑”一个名词，本是和埃及脱逻辑亚西里亚逻辑同等看的，难道我们自己也要如此看吗？果然中国还有将来，为什么算学、天文、物理、化学等等不都成了国学，为什么国学之下都仅仅是些言语、历史、民俗等题目？且这名词还不通达，取所谓国学的大题目在语言学或历史学的范围中的而论，因为求这些题目之解决与推进，如我们上文所叙的，扩充材料，扩充工具，势必至于弄到不国了，或不故了，或且不国不故了。这层并不是名词的争执，实在是精神的差异的表显。（二）我们反对疏通，我们只是要把材料整理好，则事实自然显明了。一分材料出一分货，十分材料出十分货，没有材料便不出货。两件事实之间，隔着一大段，把我们联络起来的一切涉想，自然有些也是多多少少可以容许的，但推论是危险的事，以假设可能为当然是不诚信的事。所以我们存而不补，这是我们对于材料的态度；我们证而不疏，这是我们处置材料的手段。材料之内使他发现无遗，材料之外我们一点也不越过去说。果然我们同人中也有些在别处发挥历史哲学或语言泛想，这些都仅可以当作私人的事，不是研究所的工作。（三）我们不做或者反对所谓普及哪一行中的工作。近百年中，拉丁文和希腊文在欧洲一般教育中之退步，和他们在学问上之进步，恰恰成正比例，我们希望在中国也是如此。现在中国希望制造一个新将来，取用材料自然最重要的是欧美的物质文明，即物质以外的东西也应该取精神于未衰败的外国。历史学和语言学之发达自然于教育上也有相当的关系，但这都不见得即是什么经国之大业不朽之盛事，只要有十几个书院的学究肯把他们的一生消耗到这些不生利的事物上，也就足以点缀国家之崇尚学术了——这一行的学术。这个反正没有一般的用处，自然用不着去引诱别人也好这个。如果一旦引了，不特有时免不了致人于无用，且爱好的主观过于我们的人进来时，带进了些乌烟瘴气，又怎么办？

这个历史语言研究所本是大学院院长蔡先生委托在广州的三人筹备的，现在正计划和接洽应举的事，已有些条随着人的所在小小动手，却还没有把研究所的大体设定。稍过些时，北伐定功，破虏收京之后，这研究所的所在或者一部分在广州一部分在北京，位置的方便供给我们许多工作进行的方便。我们最要注意的是求新材料。第一步想沿京汉路，安阳至易州，安阳殷墟以前盗出之物并非彻底发掘，易州、邯郸又是燕赵故都，这一带又是卫邶故域。这些地方我们既颇知其富有，又容易达到的，现在已着手调查及布置，河南军事少静止，便结队前去。第二步是洛阳一带，将来一步一步地西去，到中央亚细亚各地，就脱了纯中国材料之范围了。为这一些工作及随时搜集之方便，我们想在洛阳或西安、敦煌或吐鲁番、疏勒，设几个工作站，“有志者事竟成”！因为广州的地理位置，我们将要设置的研究所要有一半在广州。在广州的四方是最富于语言学和人类学的材料，汉语将来之大成全靠各种方言之研究，广东省内及邻省有很多种的方言，可以每种每种的细细研究，并制定表式，用语音学帮助，作比较的调查。至于人类学的材料，则汉族以外还有几个小民族，汉族以内，有几个不同的式和部居，这些最可宝贵的材料怕要渐渐以开化和交通的缘故而消灭，我们想赶紧着手采集。我们又希望数年以后能在广州发达南洋学：南洋之富于地质生物的材料，是早已著名的了；南洋之富于人类学材料，现在已渐渐为人公认。南洋学应该是中国人的学问，因为南洋在一切意义上是“汉广”。总而言之，我们不是读书的人，我们只是上穷碧落下黄泉，动手动脚找东西！

现因我们研究所之要求及同人之祈向，想次第在两年以内设立下列各组：各组之旨趣及计划，以后分别刊印。

（一）文籍考订；

（二）史料征集；

（三）考古；

（四）人类及民物；

（五）比较艺术。

以上历史范围。

（六）汉语；

（七）西南语；

（八）中央亚细亚语；

（九）语言学。

以上语言范围。

历史学和语言学发展到现在，已经不容易由个人作孤立的研究了，他既靠图书馆或学会供给他材料，靠团体为他寻材料，并且须得在一个研究的环境中，才能大家互相补其所不能，互相引会，互相订正，于是乎孤立的制作渐渐的难，渐渐的无意谓，集众的工作渐渐的成一切工作的样式了。这集众的工作中有的不过是几个人就一题目之合作，有的可就是有规模的系统研究。无论范围大小，只要其中步步都是做研究工夫的，便不会流成“官书”的无聊。所有这些集众工作的题目及附带的计划，后来随时布白。希望社会上欣赏这些问题，并同情这样工作的人多多加以助力！果然我们动手动脚得有结果，因而更改了“读书就是学问”的风气，虽然比不得自然科学上的贡献较为有益于民生国计，也或者可以免于妄自生事之讥诮罢！我们高呼：

（一）把些传统的或自造的“仁义礼智”和其他主观，同历史学和语言学混在一气的人，绝对不是我们的同志！

（二）要把历史学语言学建设得和生物学、地质学等同样，乃是我们的同志！

（三）我们要科学的东方学之正统在中国！

（选自《傅斯年全集》第三卷）

五四运动的历史法则

闻一多

大家都知道，近百年来，中国社会是处于一种半封建半殖民地性的状态中。封建的主人地主官僚与殖民国的主人帝国主义，这两个势力之能够同时并存在于我们这里，已经说明了它们之间的一种奇异的关系，一种相反而又相成，相克而又相生的矛盾关系。在剥削人民的共同目的上，它们利害相同，所以能够互相结合，互相维护。同时分赃不匀又使它们利害冲突而不能不互相龃龉。然而它们却不能决裂。因为，它们知道，假如帝国主义独占了中国，任凭它的武器如何锋利，民族的仇恨会梗塞着它的喉头，使它不能下咽，假如封建势力垄断了中国，那又只有加深它自己的崩溃，以致在人民革命势力之前，加速它自己的灭亡。总之，被压迫被榨取的，究竟是“人”，而人是有反抗性的，反抗而团结起来，便是力量，不是民族的力量，便是民主的力量，这些对于帝国主义或封建势力，都是很讨厌的东西。于是它们想好分工合作，让地主官僚出面执行榨取的任务，以缓和民族仇恨。（这是帝国主义借刀杀人！）让帝国主义一手把着枪炮，一手提着钱袋，站在背后保镖，以软化民主势力。（这是地主官僚狗仗人势！）它们是聪明的，因为，虽然它们的欲壑有着垄断性与排他性，它们却都愿意极力克制这些，彼此互相包容，互相照顾，互相妥协，而相安于一种近乎均势的状态中。果然，愈是这样，它们的寿命愈长，那就是说，惟其是半封建半殖民地，中国人民的解放才愈难实现。

可是，帝国主义和封建势力的寿命偏是不能长，而中国人民毕竟非解放不可！基于资本主义国家间内在的矛盾，帝国主义对中国的威力大大的受了制约，矛盾尖锐化到某种程度，使它们自相火拼起来，资本主义就得暂时退出中国。资本主义退出了中国，人民的对手便由两个变成一个，这便好办了，只要能让人民和封建势力以一比一的力量来决斗，最后胜利定属于人民。我说最后胜利，因为一上来，封建势力凭了它那优势的据点和优势的武器，确乎来势汹汹，几乎有全盘胜利的把握。但它究竟是过了时的乏货，内部的腐化将逼得它最后必需将据点放弃，武器交出，而归于失败。五四运动及其前前后后，便是这个历史事实的具体说明。

一九一四年以前，活动于中国这个政治经济战场上的，是一种三角斗争，包括（一）各个字号的帝国主义，（二）以袁世凯为中心的封建残余势力，以及（三）代表人民力量的市民层民主革命的两股潜伏势力，（甲）国民党政治集团，（乙）北京大学文化集团。那时三个力量中，帝国主义势焰最大，封建势力仅次于帝国主义，政治上代表人民愿望的国民党，几乎是在苟延残喘的状态中保持着一线生机，至于作为后来文化革命据点的北京大学，在政治意义上，更是无足轻重。但等一九一四年欧洲诸帝国主义国家内在的矛盾尖锐化到不能不爆发为第一次世界大战，中国的情形便大变了。欧洲列强，不论是协约国或同盟国，为着忙于上前线进攻，或在后方防守，忽然都退出了，中国社会的本质，便立时由半封建半殖民地，变为约当于百分之九十的封建，百分之十的殖民地（这百分之十的主人，不用说，主是日本），于是袁世凯和他的集团忽然交了红运，可是袁世凯的红运实在短得可怜，而他的余孽，北洋军阀的红运也不太长。真正走红运的倒是人民，你不记得仅仅距袁氏称帝后四年，督军解散国会和张勋复辟后两年，向封建势力突击的文化大进军——五四运动便出现了吗？从此中国土地上便不断地涌着波澜日益壮阔的民主怒潮，终于使国民革命军北伐成功，北洋军阀彻底崩溃。这时人民力量不但铲除了军阀，还给刚从欧洲抽身回来的帝国主义吃了不少眼前亏。请注意：帝国主义突然退出，封建势力马上抬头，跟着人民的力量就将它一把抓住，经过一番苦斗，终于将它打倒——这一历史公式，特别在今天，是值得我们深深玩味的！

谁说历史不会重演？虽然在细节上，今天的“五四”不同于二十六年前的“五四”，可是在主要成分上，两个时代几乎完全是一样的。第二次世界大战爆发，欧洲帝国主义退出，于是中国半殖民地的色彩取消了，半封建便一变而为全封建，（请在复古空气和某种隆重礼物的进献中注意筹安会的鬼，还有这群鬼群后的袁世凯的鬼！）现在封建势力正在嚣张的时候，可是人民也并没有闲着，代表人民愿望，发挥人民精神，唤醒人民力量的政治、文化种种集团也都不缺少，满天乌云，高耸的树梢上已在沙沙发响，近了更近了，暴风雨已经来到，一场苦斗是不能避免的。至于最后的胜利，放心吧——有历史给你做保证。

历史重演，而又不完全重演。从二十六年前的“五四”，到今天，恰是螺旋式的进展了一周。一切都进步了。今天帝国主义的退出，除了实际活动力量与机构的撤退，还有不平等条约的取消，中国人卖身契的撕毁。这回帝国主义的退出是正式的，至少在法律上，名义上是绝对的，中国第一次，坐上了“列强”的交椅。帝国主义进一步的撤退，是促使或放纵封建势力进一步的伸张的因素，所以随着帝国主义的进步，封建势力也进步了。战争本应使一个国家更加坚强，中国却愈战愈腐化，这是什么缘故？原来腐化便是封建势力的同义语，不是战争，而是封建余毒腐化了中国。今天政治、经济、社会、文化的腐化方面，比二十六年前更变本加厉，是公认的事实。时髦的招牌和近代化的技术，并不能掩饰这些事实。反之，都是加深腐化的有力工具和保育毒菌的理想温度。然而封建势力的进步，必然带来人民力量的进步，这可分四方面讲。（一）西南大后方市民阶层的民主运动。这无论在认识上、组织上或进行方法上，比起五四时都进步多了，详情此地不能讨论。（二）敌后的民主中国。这个民主的大本营，论成绩和实力，远非五四时代以来所能比拟，是人人都知道的。（三）封建势力内部的醒觉分子。这部分民主势力，现在还在潜伏期中，一旦爆发，它的作用必然很大。这是五四时代几乎完全没有过的一种势力，今天在昆明，它尤其被一般人所忽略。以上三种力量都是自觉的，另有一种不自觉的，但也许比前三者更强大的力量，那便是（四）大后方水深火热中的农民。虽然他们不懂什么是民主，但是谁逼得他们活不下去，他们是懂得的。五四时代，因帝国主义退出，中国民族工业得以暂时繁荣，一般说来，人民的生活是走上坡路的。今天的情形，不用说，和那里正相反。这情形是政治腐化的结果，而政治腐化的责任，正如上文所说，是不能推在抗战身上的。半个民主的中国不也在抗战吗？而且抗战得更多，人民却不饿饭。（还不要忘记那本是中国最贫瘠的区域之一。）原来抗战中我们这大后方，是被人利用了，当作少数人吸血的工具利用了。黑幕已经开始揭露，血债早晚是要还清的，到那时，你自会认识这股力量是如何的强大。

帝国主义的进步，封建势力的进步，结果都只为人民的进步造了机会，为人民的胜利造了机会。不管道路如何曲折，最后胜利永远是属于人民的，二十六年前如此，今天也如此。在“五四”的镜子里，我们看出了历史的法则。

（选自《闻一多代表作》）

论史实之选择与综合

张荫麟

一、史实的选择标准

历史研究有两种。在一种的历史研究里，我们可以把研究范围以内的史实，细大不捐，应有尽有的收入叙述里；我们自患所知之少，不患所知之多。这种研究也许是范围狭窄，本来所容的史实不多；也许是范围虽广，而见存史料贫乏。在这种研究里，没有史实选择的问题。但在另一种的历史研究里，我们的对象是一个广大的史实的库藏，也许穷个人一生之力亦不能把它的内容完全登记。即使它的内容完全被登记，也没人愿意把这记录一读。即便有人愿意把这记录一读，也苦于目迷五色，茫无头绪。在这种情形之下，史家在叙述里必须把所知道的史实大加省略。他所省略的，也许要比他所采取的多几百千倍。从过去史家的著作看来，这种去取似乎没有什么客观的标准。没有两个史家对于同一历史范围之选择的叙述在题材上会有大致的符合。所谓“笔则笔，削则削，游夏不能赞一词”；所谓“成一家之言”；至少有一部分是表示这事实。无怪佛禄德（Freude，十九世纪英国史家）把历史比于西文的缀字片，可以任随人意，拼成他所喜欢的字了。但我们不能以这样情形为满足。我们无法可以使两个以上史家，对于同一历史范围的选择的叙述去取全同，如自一模铸出，除是他们互相抄袭。但我们似乎应当有一种标准，可以判断两种对象相同而去取不同的历史叙述，孰为合当，孰为高下。这标准是什么呢？

读者对于此也许会想到一个现成的答案。韩愈不早就说过“记事者必提其要”吗？最能提要的历史叙述，最能按照史事的重要程度以为详略的历史叙述，就是选材最合当。“笔削”的标准就在史事的重要性。但这答案只把问题藏在习熟的字眼里，并没有真正解决问题。什么是史事的重要性？这问题殊不见得比前一问题更为浅易。须知一事物的重要性或不重要性，并不是一种绝对的情实，摆在该事物的面上，或蕴在该事物的内中，可以仅就该事物的本身检察或分析而知的。一事物的重要性或不重要性，乃相对于一特定的标准而言。什么是判别重要程度的标准呢？

“重要”这一概念，本来不只应用于史事上，但我们现在只谈史事的重要性，只探究判别史事的重要程度的标准。“重要”一词，无论应用于日常生活上，或史事的比较上，都不是“意义单纯”的，有时作一种意义，有时作别一种意义。因为无论在日常生活上，或史事的比较上，我们判别重要程度的标准都不是唯一无二的。我们有时用这标准，有时用那标准，而标准的转换我们并不一定自觉。唯其如此，所以“重要”的意义甚为模糊不清。在史事的比较上，我们用以判别重要程度的，可以有六种不同的标准。这六种标准并不是作者新创出来的，乃是过去一切历史家部分地、不加批判地甚至不自觉地，却从没有严格地、系统地采用的。现在要把它们列举出来，加以考验。

第一种标准可以叫做“新异性的标准”。每一件历史的事情，都在时间和空间里占一特殊的位置。这可以叫做“时空位置的特殊性”。此外它容有若干品质，或所具若干品质的程度，为其他任何事情所无。这可以叫做“内容的特殊性”。假如一切历史的事情，只有时空位置的特殊性，而无内容的特殊性，或其内容的特殊性微少到可忽略的程度，那么，社会里根本没有“新闻”，历史只是一种或若干种量状的永远持续或循环，我们从任何历史的“横剖面”可以推知其他任何历史的“横剖面”。一个社会的历史假若是如此，则它只能有孔德所谓“社会静力学”，而不能有他所谓“社会动力学”；那么，它根本不需要有写的历史，它的“社会静力学”就可以代替写的历史。现存许多原始民族的历史虽不是完全如此，也近于如此，所以它们的历史没有多少可记。我们之所以需有写的历史，正因为我们的历史绝不是如此，正因为我们的史事富于“内容的特殊性”，换言之，即富于“新异性”。众史事所具“内容的特殊性”的程度不一，换言之，即所具“新异性”的程度不一。我们判断史事的重要性的标准之一即是史事的“新异性”。按照这标准，史事愈新异，则愈重要。这无疑地是我们有时自觉地或不自觉地所采用的标准之一。关于这标准有五点须注意。第一，有些史事在当时是富于新异性的，但后来甚相类似的事接叠而生，那么，在后来，这类事便减去新异性，但这类事的始例并不因此就减去新异性。第二,一类的事情若为例甚稀，它的后例仍不失其新异性，虽然后例的新异性程度不及始例。第三，新异性乃是相对于一特殊的历史范围而定。同一事情对于一民族或一地域的历史而言，或对于全人类的历史而言，其新异的程度可以不同。例如十四世纪欧洲人之应用罗盘针于航海，此事对于人类史而言的新异程度，远不如其对于欧洲而言的新异程度。因为在十二世纪中国人早已应用罗盘针于航海了。第四，新异性乃是相对我们的历史智识而言。也许有的史事本来新异的程度很低，但它的先例的存在为我们所不知，因而在我们看来，它的新异程度是很高的。所以我们对于史事之新异性的见解，随着我们的历史智识的进步而改变。第五，历史不是一盘散沙，众史事不是分立无连的；我们不仅要注意单件的史事，并且要注意众史事所构成的全体；我们不仅要注意社会之局部的新异，并且要注意社会之全部的新异；我们不仅要注意新异程度的高下，并且要注意新异范围的大小。新异性不仅有“深浓的度量”，并且有“广袤的度量”。设如有两项历史的实在，其新异性之“深浓的度量”可相颉颃，而其“广袤的度量”相悬殊，则“广袤的度量”大者，比小者更为重要。

第二种标准可以叫做“决定性的标准”。我们得承认历史里有因果的关系，有甲事决定乙事、丙事、丁事……的事实；姑不论所谓“因果”、所谓“决定”的正确解释如何，按照这标准，史事的决定性愈大，换言之，即其所决定的别些史事所占的时空范围愈大，则愈重要。决定性的大小，也是相对于一特定的历史范围而言，对于某一历史范围是决定性最大的，对于另一更广的历史范围，也许不是决定性最大的。

假如我们的历史兴趣完全是基于对过去的好奇心，那么，“新异性的标准”和“决定性的标准”也就够了。但事实上我们的历史兴趣不仅发自对过去的好奇心，所以我们还有别的标准。

第三种标准可以叫做“实效（Practical Effect）的标准”。这个名词不很妥当，姑暂用之。史事所直接牵涉和间接影响于人群的苦乐者，有大小之不同。按照这标准，史事之直接牵涉和间接影响于人群的苦乐愈大，则愈重要。我们之所以有这标准，因为我们的天性，使得我们不仅关切于现在人群的苦乐，并且关怀于过去人群的苦乐。我们不能设想今后史家会放弃这种标准。

第四种标准可以叫做“文化价值的标准”。所谓文化价值即是真与美的价值。按照这种标准，文化价值愈高的事物愈重要。我们写思想史、文学史或美术史的时候，详于灼见的思想而略于妄诞的思想，详于精粹的作品而略于恶劣的作品（除了用作形式的例示外），至少有大部分理由是依据这标准。假如只用“新异性的标准”，则灼见的思想和妄诞的思想，精粹的作品和恶劣的作品，可以有同等的新异性，也即可以有同等的重要性，而史家无理由为之轩轾。但事实并不如此。文化价值的观念，每随时代而改变，故此这标准也每随时代而改变。有些关于文化价值的比较判断（如有些哲学见解的真妄，有些艺术作品的高下），至今还不能有定论，史家于此可有见仁见智之异。

第五种标准可以叫做“训诲功用的标准”。所谓训诲功用有两种意义：一是完善的模范；二是成败得失的鉴戒。按照这标准，训诲功用愈大的史事愈重要。旧日史家大抵以此标准为主要的标准。近代史家的趋势，是在理论上要把这标准放弃。虽然在事实上未必能彻底做到。依作者的意见，这标准在史学里是要被放弃的。所以要放弃它，不是因为历史不能有训诲的功用，也不是因为历史的训诲功用无注意的价值，而是因为学术分工的需要。例如历史中的战事对于战略与战术的教训，可属于军事学的范围。历史人物之成功与失败的教训，可属于应用社会学中的“领袖学”的范围。

第六种标准可以叫做“现状渊源的标准”。我们的历史兴趣之一，是要了解现状，是要追溯现状的由来。众史事和现状之“发生学的关系”有深浅之不同，至少就我们所知是如此。按照这标准，史事和现状的“发生学的关系”愈深，愈有助于现状的解释，则愈重要。大概地说，愈近的历史和现状的“发生学的关系”愈深，故近今史家每以详近略远为旨。然此事亦未可一概而论。历史的线索有沉而复浮的，历史的潮流有隐而复显的，随着社会当前的使命、问题和困难的改变，远古而久被遗忘的史迹，每复活于人们的心中。

以上的六种标准，除了第五种外，皆是今后作选择的历史叙述的人所当自觉地、严格地、系统地采用的。不过它们的应用，远不若它们的列举的容易。五面俱顾的轻重的比较，已是一样繁难的事。而且这五种尺度都不是有明显的分寸可以机械的辨别的。再者，要轻重的权衡臻于至当，必须熟习整个历史范围的事实。而就有些历史范围而论，这一点会不是个人一生的力量所能做得到的。所以对于有些历史范围，没一种选择的叙述能说最后的话，所以有些选择的历史叙述的工作，永远是一种冒险。

二、史实的综合

其次，我们对于任何通史的对象的知识都是一片段一片段地积累起来的。怎样把先后所得的许多片段构成一个秩序，这是通史家所碰到的第二个大问题。自然这里所谓秩序，不能是我们随意想出的秩序，而必须是历史里本有的秩序。那么历史里本有些什么秩序呢?

最原始的历史秩序乃是时间的秩序。所谓时间的秩序就是史事发生的先后。采用这秩序就是把史事按发生的先后来排列。最原始之综合的历史记载，都是单纯地采用这秩序的，都是编年排月的，都是所谓“春秋”。自然，以时间秩序为纲领的历史记载，不一定要编年排月。第一，因为有些史实的年月日，已不可考。第二，因为有些史实的年月，我们不感兴趣。第三，有些史实的时间位置是不能以年月日来定的，例如典章制度。这种秩序的要素在时间的先后而不在时间的细密的度数。

时间的秩序可分为两种：一、单纯的；二、复合的。复合的时间秩序又可分为两种。第一是以时间为经而以史事之地域的分布为纬的，这可称为分区的时间秩序。第二是以时间为经而以史事的类别为纬的，这可称为分类的时间秩序。采用单纯的时间秩序的历史叙述，可称为纯粹的编年体，例如《春秋》是也。采用分区的时间秩序的历史著述，可称为分区的编年体，例如《三国纪年》是也。采用分类的时间秩序的历史叙述，可称为分类的编年体，例如《通典》《文献通考》及种种“会要”是也。过去的“正史”大体上可说是纯粹编年体和分类编年体的组合，或纯粹编年体、分区编年体和分类编年体的组合。

现在凡作综合的历史叙述的人，都会轻视这些“编年”的体裁而不屑采用了。但编年的体裁虽然是最粗浅的，却是比较最客观的，因为原始的秩序的认识是最少问题的。初作综合的历史研究的人，对于历史的本质还没有深刻的认识的人，最聪明的办法还是谨守“编年”的体裁，因为这样，他的结果虽不是 final 却可以是 conclusive，别人还可以利用他的结果作更进一步的综合。否则会“画虎不成”，工夫白费的。即使就艺术的观点论，编年体亦未可厚非。第一流的小说也有用日记体裁写成的。

但是我们毕竟不能以原始的秩序为满足。因为史实不仅有原始的秩序。只认识它们的时间秩序并不能完全了解它们。要完全了解一件事实就是要知道它和别的事实间的一切关系。这也许是不可能的。但我们对于一件事实和别的事实间的关系所知愈多，则对它的了解愈深。

那么除了上说原始的秩序外，历史还有什么秩序呢？

第一是因果的秩序。每逢我们可以说甲件特殊的事致到乙件特殊的事，或甲件特殊的事决定乙件特殊事时，我们也就可以说甲乙之间有因果的关系。我认为因果的关系是简单不可分析的，因此也是不能下定义的；说甲乙两事有因果的关系，逻辑上并不涵蕴着有一条定律，按照它，我们可以从甲的存在而推定乙的存在，或从乙的存在而推断甲的存在，虽然事实上有时也许如此。史事间之有因果的关系是谁也不能否认的。因果的秩序理论上可以有两种方式。一是简单的，即自始至终、一线相承的。二是复杂的，即是无数的因果线索参伍综错而构成的“因果网”。在因果的秩序里，并不是没有偶然的事。就单纯的因果秩序而论，这单纯的因果线索不能是无始的，它的开端就必定是不受决定的，就必定是偶然的。它的开端若受决定，便不是真正的开端，而决定这开端的事才是真正的开端。它若有真正的开端，则必有不受决定的事，即必有偶然的事。就复杂的因果而论，那些始相平行而终纠结的许多因果线索，各有其偶然的开端。有那么多由分而合的因果线索，就有那么多偶然的事。历史里的因果秩序不是简单的，而是复杂的，故历史里可以有许多偶然的事。

任何历史范围不仅包涵有“因果网”，并且它的全部的史实都在“因果网”之内。不仅它的全部史实都在“因果网”之内，并且它的全部史实构成一整个的“因果网”。这三句话意义上大有差别。说一历史范围包涵有“因果网”，并不否认它的史实可以有些落在“因果网”之外；而说它的全部史实都在“因果网”之内，则否认之。说它的全部史实都在“因果网”之内，并不否认它可以包涵有众多各自独立的“因果网”；说它的全部史实构成一整个的“因果网”，则否认之。若“历史范围的全部史实都在因果网之内”，则我们说它的因果秩序是完全的，否则说它的因果秩序是不完全的。若一历史范围的全部史实构成一整个的“因果网”，则我们说它的因果秩序是一元的，否则说它的因果秩序是多元的。下文凡说某一种秩序是完全的或不完全的，一元的或多元的，其义准此。

因果的秩序是建筑在单纯的时间秩序之上的，它逻辑上预断（Presupposes）单纯的时间秩序，它可称为历史的第二层秩序。同样可以建筑在单纯的时间秩序之上，逻辑上预断了时间秩序的第二层秩序还有四种：一曰循环的秩序，二曰演化的秩序，三曰矛盾发展的秩序，四曰定向发展的秩序。这四者和因果秩序是并行不悖的。但它们和因果的秩序有这一点重要的不同。因果的秩序是任何历史范围所必具的，并且在任何历史范围里是完全的，并且在任何的历史范围里是一元的。但这四种第二层的秩序则不然。它们中的任何一种不是任何历史范围所必具的；即使为某一历史范围所具，它所具这种秩序也不一定是完全的；即使它所具这种秩序是完全的，也不一定是一元的。

以下分释这四种第二层秩序。

（一）循环的秩序。——说历史里有循环的秩序，就是说，我们可以把历史分为若干段落，这些段落都是有一方面或数方面相类似的历程。譬如说："天下之生久矣，一治一乱。"这就是说历史里有治乱的循环，也就是说我们可以把历史分为若干段落，每一段落都是由治而乱，或由乱而治的历程。这一切段落有一方面相似，即由治而乱，或由乱而治。这种循环，历史里是可以有的。但若说历史里有循环的秩序，就是说我们可以把历史分为若干段落，而这些段落都是完全相似的，这种循环却是历史里所无的。再者历史循环的周期是没有一定的，如像“五百年必有王者兴”，或“江山代有才人出，管领风骚二百年”等类的话，严格说来，必定是妄的。

（二）定向发展的秩序。——所谓定向的发展，是一种变化的历程，其诸阶段互相适应，每一阶段为其后继的阶段的准备，而诸阶段是循一定的方向，趋一定鹄的者。这鹄的不必是预先存想的目标，也许是被趋赴于不知不觉中的。这鹄的也许不是单纯的，而是复杂的。

（三）演化的秩序。——所谓演化，乃是一串连续的变化，其间每次变化所归结的景状或物体中有新异的成分出现，惟这景状或物体仍保存它的前立（谓变化所从起的景状或物体）的主要形构，所以在一演化的历程里，任何变化所从起和所归结的景状或物体，必大体上相类似，吾人总可认出其一为其它的“祖先”。唯一演化历程所从始，与所归结（此始与终皆我们思想所随意界划的）的景状或物体，则可以剧异，我们若不是从历史上追溯，决不能认识它们间的“祖孙”的关系。

（四）矛盾发展的（Dialectical）秩序。——所谓矛盾的发展是一变化的历程肇于一不稳定的组织体，其内部包涵矛盾的各个元素；随着组织体的生长，它们间的矛盾深显，最后内部的冲突把这组织体绽破，它转变成一新的组织体，旧时的矛盾的元素消失而被容纳于新的组织体中。

这四种秩序和因果的秩序是任何通史所当兼顾并容的。

对此我们可以解说历史中所谓偶然的意义。凡带有时间性的秩序（包括因果、循环、演化、定向发展和矛盾发展），都不能无所托始，至少就我们知识的限制和叙述的需要而论是如此。它们之所托始，都可以说是偶然的。这是偶然的第一义。（一个“因果网”也许包涵许多因果的线索，各有所始。它们的所始不同时，而皆可说是偶然的。此所谓偶然，亦属第一义。）一个历史范围里的史事，若在某一种带时间的秩序（前说五种之任何一种）里没有地位，即为这种秩序所不受支配，则这件史事，就这范围而论，对于这种秩序而言，是偶然的。这是偶然的第二义。对于因果的秩序而言，第一义的偶然是没有的，因为没有一历史范围不是完全为因果的秩序所支配的。

无论就第一义或第二义而言，凡本来是偶然的事，谓之本体上的偶然。凡本未必为偶然而因为我们的智识不足觉其为偶然者，谓之认识上的偶然。历史家的任务之一是要把历史中认识上的偶然尽量减少。

（选自《张荫麟全集》下卷）

编后记

编者最初的想法就是把中国近现代史上史学泰斗的著作编辑出来，让读者看到中国史学发展的盛况，感受大师严谨、科学的治学方法，深邃的思想以及不倦的谆谆教导，同时领略到中国历史的博大精深。编者遍览大师遗作，辑录了二十位大师的四十篇代表作，引领读者享受一次难得的历史盛宴。当然，由于语言环境的变化，内容难免与现代汉语有所出入。编者在编辑此书的过程中，本着尊重时代语言风貌的原则，并未对其中不符合现代汉语语法和表达习惯的字词、语句进行修改，只对个别录入性错误或局部不统一之处进行了修正和规范。总之，全书力求整体上保持作品的原貌，以便读者阅读到原汁原味的大师之作。